정조와 채제공, 그리고 정약용

정조와 채제공, 그리고 정약용

1판 1쇄 발행 2019. 2. 8.
1판 3쇄 발행 2022. 12. 12.

지은이 박영규

발행인 고세규
편집 이한경 | 디자인 윤석진
발행처 김영사
등록 1979년 5월 17일(제406-2003-036호)
주소 경기도 파주시 문발로 197(문발동) 우편번호 10881
전화 마케팅부 031)955-3100, 편집부 031)955-3200 | 팩스 031)955-3111

값은 뒤표지에 있습니다.
ISBN 978-89-349-8509-9 03910

홈페이지 www.gimmyoung.com 블로그 blog.naver.com/gybook
인스타그램 instagram.com/gimmyoung 이메일 bestbook@gimmyoung.com

좋은 독자가 좋은 책을 만듭니다.
김영사는 독자 여러분의 의견에 항상 귀 기울이고 있습니다.

정조와 채제공, 그리고 정약용

조선 르네상스를 이끈 3명의 인물로 본 생생한 18세기 역사

박영규의 새로 쓰는 삼각인물전

조선의 혁신가들

박영규 지음

김영사

| 들어가는 말 |

18세기 르네상스의 트로이카 정채정

정조를 흔히 '혁신군주'라고 부른다. 정조에게 혁신이라는 수식어가 붙는 이유는 그의 시대에 일어났던 문예부흥, 즉 르네상스에 대한 찬사의 일환일 것이다. 조선왕조는 역사상 두 번의 르네상스 시대를 구가했다. 첫 번째는 15세기에 불세출의 현군 세종이 이끌었고, 두 번째는 18세기에 정조가 열었다. 15세기 르네상스의 핵심이 한글의 창제와 과학 혁명이었다면 정조가 주도했던 18세기 르네상스는 외국 문물의 창조적 도입과 문화 영역의 저변 확대였다.

18세기 르네상스의 기반은 정조의 문화정치였다. 정조는 규장각을 중심으로 학문을 부흥시키는 한편, 새로운 시대를 염원한 실학자들을 곁에 두고 과감한 사회 혁신을 전개해나갔다. 이러한 문예부흥을 가능하게 했던 근본적인 동력은 오랑캐문화로 치부하던 청나라 문명에 대한 인식의 대전환에 있었다. 이는 조선의 고질병인 한족에 대한 모화사상을 약화시켰고, 청나라 문화 속에 숨어 있던 서양 문명의 우수성에 새로이 눈 뜨는 계기가 되었다.

이 시대 르네상스의 주역은 문화 혁신을 주도한 호학군주 정조와 그의 혁신정치를 보좌한 정승 채제공, 그리고 박제가나 박지원, 정약용 등 신시대를 염원한 실학자들이라고 할 수 있다. 특히 일군의 실학자 중에서도 조선의 다빈치로 불린 천재 학자 정약용의 역할이 가장 돋보였다. 따라서 정조, 채제공, 정약용을 18세기 르네상스의 트로이카라고 불러도 과언은 아닐 것이다.

누가 뭐래도 정조는 조선 후기에 가장 화려한 시절을 선도한 왕으로 평가되고 있다. 정조 시대의 영화는 조선이 임진왜란과 병자호란이라는 양대 전란의 고통 속에서 명의 멸망과 청의 등장, 그리고 일본의 성장이라는 국제 정세의 급격한 변화와 풍랑을 이겨낸 뒤 가까스로 피워낸 희망의 꽃이었다. 북학으로 대변되는 청의 문명을 과감히 수용하고 새롭게 밀려드는 서양 문화에도 적절한 대응책을 마련하면서, 민족성과 자주성을 밑거름 삼아 새로운 문명국가로 발돋움하는 모습을 보였던 것이다. 그런 까닭에 정조가 조금만 더 오래 살았더라면 조선은 결코 망국이라는 참담한 상황을 겪지 않았을 것이라고 주장하는 학자들이 많은지도 모른다. 그만큼 정조 시대는 정치와 경제, 문화, 사회 전반에 걸쳐 혁신적인 발전을 이뤘다.

하지만 안타깝게도 정조가 죽자마자 그가 24년 동안 일궜던 모든 치적과 발전의 토대가 한꺼번에 무너지고 말았다. 정조 시대의 발전이 지나치게 군주 한 사람에게만 의지한 결과였다. 정조는 국력을 강화하고 혁신의 기반을 넓혀 가시적인 발전을 이뤄냈지만 스스로의 한계는 극복하지 못했다. 국가 권력을 독점해 절대화하는 데만 주력하고 이를 국가 조직과 정치 집단에 분산하여 제도화하는 데까지는 이르지 못한 것이다. 마치 거대한 반석 위에 건설된 집이 바위가 으스러지면서 함께 무너져 내리는 양상이라 할 수 있다. 정조는 반석이 될 제도를 마련하고 인재를 배치해 이를 국가 조직이 유지하고 이끌도록 해야 했지만 스스로 반석이 되어 조정을 독점했다. 그리하여 그가 죽자 순식간에 국가를 떠받치고 있던 반석이 사라졌고 동시에 왕실과 국가가 붕괴되는 사태가 도래하고 말았다.

이렇듯 정조 시대는 꽃망울은 터뜨렸지만 열매는 맺지 못하여 미래를 위한 씨를 생산하지 못했다. 그런 까닭에 정조는 현실을 가꾸었지만 미래는 열지 못한 미완의 군주라고 할 수 있다. 그렇다고 정조가 일궜던 문화 혁신의 꽃이 아름답지 않은 것은 아니었다.

정조 시대의 문화 혁신을 논함에 있어 채제공은 빼놓을 수 없는 인물이다. 채제공은 영조 때부터 이미 탕평의 중요한 동력으로 활약하였고 정조 때 이르러서는 혁신정치의 지렛대 역할을 했다. 만약 채제공이란 인물이 없었다면 정조는 노론과 소론의 싸움에 휘말려 혁신은 꿈도 꾸지 못했을 것이다. 채제공이 있어 남인 세력을 키울 수 있었고, 남인들이 있어 노론과 소론을 적절히 조정하며 왕의 뜻대로 조정을 끌고 갈 수 있었다.

정조에게 남인 세력이란 주머니 속에 든 비수 같은 것이었다. 소론이든 노론이든 뜻이 맞지 않으면 정조는 언제든지 그 비수를 꺼내 소론과 노론을 협박할 수 있었다. '너희들이 나와 대립한다면 나는 언제든지 남인을 끌어들여 너희를 모두 내칠 수 있다'는 협박이었다. 그런데 정조는 항상 남인을 일정 정도 이상 키우지 않았다. 남인의 수는 늘 소론보다 부족했고 소론의 수는 늘 노론보다 부족했다. 하지만 소론과 남인을 합치면 노론을 앞서도록 조정했다. 즉 소론이든 노론이든 정조의 눈 밖에 나면 언제든지 내칠 수 있는 구도였다. 정조는 이를 위해 남인이 필요했고 그 남인을 유지하기 위해 채제공이 필요했다. 그런 의미에서 보자면 채제공은 정조가 가진 비수의 손잡이였다.

그러나 정조는 남인을 단지 자신의 정치적 목적을 달성하기 위한 수단으로만 여겼을 뿐 소론과 노론처럼 하나의 붕당으로 당당히 키워내지 않았다. 혹 남인도 소론과 노론처럼 자신을 위협할 거대 세력으로 성장할까 두려웠던 것이다. 그래서 정조 자신의 보호 없이는 자생할 수 없는 집단에 한정시켰다.

채제공도 정조의 의도를 잘 알고 있었다. 하지만 남인 세력이 숨이라도 쉴 수 있다면 기꺼이 자신의 모든 힘과 능력을 쏟겠다는 것이 채제공의 생각이었다. 그러면서도 한편으론 은밀히 후진을 양성하며 남인이 일어날 때를 기다렸다. 그 과정에서 영남 유생들의 만인소와 정조의 금등지사를 이끌어내기도 했다. 그런 일들이 지속되면 필시 남인도 소론과 노론 못지않은 세력으로 자랄 날이 있으리라 생각한 것이다.

채제공은 팔순의 나이까지 오십 년 이상을 남인 재건에 바쳤고 덕분에 정조는 남인을 기반으로 혁신을 꿈꿀 수 있었다. 그렇듯 채제공은 정조가 꿈꾼 세상을 위한 터잡이 역할에 충실했던 인물이었다.

정치와 문화 혁신을 이루고자 했던 정조와 채제공의 뜻을 가장 잘 이해한 인물은 단연 정약용이다. 그는 채제공의 가르침과 정조의 뜻을 받들어 새로운 시대를 열기 위해 온몸을 던졌다. 덕분에 호학군주 정조의 크나큰 사랑을 받았고, 영수 채제공이 남인의 희망으로 삼았으며, 당대 최고의 천재들과 지식을 나누고 뜻을 펼칠 수 있었다. 기대에 걸맞게 그는 배다리를 만들고 화성을 설계했으며 거중기를 고안했다. 또한 《마과회통》과 《종두심법요지》를 저술하여 홍역과 천연두로 고통 받는 백성들을 구제했고, 〈전론〉을 통해 새로운 토지 제도를 제시하여 이상적인 사회를 구상했으며, 신진학문으로 인식되던 서학을 접한 후 이것이 조선 백성들에게 어떤 미래를 안겨줄지 심층적으로 토의하고 연구했다.

하지만 태생이 남인이고 남인이 내쫓기는 세상에 태어난 탓에 그의 열정은 쉽게 꽃피지 못했다. 산처럼 버티고 서서 늘 바람막이가 되어주던 정조가 죽자 그의 신세는 부모 잃은 고아 꼴이 되었고 결국은 유배지를 전전하며 목숨을 부지하는 신세가 되었다. 그럼에도 정약용은 희망을 잃지 않고 학문에 모든 열정을 쏟으며 성인이 되는 길을 걸었다. 덕분에 《목민심서》를 비롯한 500여 권의 기념비적 저작물을 남겼으며, 그 저작들은 그를 조선 실학의 최고봉에 올려놓았다. 그런 의미에서 보자면 정약용은 그야말로 진흙 속에서 피어난 빛나고 아름다운 연꽃이라 할 것이다.

이들 정채정 트로이카의 삶과 활동을 입체적이면서도 객관적으로 보여주려는 목적에서 이 책은 기획되었다. 입체적이라는 것은 세 사람의 활동을 유기적이면서도 다각적인 시각으로 저술했다는 뜻이고, 객관적이라는 것은 그들의 긍정적인 면은 물론이고 부정적인 면도 함께 저술했다는 의미다.

정조의 정치는 역사적으로 매우 긍정적으로 해석되어왔고 우리는 그것을 당연하게 여기고 있다. 하지만 필자는 정조의 정치 여정 속에 숨어 있는 부정적인 요소를 과감하게 드러내야 한다고 판단했다. 역사는 과거에 대한 일방적인 찬사가 아니라 사실에 대한 냉정한 분석인 까닭이다.

이러한 잣대는 채제공과 정약용에 대해서도 예외가 될 수 없다. 채제공이 정조대의 명신이었다거나 정약용이 위대한 저술가였다는 사실은 익히 알려져 있으나 그들의 정치적 입지와 정책, 그리고 정치 행위에 대한 객관적이고 냉정한 평가가 제대로 이뤄진 적은 거의 없었다. 그런 까닭에 필자는 그들과 그들이 속한 정치 집단, 그리고 그들의 정치 및 사회 활동과 인식에 대해서도 냉정한 평가를 가하고자 노력했다.

부디, 이 책이 정조와 채제공, 그리고 정약용이 추구했던 혁신의 꽃은 무엇인지, 또한 그들이 이루지 못한 꿈과 열매, 그리고 꿈을 향해 가는 과정에서 발생한 오류와 낙과가 무엇인지 이해하는 데 일말의 도움이 되길 바란다.

2019년 벽두에 일산 우거에서

박영규

차례

1장

정채정 트로이카의 운명적 만남

정조와 18세기 르네상스

조선왕조는 15세기와 18세기 두 번에 걸쳐 문예부흥, 즉 르네상스 시대를 구가했다. 세종이 이끈 15세기 르네상스의 핵심이 한글 창제와 과학 혁명이라면 정조가 주도한 18세기 르네상스는 외국 문물의 창조적 도입과 문화 영역의 저변 확대가 핵심이다.

15세기 르네상스의 주역은 불세출의 현군 세종, 재상정치의 대명사로 세종의 정치를 뒷받침한 황희, 정인지·정초·이순지 같은 집현전과 서운관 출신 학자, 희대의 과학기술자 장영실이다. 18세기 르네상스는 문화 혁신을 주도한 호학군주 정조와 그의 정치 혁신을 보좌한 정승 채제공 그리고 박제가·박지원·정약용 등 신시대를 염원한 실학자들이 주역이다. 일군의 실학자 중에서도 조선의 다빈치로 불리는 천재 학자 정약용의 역할이 가장 돋보였다. 실제로 정조, 채제공, 정약용을 18세기 르네상스의 트로이카로 불러도 좋을 정도다.

18세기 르네상스의 기반은 정조의 문화정치다. 정조는 규장각을 중심으로 학문 부흥에 힘쓰는 한편 새로운 시대를 염원하는 실학자들을 곁에 두고 과감한 문화 혁신을 전개했다. 이러한 문예부흥의 근본 동력은 오랑캐문화로 치부하던 청나라 문명을 바라보는 인식의 대전환에 있었다. 청을 향한 인식 전환으로 한족을 따르는 모화사상은 약해졌고 이는 청 문화에 스며든 서양 문명의 우수성에 새롭게 눈뜨는 계기로 작용했다. 동시에 조선의 전통문화 가치를 새로이 발견해 '진경산수' 같은 국화풍과 '동국진체'로 불린 국서풍이 유행했다. 이것은 중인과 서얼庶孼, 평민층을 자극해 문화운동의 저변을 확대했다. 또 귀족문화로 인식해오던 시단에 중인과 평민이 대거 참여해 그들을 중심으로 한 위항문학이 발달했고, 덕분에 '옥계시사'처럼 독자적인 문인 모임이 등장하거나 공동시집 《풍요속선》을 발간하기도 했다.

18세기 르네상스는 수원 화성華城이라는 탁월한 문화유산 탄생도 촉발했다. 수원 화성은 단순히 하나의 성곽이 아니라 18세기 문화 혁신의 상징이자 결정체다. 다시 말해 화성은 시장경제 개념을 도입한 계획도시로 거중기, 벽돌 등의 신문명과 새로 받아들인 최신 건축술을 조선의 과학기술에 융합한 문화 혁신의 산물이다.

이 위대한 문화유산은 18세기 르네상스를 이끈 정채정 트로이카의 합작품이다. 정조는 신개념 도시 화성을 구상·계획해 추진하고 채제공은 성곽 축성 작업을 총괄했다. 그리고 정약용은 화성을 설계하고 거중기를 고안하는 한편 녹로 같은 여러 신기술을 실용화했다. 이들 세 사람의 만남이 없었다면 18세기 르네상스는 꽃을

정조 어진 | 왕실 족보인 《선원보璿源譜》에 실린 정조(1752~1800)의 어진. 그는 조선 후기를 대표하는 혁신군주로 재위 기간은 1776년부터 1800년까지다.

피우지 못했을 것이다. 그만큼 세 사람의 만남은 역사적으로 중요한 사건이다.

정조와 정약용의 첫 만남

정채정 트로이카의 역사적인 첫 만남은 언제 어떻게 이뤄졌을까? 세 사람 중 가장 연장자인 채제공은 1720년생이고 정조는 그보다 32년 뒤인 1752년생이다. 정약용은 정조보다 열 살 어린 1762년생이니 세 사람이 나이로 엮일 가능성은 별로 없다. 더구나 채제공과 정약용은 마흔두 살이라는 나이 차이 때문에 마주하고 앉기도 어려운 관계였다. 혹시 채제공은 정약용의 스승이 아닐까? 그렇지 않다. 채제공과 정약용에게는 둘 다 남인 가문 출신이라는 공통점이 있다. 즉, 이들은 정치적 뿌리가 같다. 또 하나의 공통점을 꼽자면 두 사람 모두 정조가 매우 아끼는 인물이었다는 사실이다. 그러면 정조는 왕의 신분으로 두 신하를 만나고, 채제공과 정약용은 서로 상관과 부하로 만난 것은 아닐까? 이들의 첫 만남은 그런 관계로 이뤄지지 않았다. 세 사람의 만남에는 좀 더 복잡한 사연이 얽혀 있다. 먼저 이들이 처음 한자리에 모인 장면부터 살펴보자.

1789년(정조 13년) 1월 26일 정조는 춘당대로 거둥해 성균관 유생들을 모아놓고 강경과 제술 시험을 주관했다. 바로 그때 세 사람은 처음 한자리에 모였다. 당시 생원시에 합격해 성균관 유생으로 있던 정약용은 시험에 응시했고 우의정 채제공은 제술시관으로 참여했다. 마침 정약용은 제술 부문에서 장원해 대과 전시에 응시할 자격을 얻었다.

이렇듯 세 사람은 춘당대 시험장에서 처음 한자리에 있었으나 이날 정약용이 정조를 따로 배알했던 것은 아니다. 사실 정약용과 채제공은 오래전부터 친숙한 사이로 그날 처음 만난 게 아니었다. 정조와 정약용이 처음 만난 것 역시 이날로부터 4년 전인 1785년이었다.

정약용은 1783년 세자 책봉 증광감시에 응시해 생원이 되었고, 이어 진사시에 합격해 같은 해 4월 성균관에 들어갔다. 그리고 이듬해인 1784년 정약용은 정조가 낸 《중용》 관련 과제에서 1등을 차지했다. 정조는 정약용이 쓴 답변서를 보고 크게 칭찬했는데, 정약용은 그 일을 자신의 〈자찬묘지명〉에 다음과 같이 썼다.

> 임금이 《중용강의》 80여 조목에 관해 답변토록 과제를 내주셨는데, 이때 학식이 넓고 품행이 고상하다는 이름을 얻은 내 친구 이벽과 함께 과제에 답변할 것을 의논했다. 이발기발理發氣發의 문제에서 이벽은 퇴계의 학설을 주장했고 내가 답변한 내용은 율곡의 학설과 우연히 합치해 임금이 다 보고 난 후 매우 칭찬하며 1등으로 삼으셨다.
> 도승지 김상집이 밖에 나와 사람들에게 이렇게 말하였다.
> "정 아무개는 임금의 칭찬을 받음이 이와 같으니 크게 이름을 떨치리라."

정조가 정약용의 답변서를 높이 평가한 것은 그의 글이 논리 정연하기도 했지만 무엇보다 파벌에 치우치지 않은 객관적인 시각 때문이었다. 정약용은 남인 집안 출신으로 학문상 퇴계의 후예였으나 스스로 이기론에 관해 합리성을 도출해 율곡 이이의 주장을 따랐다. 이는 남인 유생이 극히 금기로 여기던 일이었다. 하지만 정약용은 율곡의 주장이 더 합리적이라고 보았다. 정조는 학맥과 상관없이 철저히 학문적 논리에 근거해 자신의 주장을 펼친 정약용의 글이 훌륭하다며 1등으로 뽑은 것이다.

정조는 그 내막을 경연에서 밝혔는데 정약용의 《중용강의보》 서문에 이것을 간단히 소개하는 글이 나온다. 정조가 정약용의 글을 읽고 훌륭하다고 평하자 도승지 김상집이 승지 홍인호에게 이를 이렇게 전했다.

"오늘 임금께서 경연에 유시하기를 성균관 유생들이 대답한 것이 모두 황잡했는데, 유독 아무개(정약용)가 답한 것만 특이하니 반드시 식견 있는 선비일 것이다."

정조는 이때 정약용이라는 이름 석 자를 접했지만 그를 직접 대면한 것은 이듬해인 1785년 11월 4일이었다. 그 전날 정조가 내준 문제에 답변을 제출하는 시험을 치렀는데 그 시험에서 뛰어난 답안을 제출한 유생 여섯 명에게 임금을 배알할 기회가 주어졌다. 정약용은 그 자리에 참석한 우등생 중 한 명이었다. 간단하게 유생들의 이름을 물은 정조는 두 명에게만 가벼운 신상 질문을 했다. 정약용에게는 아무런 질문도 하지 않았다.

이처럼 정조와 정약용의 첫 만남은 그저 의례적인 것이었다. 그 후 정약용이 성균관 정규시험인 반제에서 계속 좋은 성적을 거두자 정조는 그에게 부쩍 관심을 보였다. 반제는 1년에 4회 치렀는데

정약용 초상 | 정약용(1762~1836)은 조선의 대표적인 실학자로 정치·경제·사회 등 각 분야에서 새로운 사상을 개진하였다.

그때마다 정약용은 수석을 놓치지 않았고 정조는 책, 종이, 붓 등을 상으로 내렸다. 그러면서 정조와 정약용의 관계는 갈수록 돈독해졌다. 정조는 정약용이 유능한 관리가 되리라 확신했고 정약용은 정조를 신뢰하며 추종했다. 그런데 반제의 성적이 좋았던 정약용은 어찌된 노릇인지 대과에 번번이 실패했다. 정조가 이 점을 안타까워하던 차에 정약용은 마침내 1789년 1월 춘당대 과거에서 제술 부문 장원을 차지했다. 그는 전시에서 갑과 2등을 차지해 종7품 희릉 직장 벼슬을 얻는 동시에 대신들의 추천으로 초계문신으로도 뽑혔다. 이후 정조와 정약용은 각별한 군신 관계를 맺기 시작했다.

정조와 채제공의 2대에 걸친 운명적 만남

정조와 정약용의 만남이 성균관 우등생과 학문을 좋아하는 군주 사이에서 군신 관계로 발전한 다소 평범한 인연이라면, 정조와 채제공의 만남에는 그보다 훨씬 더 운명적인 사연이 있었다.

정조와 채제공은 1772년(영조 48년) 처음 만났다. 당시 채제공은 병조, 예조, 호조판서를 거쳐 홍문관 제학으로 지내며 세손우빈객으로서 세손이던 정조의 스승을 겸직했다. 둘의 만남은 이때 처음 이뤄졌으나 그들의 인연은 훨씬 오래전에 시작되었다.

채제공은 정조의 스승이기 이전에 정조의 아버지 장헌세자 이선의 스승이었다. 1755년(영조 31년) 1월 20일 채제공은 세자시강원 필선(정4품)에 임명되어 세자 선을 가르쳤는데, 당시 그는 홍문관 수찬 벼슬도 겸직하고 있었다.

채제공이 필선의 임무를 맡았을 때 장헌세자는 스물한 살 청년이었다. 이때 영조를 대신해 대리청정을 했던 장헌세자는 집권당인 노론보다 소론이나 남인에게 우호적인 태도를 취했다. 그 무렵 조정에서는 남인을 거의 찾아볼 수 없었다. 1694년(숙종 20년) 갑술환국으로 남인들이 대거 내쫓긴 뒤 조정에서 남인은 씨가 말라버릴 지경이었다. 설령 벼슬을 얻어도 지방관 자리가 고작이었고 홍문관, 사헌부, 예문관 같은 청직이나 이조·호조·예조의 요직은 남인에게 아예 주어지지 않았다.

그나마 남인이 다시 조정으로 돌아온 것은 영조의 탕평책 덕분이었다. 채제공은 남인으로는 드물게 청요직인 예문관 벼슬을 얻었다. 예문관은 왕의 교지를 작성하는 곳으로 왕과 가장 밀접한 관청이었다. 이런 이유로 노론 세력은 남인에게 절대로 예문관 관원 자리를 내주지 않았다. 채제공도 영조의 특명이 아니었다면 예문관에 들어갈 수 없었을 것이다.

영조가 남인 출신인 채제공을 세자시강원 필선에 임명했다는 것은 그를 대단히 신뢰했음을 의미한다. 영조는 근본적으로 서인의 노론 세력이 세운 왕이었다. 이를 증명하듯 당시 조선의 왕권을 지탱하는 자리는 모두 노론이 장악하고 있었다. 특히 왕위 계승권자에게 학문을 가르치는 세자시강원은 노론의 독무대였다. 영조는 바로 그 막중한 자리에 채제공을 배치했다. 노론의 힘을 기반으로 왕위에 올랐으나 왕이 되자 노론의 독주를 견제한 것이다.

채제공을 깊이 신뢰한 영조는 훗날 정조에게 그를 가장 정직하고 소신 있는 충신이라고 말하기도 했다. 영조뿐 아니라 장헌세자도 채제공을 신임했다. 채제공은 장헌세자가 남인에게 호감을 보이자 이를 다행스럽게 여겼고 두 사람은 돈독한 관계를 형성했다. 이 우호적인 관계는 후에 정조와 채제공이 긴밀한 관계를 맺는 바탕으로 작용했다.

영조는 세자시강원 필선으로 있던 채제공을 승정원 동부승지로도 임명해 곁에 두었다. 그를 장헌세자와 자신의 연결고리로 활용하기 위함이었다. 채제공이 승지에 올라 왕의 측근으로 부상하자 남인이 조정으로 돌아올지도 모른다는 위기감을 느낀 노론이 그를 맹렬히 공격하기 시작했다. 하지만 대리청정을 하던 장헌세자는 채제공을 깊이 신뢰했고 영조도 그를 아꼈다. 노론의 저항에도 불구하고 영조는 1758년(영조 34년) 채제공을 도승지로 삼기까지 했다.

한데 그 무렵부터 영조와 장헌세자의 관계가 삐걱대기 시작했다. 노론 측에서 장헌세자의 정치관을 문제 삼자 영조는 여기에 동조해 장헌세자의 서무 처리에 불만을 품었다. 급기야 1758년 8월 12일 영조는 도승지 채제공에게 세자를 폐위한다는 내용의 비망기를 내리고 그 내용을 완성해 올릴 것을 명했다. 영조의 비망기를 받아든 채제공은 다음 날 목숨을 걸고 영조 앞에 나아가 간언했다. 이 일을 실록은 다음과 같이 전하고 있다.

"삼가 어제저녁에 내리신 초책草冊(정리하지 않은 초벌문서)에 기주記注할 만한 사실을 써넣으라는 명을 보았는데, 전하께서 어찌하여 이 같은 조처를 하십니까? 쓰지 말도록 하려 하면 이것은 임금의 명을 어기는 것이요, 이를 쓰도록 하려 하면 이는 신하의 직분상 절대로 감히 할 수 없는 일입니다. 신 등은 죽음을 무릅쓰고 문서를 돌려드릴까 합니다."

이렇게 말하고 이어 옷소매 가운데에서 전교를 꺼내 어안御案 앞에 꿇어앉아 놓으니, 한참 동안 있다가 임금이 마지못해 말했다.

"지신사知申事(도승지)의 말이 옳다. 내가 마땅히 이를 받아들이겠다."

채제공이 영조의 세자 폐위 의사를 거둬들이게 하자 훗날 영조는 그날의 일을 정조에게 이렇게 말했다고 한다.

"이 사람은 진실로 내 사심 없는 신하이고 네 충신이다."

당시 영조에게 정말로 세자를 폐위할 의사가 있었는지는 분명하지 않지만, 채제공이 목숨을 걸고 교지를 거둬들이게 하지 않았다면 큰 사달이 났을 것이 분명하다.

그러나 영조는 교지를 거둔 뒤에도 여전히 장헌세자를 못마땅하게 여겼다. 이와 관련해 실록은 1758년 8월 20일 이런 기사를 남겼다.

왕세자가 덕성합에 좌정하니 좌의정 신만이 청대하여 입대하고 말하였다.

"대조大朝께서 말씀하시기를 '원량이 잘못을 뉘우치는 하령下令을 내린다면, 내가 마땅히 다시 강연과 차대를 할 것이다'라고 하였습니다."

이에 왕세자가 하령하였다.

"성상의 하교가 이와 같으니 더욱 절박하고 황공합니다."

이어 여러 승지에게 공사를 가지고 입대하게 하였고, 그들에게 왕세자 자신을 꾸짖는 글을 쓰도록 하령하였다.

영조의 진노는 그것으로 가라앉지 않았고 8월 30일 동궁의 관원들을 모두 내쫓았다. 장헌세자가 석고대죄하며 반성하는 자세를 취하자 그제야 영조는 동궁 관원들의 복관을 허락했다.

장헌세자와 영조의 갈등은 가까스로 봉합됐지만 불씨는 여전히 남아 있었다. 노론 세력이 계속해서 세자의 정치관을 의심하였고 영조 역시 세자를 마땅치 않게 여겼기 때문이다. 어쨌든 영조와 장헌세자의 첫 번째 갈등은 채제공의 충정과 노력 덕분에 간신히 넘어갔다.

장헌세자는 영조와 심한 불화를 겪은 뒤 몹시 고통스러워했고 이는 그가 앓고 있던 조울증을 더욱 심화했다. 당시 장헌세자는 동궁의 궁녀를 함부로 죽였으며 이해할 수 없는 광기를 드러내기도 했다. 그런 상황에서 채제공이 1762년 모친상을 당하는 바람에 벼슬에서 물러났다. 그가 조정을 비운 사이 노론의 사주를 받은 노비 나경언이 세자의 패륜 행각을 고발했고, 이어 세자의 생모 영빈 이씨가 같은 내용을 영조에게 알리며 세자를 죽일 것을 청했다. 이에 영조는 세자를 뒤주에 가둬 굶겨 죽였다. 이를 임오년에 일어난 참변이라 해서 임오화변이라고 한다.

임오화변 때 채제공이 조정에 남아 있었다면 다시 한 번 세자를 위해 목숨을 아끼지 않고 충언했을지도 모른다. 안타깝게도 그때 조정에는 목숨을 걸고 영조의 행동을 저지할 인물이 없었다. 훗날 영조는 아들을 죽인 것을 후회하며 채제공 같은 충신이 조정에 없

채제공 초상 | 채제공(1720~1799)은 정조 시대를 대표하는 남인의 거두였다. 이명기 작(1784). 출처 문화재청.

었던 사실을 못내 아쉬워했다고 한다.

영조가 채제공을 세손의 우빈객으로 삼아 정조 곁에 둔 것은 그의 충정을 알고 있었기 때문이다. 즉, 채제공과 정조의 만남은 영조가 이미 오래전부터 정조를 위해 준비해둔 일이다. 그런 의미에서 두 사람의 만남은 필연적 운명이라고 해야 할 것이다.

채제공과 정약용의 남다른 인연

숙종 시절만 해도 남인은 조정을 거의 독점할 정도로 강력한 정치 세력을 형성하고 있었다. 하지만 1694년 갑술환국 때 숙종이 남인의 영수 민암을 제거하면서 남인은 조정에서 완전히 밀려났고, 이후 남인 세력의 정계 진출은 거의 불가능했다. 이황, 정구, 허목, 이서우로 이어진 남인 학맥을 계승한 성호 이익은 아예 벼슬길에 나서지 않고 재야에서 학문에만 몰두했다. 남인의 명문가 채제공과 정약용 집안의 분위기도 이익의 행로와 크게 다르지 않았다.

정약용 집안은 압해 정씨의 대표 가문으로 남인의 명문가다. 정약용의 어머니 윤씨는 조선 회화의 3재로 불리는 공재 윤두서의 손녀이자 남인의 영수를 지낸 고산 윤선도의 5대손이다. 그야말로 정약용은 뼛속까지 남인의 명문 혈통이었다.

8대 연속 홍문관 벼슬을 이어간 정약용 집안은 '팔대옥당 가문'으로 불렸으나 그 명성은 정약용의 5대조 정시윤을 끝으로 막을 내렸다. 우의정 정시윤은 남인을 이끌던 민암이 죽임을 당하자 세자시강원 필선 자리를 내던지고 가솔과 함께 시골로 들어가 은거했다. 그가 선택한 은거지는 경기도 양주의 마현인데 흔히 마재로 불린다. 정시윤은 남한강과 북한강이 합쳐지는 아름다운 마을인 마재에서 여생을 보내며 후손을 가르쳤다. 그 뒤 정시윤의 후손은 학문은 하되 벼슬길은 넘보지 않는 담백한 삶을 이어갔다.

그러다가 정약용의 아버지 정재원에 이르러 상황이 달라졌다. 왕위에 오른 영조가 탕평을 명분으로 재야에 흩어져 있던 남인 명문 자손들을 조정으로 끌어들였기 때문이다. 탕평의 손길은 팔대옥당으로 유명하던 정약용 집안에도 닿았다. 1762년 소과에 합격해 생원이 된 정재원은 대과에 합격하지 못했으나 그를 만나본 영조가 종9품 능참봉 벼슬을 내렸다.

그 무렵 세상은 어수선했고 장헌세자가 사람을 함부로 죽인다는 흉흉한 소문까지 돌았다. 결국 정재원은 벼슬을 마다하고 마재에 그대로 머물렀다. 나중에 조정이 다시 경기전 참봉 자리를 제수하자 이를 받아들여 관직에 처음 발을 들여놓았다. 이후 그는 잠시 연천현감을 지내다 다시 마재로 낙향했는데 1776년 즉위한 정조가 그에게 정6품 형조좌랑 벼슬을 내렸다. 대과에 합격해도 종6품 벼슬밖에 받지 못하는데 정6품, 그것도 육조의 꽃이라 불리는 전랑직에 발탁된 것은 굉장히 파격적인 인사였다. 그만큼 정조는 정재원 가문을 높이 평가했다.

마흔일곱 살에 중앙관직을 받은 정재원은 마재의 향촌 생활을 접고 한성으로 이사했다. 5대조 정시윤이 한성을 떠난 지 무려 80년 만의 상경이니 이는 그야말로 가슴 벅찬 일이었다. 먼저 한성에 세를 얻어 터전을 마련한 그는 마재에 남아 있던 가솔을 모두 한성으로 불러올렸다. 정약용 역시 아버지를 따라 한성에 입성했다.

정재원을 형조좌랑에 앉혀 한양으로 불러올린 인물은 바로 채제공이었다. 1720년 충청도 홍주에서 태어난 채제공은 정재원보다 나이가 열 살 많았고 어린 시절에 이미 한성에서 터전을 잡았다. 그는 아버지 채응일이 중앙관직을 얻으면서 일찌감치 한성으로 이주해 종로방 돈의동에서 성장하였다. 채응일은 중앙관직에 있긴 했지만 요직과 거리가 먼 중추부 관원이었다. 그의 집안도 효종 시절에는 평강 채씨를 대표하며 이조판서, 대제학 등을 배출한 남인의 명문가였지만 갑술환국 이후 서인이 조정을 독점하자 벼슬을 등지고 낙향했다. 그러다 채응일이 영조의 탕평책에 힘입어 중앙관직을 얻으면서 한성에 입성했다.

채제공은 이황, 이익으로 이어진 남인 학맥을 계승해 학문에 열중했고 1743년 정시문과에 병과로 급제해 관직에 진출했다. 그가 처음 받은 벼슬은 종9품 승문원 부정자다. 그 뒤 외교문서를 작성하는 승문원 관원으로 지냈으며 남인이라는 이유로 청요직인 홍문관, 예문관, 사헌부, 사간원 관직은 꿈도 꾸지 못했다. 그런 상황에서 그가 정9품 예문관 검열에 발탁된 것은 탕평책을 표방한 영조의 특명 덕분이다. 당시 서인의 견제와 반대가 몹시 심했지만 영조의 강력한 탕평 의지 덕에 그는 예문관 문턱을 넘었다.

왕의 교지를 작성하고 사관 임무를 수행한 예문관 관원 채제공은 갓 서른의 나이에 남인의 젊은 지도자로 부상했다. 그는 홍문관 수찬, 사간원 헌납, 사헌부 집의(종3품) 벼슬을 거치면서 영조의 신임을 얻었고 세자에게 학문을 가르치는 세자시강원 필선을 겸직했다. 정약용의 아버지 정재원이 형조좌랑이 되어 한성으로 이사한 1776년 그는 대사헌, 대사간, 경기감사를 역임한 후 형조판서에 올라 있었다. 형조판서인 그가 같은 남인 계열의 정재원을 추천해 직속 부하로 둔 것이다.

정재원이 한성으로 올라온 1776년 정약용은 열다섯 살로 그해 갓 결혼한 새신랑이었다. 열다섯 살 소년인 그가 아버지의 주선으로 채제공을 처음 만났을 때 채제공은 쉰일곱 살 장년이었다. 머리가 허옇게 센 채제공과 아직 솜털이 남아 있던 정약용의 첫 만남은 그렇게 이뤄졌다.

채제공과 정재원이 상하 관계로 인연을 맺기 전 그들에게는 또 다른 특별한 인연이 있었다. 채제공이 스승으로 섬기며 사숙한 성호 이익을 정재원도 스승으로 섬겼던 것이다. 정재원의 아들 약용, 약전, 약종과 사위 이승훈도 모두 성호의 학문을 추종했다. 이익의 학문을 잇는 문도로서 대단한 공감대를 형성한 그들은 말하자면 정치적, 사상적 동지 관계였다.

채제공과 정재원은 사형·사제지간이 되어 친밀하게 지냈다. 채제공은 정재원에게 과거를 치르고 중앙관직으로 들어올 것을 권했다. 채제공이 추천하자 정조도 정재원에게 대과를 보라는 명을 내렸지만 정재원은 늙은 나이에 대과를 보는 것은 민망한 일이라며 거절했다.

남인의 영수로 부상한 채제공은 남인 청년들을 육성해 자신의 뒤를 이을 지도자로 키우려 했다. 특히 그는 두뇌가 명석하기로 소문이 자자한 정재원의 아들들과 사위 이승훈을 재목감으로 여기고 있었다. 그중에서도 성균관에 입학한 이후 줄곧 수석 자리를 놓치지 않았고 정조도 몹시 총애한 정약용에게 채제공은 큰 기대를 했다.

채제공과 정재원의 관계는 사형·사제지간으로 그치지 않았다. 정재원이 채제공의 서자 채홍근을 사위로 맞아들이면서 두 사람은 사돈지간으로 발전했다. 채제공의 며느리 정씨는 정약용의 바로 위 누나로 정약용에게 채제공은 사장어른이었다.

이렇듯 채제공과 정약용은 남인이라는 정치적 관계뿐 아니라 인척 관계로도 묶여 있었다. 더구나 채제공이 시관으로 참여한 대과에서 정약용이 급제해 벼슬을 얻었으니 두 사람의 인연은 더욱 남다를 수밖에 없었다.

2장

미치광이 세자의 아들, 이산

천비의 아들 영조의 생존 투쟁

혁명군주로도 불리는 정조는 왜 그토록 정치를 독점하려 했을까? 그의 정치가 한계를 드러낼 수밖에 없었던 이유는 무엇일까? 그는 어떻게 숱한 문화 혁신을 일궈낼 수 있었을까? 이를 이해하려면 정조의 성장 배경과 성품 그리고 누구에게도 함부로 발설하지 않은 내면을 살펴봐야 한다.

많은 사람이 알고 있듯 정조는 친아버지의 손에 죽임을 당한 미치광이 세자의 아들이다. 그런 까닭에 정조의 왕위 계승 과정은 결코 순탄하지 않았다. 물론 정조는 자기 아버지가 미치광이였다는 사실을 인정한 적이 없다. 또한 아버지의 죽음은 할아버지 영조의 의지로만 이뤄진 일이 아니라고 굳게 믿었다. 정조는 아버지의 죽음은 정치적 살인이며 그 살인자는 할아버지 영조가 아니라 영조의 눈을 속이고 그를 압박한 자들이라고 생각했다. 이 때문에 정조는 그 살인자들과 목숨을 건 전투를 벌이며 살아야 했다.

정조의 전투적인 삶은 그가 태어나기 오래전부터 예고된 일이었다. 그 전투는 그의 탄생 시점으로부터 무려 수십 년 전인 할아버지 영조의 왕위 계승 이전부터 시작되었다.

1724년 8월 30일 숙종의 서자 연잉군 금이 조선 21대 왕으로 등극했으니 그가 곧 정조의 할아버지 영조다. 그의 어머니 최씨는 비록 정1품 빈의 품계를 받은 숙종의 후궁이지만, 출신은 궁궐에서 물을 긷던 천비 무수리였다. 연잉군 금은 천출의 소생이었으나 대를 이을 마땅한 왕자가 없던 숙종은 금에게 왕위를 주려 했다. 숙종에게는 적자이자 세자인 윤이 있었지만 그는 늘 병상에 누워 지내는 병약한 아들이었고 손자도 낳지 못했다. 더구나 세자의 생모 희빈 장씨는 후궁에서 왕비까지 올랐다가 다시 후궁으로 밀려나 왕명을 받고 죽었다. 숙종 자신이 세자 윤의 생모를 죽인 것이라 윤이 왕위에 오르면 어떤 피바람이 불지 알 수 없었다. 이에 숙종은 윤을 대신해 금이 왕위를 계승하길 원했다. 1717년 7월 10일 숙종은 노론 영수로 좌의정이던 이이명을 독대해 연잉군 금을 후계자로 결정해줄 것을 부탁했다.

당시 조정은 서인이 장악했고 서인은 다시 노론과 소론으로 갈라져 있었다. 숙종은 연잉군에게 왕위를 물려주기 위해 1716년 노론 정권을 세웠고, 이듬해에 이른바 정유독대라 불리는 이이명과의 독대로 후계 문제를 처리하려 했다. 이때 소론은 정유독대를 세자 윤을 내쫓고 금을 세자로 세우기 위한 음모라고 비판하며 세자 윤을 보호한다는 명분으로 노론과 대립했다. 그러던 중 1720년 6월 숙종이 죽고 세자 윤이 왕위에 오르니 곧 조선 20대 왕 경종이다.

경종이 왕위에 올랐지만 조정은 여전히 노론이 장악하고 있었다. 노론은 경종이 병상에 있고 아들이 없다는 점을 강조하며 연잉군 금을 세제로 책봉해야 한다고 주장했다. 반전 기회를 노리던 소론은 숙종과 독대했던 노론 영수 이이명과 노론의 핵심 김창집, 조태채, 이건명을 왕권 교체를 기도한 역모자라며 공격했다. 경종은 소론의 의견을 받아들여 그들 노론 4대신을 유배 보내고 소론 조태구, 최규서, 최석항을 삼정승에 임명했다.

이렇게 소론 정권이 들어서자 소론 강경파는 노론 세력이 세자 시절의 경종을 죽이려 했다고 몰아세워 유배 보낸 노론 4대신을 비롯해 노론 세력 20여 명을 죽이고 수십 명의 노론 세력을 유배 보냈다. 신축년(1721년)과 임인년(1722년)에 벌어진 이 사건을 신임사화라고 부른다.

신임사화 후 소론이 조정을 장악하자 노론의 지지를 받던 연잉군 금의 목숨이 위태로운 지경에 처했다. 노론이 왕권을 교체하려 했다는 이유로 역적으로 몰린 상황이라 그들이 왕으로 모시려 한 연잉군은 당연히 무사할 수 없는 형편이었다. 하지만 연잉군 외에 마땅히 왕위를 계승할 왕자가 없었기에 그는 가까스로 목숨을 부지했다. 물론 왕세제 연잉군은 거의 동궁에 연금된 상태로 지낼 수밖에 없었다. 경종의 측근 환관과 소론 대신들이 그를 철저히 감시하며 행동을 규제했기 때문이다. 다행히 숙종의 세 번째 왕비 인원왕후의 보호를 받은 덕분에 그는 목숨을 지켜낼 수 있었다.

1724년 8월 경종이 죽고 연잉군이 왕위를 계승하자 그의 왕위 계승을 두고 경종 독살설이 나돌았다. 세제 연잉군이 병으로 누운 경종에게 독소가 든 음식을 먹여 독살하고 왕위를 차지했다는 것이었다. 소론 세력은 경종 독살설을 순식간에 널리 퍼뜨렸고 어느덧 백성은 이를 사실로 믿었다. 영조가 경종을 독살했다는 소문의 근거는 이렇다.

본래 경종은 병마에 시달리며 입맛을 잃었는데 세제 연잉군 금이 경종의 입맛을 돋우기 위해 게장을 올렸다. 경종은 그 게장을 맛보고 입맛이 좋아져 조금씩 식사를 했고 이때 연잉군이 후식으로 생감을 올렸다. 사실 게장과 생감은 궁합이 맞지 않는 음식이라 함께 섭취하는 것을 금기시했다. 연잉군은 이를 무시하고 생감을 올렸는데 그후 이틀쯤 지나자 경종이 갑자기 복통을 호소했다. 이에 연잉군은 인삼을 올렸고 그것을 몇 번 먹은 뒤 경종은 급사했다. 그러니까 영조가 올린 음식과 약재를 먹고 갑자기 죽었으니 이는 필시 독살이라는 것이 소론의 주장이었다.

경종 독살설과 함께 영조를 괴롭힌 문제는 또 있었다. 영조가 숙종이 아니라 김춘택의 아들이라는 소문이 퍼졌던 것이다. 영조가 김춘택의 아들이라는 소문의 근거는 다음과 같다.

김춘택은 숙종의 장인 김만기의 손자로 숙종의 첫 왕비 인경왕후 김씨의 조카이기도 하다. 그는 인현왕후 집안과도 밀접해 인현왕후 복위에 중추적인 역할을 했다. 그 과정에서 희빈 장씨의 오빠 장희재의 처와 간통해 내연 관계를 맺은 뒤 그녀에게 남인 내부의 정보를 얻어 인현왕후 복위에 이용하기도 했다. 이렇듯 김춘택은 음흉한 구석이 있는 인물이었다.

인현왕후와 친밀한 그가 숙빈 최씨와도 친밀했을 것이란 추측 아래 숙빈의 자식들이 실은 숙종이 아니라 김춘택의 소생일 것이라는 소문이 나돌았다. 영조가 숙종의 외모와 전혀 닮지 않았다는 것도 하나의 이유였다. 이를테면 숙종을 만나기 전 김춘택과 사랑을 나눈 숙빈 최씨가 김춘택의 자식을 잉태한 채 대궐로 들어갔다는 것이었다. 그렇지만 이 이야기는 앞뒤가 맞지 않는다. 만약 숙빈 최씨가 김춘택의 아이를 가진 채 숙종의 승은을 입어 아이를 낳았다면 당연히 숙빈 최씨의 첫아이여야 한다. 사실 최씨의 첫아들 영수는 낳자마자 죽었다. 그녀가 두 번째로 낳은 아들이 바로 영조다. 그러므로 설령 숙빈 최씨가 김춘택의 아이를 잉태한 채 숙종과 관계했다손 치더라도 그 아이가 영조일 가능성은 전혀 없다.

그럼에도 불구하고 이 터무니없는 소문은 사람들의 입을 타고 마치 사실인 양 세간에 퍼져갔다. 소론 세력 중에 조직적으로 소문을 퍼뜨린 자들이 있었기 때문이다. 이들은 마침내 그 소문을 기반으로 반란을 일으켰다. 바로 1728년 발생한 이인좌의 난이다. 소론 강경파인 이인좌 무리는 영조가 김춘택의 아들이며 그가 경종을 독살했다고 믿었다. 그들은 난을 일으키면서 이런 말을 쏟아냈다.

"지금 왕은 가짜 왕이다. 지금 왕은 경종대왕을 독살하고 왕위를 차지한 반역자다. 그는 숙종대왕의 아들도 아니다. 그는 왕실의 씨가 아니라 김춘택의 아들이다."

그들은 이처럼 백성을 현혹했고 급기야 많은 무리를 끌어 모아 청주성을 무너뜨리고 한양으로 진군했다. 다행히 소론 출신의 도순무사 오명항이 그들을 진압한 덕분에 난은 실패로 끝났다. 하지만 이후에도 영조는 경종을 독살했다는 의심 때문에 괴로움을 겪었다.

이인좌의 난이 일어났을 무렵 조정의 집권 세력은 소론이었다. 난은 진압되었지만 이 사건이 안겨준 정치적 타격은 매우 컸다. 비록 강경파가 일으킨 사건이었으나 그들 역시 소론 세력이었기 때문이다. 그런 까닭에 조정 내부에서 소론의 영향력은 급격히 줄어들었다. 영조는 이 기회에 노론 세력을 대거 영입했고 일부 남인과 북인 세력에게도 벼슬을 내렸다. 이른바 탕평책을 실시한 것이다. 사실 영조의 탕평책은 왕권 강화의 구실에 불과했다. 그가 조정의 핵심으로 끌어들인 세력은 모두 각 당파의 온건파로 이를테면 각 당파에서 자신에게 복종하는 세력만 뽑아 조정을 운영한 셈이었다.

물론 영조의 근본적인 지지 기반은 노론 세력으로 그는 탕평책 아래서도 노론을 중용했다. 이에 따라 노론이 점차 조정을 장악해 갔다. 그런데 이 노론 중심 정치는 영조가 1749년(영조 25년) 세자 선에게 대리청정을 명한 이후 조금씩 삐걱거리기 시작했다.

세자 선은 여자 복도 자식 복도 없는 영조가 마흔이 넘은 나이에 얻은 서자였다. 두 명의 왕비와 네 명의 후궁을 둔 그에게는 2남 12녀의 자녀가 있었다. 두 명의 왕비 모두 자식을 낳지 못한 탓에 적자와 적녀는 없었고 자녀는 모두 후궁들이 낳은 서자와 서녀였다. 서자도 단 두 명에 불과했으며 열두 명의 서녀 중 영조보다 오래 산 딸은 세 명뿐이었다.

영조는 열한 살이던 1704년(숙종 30년) 서종제의 딸과 혼인했다. 부인 서씨는 그보다 두 살 많은 열세 살로 둘의 관계는 그리 원만하지 않았던 모양이다. 이와 관련해 이런 이야기가 전해진다.

혼인 첫날밤 영조가 서씨의 손을 보고 물었다.

"어째서 손이 이리도 곱습니까?"

서씨가 대답했다.

"고생한 적이 없어 손에 물을 묻히지 않아서 그렇습니다."

영조가 이 말을 듣고 그녀가 무수리 출신인 자신의 생모 최씨를 업신여긴 것으로 여겨 다시는 그녀를 찾지 않았다는 얘기다.

이것이 사실인지 아닌지는 알 수 없지만 영조의 왕비 정성왕후 서씨는 자녀를 두지 못했다. 영조가 처음 사랑한 여인은 첫 후궁 정빈 이씨다. 이씨는 궁녀 출신으로 스무 살이 넘어 영조를 만났고 영조에게 첫아들을 안겨주었다. 그 아들이 영조의 장남 행(효장세자)으로 아명은 만복이었다. 만복은 영조의 장남이자 숙종의 첫손자다. 당시 와병 중이던 숙종은 만복이 태어났다는 소식을 듣고 매우 기뻐했다고 한다.

1724년 경의군에 봉해진 만복은 그해에 영조가 왕위에 오르자 1725년 세자로 책봉되었다. 그러나 만복은 그 이름처럼 복이 많지는 않았던지 열 살 되던 해에 홍역을 이기지 못하고 사망했다. 그때 서른다섯 살이던 영조는 장남이 죽어가는 것을 안타까워하며 수일을 눈물로 지새우다 건강이 악화되기도 했다.

효장세자가 죽은 뒤 영조에게 둘째아들을 안겨준 여인은 영빈 이씨다. 영조보다 두 살 어린 그녀는 1701년 여섯 살의 나이로 입궁했다. 그리고 1726년 서른한 살의 늦은 나이에 영조의 승은을 입어 후궁으로 책봉되었다. 후궁이 된 그녀는 연달아 다섯 명의 딸을 낳았는데 첫째 화평옹주를 빼고 둘째에서 넷째까지 세 명이 연이어 사망했다. 다섯 명의 딸 중 첫째 화평옹주와 다섯째 화협옹주만 살아남은 것이다.

영빈 이씨가 계속 딸만 낳자 시어머니 격인 숙종의 3비 인원왕후가 그녀에게 거처를 옮겨보라고 했다. 인원왕후가 점쟁이에게 점을 치니 거처를 옮기면 왕자를 낳을 수 있다고 했다는 것이었다. 이씨는 인원왕후의 명에 따라 거처를 창경궁 집복헌으로 옮겼고 정말로 1735년 마흔의 나이에 아들을 낳았다. 영조로서는 장남을 잃은 뒤 가까스로 얻은 아들이라 더없이 귀한 핏줄이었다.

영조는 둘째아들 이름을 '선'이라 하였다. 선이 백일이 되었을 때 영조는 선을 왕비 정성왕후 서씨의 양자로 삼았고, 돌이 지나자마자 원자로 칭했다. 원자 선은 다시 세자로 책봉되었다. 두 살에 불과한 아이를, 그것도 서자를 세자로 삼았다는 것은 당시 영조가 왕위계승자 탄생을 얼마나 학수고대했는지 잘 보여준다.

영조는 그 귀한 아들에게 철저히 제왕교육을 시켰다. 이를 위해 백일 무렵부터 생모인 영빈 이씨가 아닌 왕비 서씨가 보육을 도맡았다. 두 살 때 세자에 책봉된 선은 세자전인 창경궁 저승전儲承殿에서 생활했다. 저승전이란 이름은 언뜻 죽은 사람이 가는 저승을 연상하게 하지만 '왕위를 계승할 세자가 머무는 집'이라는 의미다. 말하자면 동궁전이다.

저승전은 경종이 세자 시절에 거처하던 동궁이다. 경종의 부인 선의왕후 어씨는 경종 사후 이곳에서 생활했다. 저승전 바로 옆에는 경종의 생모 희빈 장씨가 머물던 취선당이 있었다. 이에 따라 저승전과 그 주변에서 근무하는 궁녀와 환관 중에는 선의왕후, 경종, 희빈 장씨를 모시던 인물이 많았다. 그들은 상전이 죽은 후에도 충성심을 버리지 않았다. 그런 까닭에 세자 선은 자연스레 그들에게 경종과 선의왕후, 희빈 장씨의 이야기를 듣게 되었다. 세자는 암암리에 경종 독살설이나 노론에 부정적인 시각을 접했고 이는 노론과 대립하던 소론에 호감을 보이는 것으로 이어졌다. 그러나 영조는 그런 낌새를 전혀 알아채지 못했다.

어린 시절 세자 선은 꽤 영특했다. 두 돌부터 한자를 익히기 시작했고 일곱 살에《효경》과《소학》을 읽었다. 조광조의 표현대로라면《소학》은 유학의 요체가 모두 들어 있는 책이다. 그때부터 그런 내용을 익히고 실천했다는 것은 선이 영특한 아이였음을 시사한다.

그렇지만 영조는 세자 선이 더 뛰어난 아이이기를 바랐다. 여기에다 선이 아직 놀기 좋아하는 어린아이라는 사실을 간과했다. 세자 선은 가끔 상궁들과 칼싸움 놀이를 했는데 어느 날 칼싸움 놀이를 한 뒤 생모 영빈 이씨가 무엇을 했느냐고 묻자《소학》을 공부했다고 거짓말을 했다. 혹 전쟁놀이를 했다고 하면 혼낼까 두려워 거짓으로 고한 것이다. 이후로도 전쟁놀이를 한 뒤 영빈이 물으면 역시 공부를 했다고 거짓말을 했다. 그러나 어린아이들의 거짓말이 흔히 그렇듯 이내 들통이 났다. 영빈에게 세자가 거짓말을 한다는 이야기를 들은 영조는 분노를 참지 못하고 당장 창경궁 저승전으로 달려가 세자 선을 무섭게 꾸짖었다. 그뿐 아니라 세자 선에게 전쟁놀이를 가르친 상궁 한씨와 이씨에게 가혹한 형벌을 가하고 궁에서 내쫓았다.

이 사건 이후 극도의 공포감에 사로잡힌 세자 선은 일종의 공황장애를 겪기 시작했다. 또 아버지 영조 앞에만 서면 공포와 두려움에 떨며 아무 말도 하지 못했다. 부왕 앞에 설 때면 세자 선은 청심환을 먹어야 했고 때로 영조가 무슨 말을 하려고 하면 자신을 질책하는 것으로 여겨 기절하기도 했다. 세자 선의 부인 혜경궁 홍씨는 《한중록》에서 그 모습을 이렇게 그리고 있다.

> 경모궁(장헌세자)은 글 읽는 소리도 크고 맑았으며, 글의 뜻을 이해함에도 그릇됨이 없으니 뵙는 사람마다 동궁의 거룩하심을 일컬어 궁중 밖에서도 좋은 명성이 많이 떠돌았다.
> 그러나 아, 갑갑하고 애달프다. 경모궁께서는 부왕을 모실 때만 두렵고 어려워하며 응대를 재빠르게 못하였다. 영묘(영조)께서 한 번 갑갑하고 두 번 갑갑하여 몹시 성을 내며 근심하였다. 이럴수록 가까이에서 친히 가르치며 막역한 정을 나눌 도리는 생각하지 않으셨다.
> 점점 서먹서먹하게 지내다가 마주하면 부왕께서는 도타운 사랑보다 허물을 꾸짖었다. 아드님께서는 한 번 뵙는 것도 조심하며 몹시 두려워하였다. 그래서 무슨 큰일이나 치르는 듯하였다. 말이 없는 가운데 부자간 사이가 막히니 어찌 슬프지 않겠는가?

아버지를 두려워해 공포감에 사로잡힌 세자 선은 점점 영조를 어려워했고 부자 사이는 계속 멀어졌다. 그 와중에 영조는 몹시 사랑하던 딸 화평옹주를 잃고 슬픔에 빠져 세자에게 전혀 신경을 쓰지 않았다. 오히려 세자 선은 그 상황을 달가워하며 활쏘기와 칼

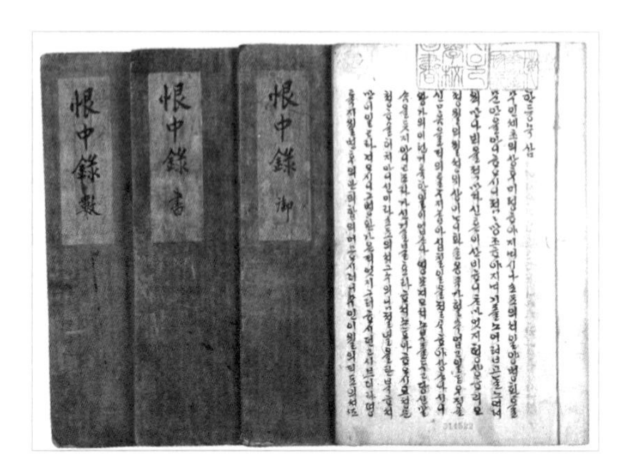

한중록 | 장헌세자의 빈이자 정조의 어머니 혜경궁 홍씨가 지은 회고록. 정치적 사건뿐 아니라 궁중의 풍속까지 생생하게 기록하였다.

싸움에 탐닉했고 잡서나 점을 칠 때 쓰는 복서, 명리학 등에 관심을 보였다. 이따금 세자의 근황을 들은 영조는 세자를 불러 무안을 주었고, 이런 일이 반복되면서 세자 선에게 조울증 증세가 생겼다. 《한중록》은 이를 다음과 같이 기록하고 있다.

임금께서는 많은 사람이 모였을 때 내인들에게 말했다.

"세자가 가지고 노는 것을 가져오라."

그리고 그것을 모두에게 보여주어 세자를 무안하게 하였다. 강학 때나 차대次對(매달 여섯 차례씩 삼정승과 사헌부, 사간원, 홍문관 관원이 임금 앞에 나아가 정무를 보고하는 것) 날 여러 신하가 많이 모였을 때, 군이 경모궁을 불러 글의 뜻을 물으셨다. 아기네(장헌세자)가 자세히 대답하지 못할 부분인데도 글의 뜻을 야속하게 물으셨다. 본래 부왕의 면전에서는 분명히 아는 것도 주뼛거리셨는데, 여러 사람이 모인 중에 물으니 경모궁께서는 더욱 두렵고 겁이 나 대답을 못하셨다. 그러면 임금께서는 남이 보는 데서도 꾸중하고 흉도 보았다.

경모궁께서 그런 일을 한두 번 하여도 감히 부왕을 원망하지 않으셨다. 그러나 당신을 진심으로 교훈하지 않는 것이 바짝 성이 나고 두렵고 서먹하여 필경 천성을 잃기에 이르셨으니 이런 원통함이 어디 있겠는가?

아들을 미치게 만든 아버지, 영조

세자 선의 병증은 시간이 흘러도 좋아지지 않았다. 그러던 중 열다섯 살이던 1749년 영조를 대신해 섭정을 시작했다. 승명대리로 대리청정을 시작했는데 이는 왕을 대신해 왕명을 내리는 일로 제왕수업의 일환이었다. 그때 상황을《한중록》은 이렇게 서술하고 있다.

기사년(1749년) 경모궁이 열다섯 살이 되어 1월 22일 관례를 행하고, 27일 합례(신랑과 신부가 첫날밤을 보내는 것)하기로 하였다. 늦게 얻은 동궁이 열다섯 살이 되어 합례까지 하니 기쁜 마음으로 오붓하게 재미를 보면 좋은 일일 텐데, 어찌된 뜻인지 영묘께서는 홀연히 동궁에게 정사를 보라고 영을 내리셨다. 그날은 바로 관례날이었다. 많은 일이 정사를 대리한 후 일어난 탈이니 어찌 슬프지 않겠는가?

당시 영조는 쉰여섯 살로 건강에 다소 문제가 생겨 서무 처결에 어려움이 있었다. 그래서 세자에게 대리청정을 명한 것인데 막상 시켜보니 세자의 자질이 썩 마음에 들지 않았다. 이후 영조는 격려나 칭찬은 전혀 하지 않고 걸핏하면 불러다 호통과 폭언을 쏟아내며 세자를 질책했다. 이 때문에 세자 선은 부왕을 더 꺼렸고 그 낌새를 알아챈 영조는 더욱 미운 감정을 드러냈다. 심지어 세자 선에게 어떤 질문을 했다가 대답이 마음에 들지 않으면 많은 사람이 보는 데서 물로 귀를 씻기도 했다.

영조는 사람을 향한 호불호가 분명한 사람이었다. 자신이 좋아하는 자식과 싫어하는 자식은 한곳에 머물지도 못하게 했고, 싫어하는 사람의 말을 들으면 귀를 씻거나 이를 닦았다. 세자 선의 말을 들은 뒤에는 거의 대부분 귀를 씻었다. 그만큼 그는 선을 싫어했다. 딸이 많은 영조는 그들을 심하게 차별했다. 그중에서도 특히 싫어한 딸은 세자 선의 누나 화협옹주였고 화평옹주와 화완옹주는 유난히 좋아했다. 이들은 모두 영빈 이씨 소생인데 영조가 어찌나 그들을 차별하는지 영빈 이씨가 불안해하고 서러워할 정도였다.

대리청정 이후 영조는 세자 선을 더 심하게 적대시했다. 그는 세자의 정무 처리에 사사건건 노골적으로 불만을 드러냈고 《한중록》은 그 내용을 이렇게 전하고 있다.

> 영묘께서는 매번 공사나 금부, 형조, 살육 같은 일은 친히 보지 않으셨다. 옹주들 처소에 계실 적엔 주로 내관들에게 그 일을 맡겼다. 그러다가 동궁에게 정사를 대리할 때는 이런 말을 하셨다.
>
> "화평옹주의 상을 당한 후에는 서러움도 심하고 병환도 잦아 휴양을

하려고 동궁에게 정사를 대신 보게 한다."

사실은 안에 들이지 못하는 꺼림칙한 공사를 내관에게 맡기니 답답했던 터라 동궁에게 맡기려 한 것이었다.

나라에 올린 상서에 나랏일을 비판하는 글이나 편론이 있으면 소조(세자. 대리청정을 한 까닭에 영조는 대조, 세자 선은 소조로 일컬음)께서는 스스로 결정하지 못하셨다. 그래서 대전께 상소하면 그 상서가 아랫사람의 일로 소조께서 아실 일이 아닌데도 격노하셨다. 소조와 신하가 조화롭지 못해 전에 없던 상서가 나도 모두 소조 탓이 되었다. 상소의 비답을 대전께 여쭈면 임금께서는 이렇게 꾸중하였다.

"쯧쯧, 그만한 일을 결단하지 못하고 번거롭게 내게 묻다니 내가 네게 정사를 대리하게 한 보람이 없구나."

또 여쭈지 않으면 이렇게 꾸중하였다.

"어허, 그런 일을 내게 묻지도 않고 혼자 결정하다니."

저리한 일은 이리하지 않았다고 꾸중하고 이리한 일은 저리하지 않았다고 꾸중하였다. 이 일 저 일 다 격노하며 마땅치 않게 여기셨다. 심지어 얼어 죽는 사태나 가뭄에 따른 재앙 같은 천재변이 있어도 "쯧쯧, 다 소조에게 덕이 없어 이러하다"며 꾸중했다.

일이 이러하니 소조는 날이 흐리거나 겨울에 천둥이 치면 또 무슨 꾸중을 듣지 않을까 하여 근심하고 염려하였다. 그래서 모든 일에 겁을 내며 몹시 두려워하였다. 그런 까닭에 망령이 나서 병환의 징조가 싹트고 있었다.

《한중록》의 내용이 사실이라면 영조는 아들을 고의로 괴롭힌 간악한 아비였던 셈이다. 또 혜경궁 홍씨는 영조가 좋은 일에는 세자 선을 절대 부르지 않았고 항상 귀찮거나 까다롭거나 번거로운 일이 있을 때만 불러 꾸중했다고 기록했다.

당시 세자는 기껏 열다섯 살로 중학생 나이에 불과했다. 나이 육십을 바라보는 장년의 영조가 소년에게 별별 트집을 다 잡으며 정신적 부담을 떠안겼다는 얘기다. 어쩌면 영조 자신이 생명의 위협을 받으며 가까스로 왕이 된 보상심리를 아들에게 발산한 것인지도 모른다. 이런 일이 반복되자 마침내 장헌세자는 속에 쌓인 분노를 폭발시키기 시작했다.《한중록》은 그 상황을 다음과 같이 묘사한다.

> 경모궁은 당신 속은 본래 부모님을 향한 정성으로 거룩하였지만 민첩하지 못해 정성의 백분의 일도 드러내지 못했다. 부왕은 그 사정도 모르고 매번 미안한 모습은 있었지만 한 번도 그 사정을 봐주지 않았다. 그래서 경모궁은 부왕을 점점 두려워하고 무서워하는 병이 들었다. 화가 나면 풀 곳이 없어 내관과 내인에게 풀고 심지어 내게까지 푸는 일이 몇 번이었는지 모른다.

뒤주에 갇혀 죽은 미치광이 세자

장헌세자의 광기는 시간이 흐르면서 더욱 심해졌다. 그의 광기 때문에 수많은 궁인과 환관, 궁궐의 노비가 혹독한 고문을 받았고 목숨을 잃었다. 또한 스스로 자살을 시도해 창덕궁 우물에 빠져 죽으려 했고, 자신이 가장 사랑하던 후궁 빙애(경빈 박씨)를 때려죽이기도 했다. 심지어 자신의 아들을 칼로 내리친 뒤 연못에 집어던졌으며, 생모 영빈 이씨마저 죽이려고 하였다. 결국 이는 선의 생모 영빈 이씨의 고발로 돌이킬 수 없는 지경에 이르고 말았다.

세자 선의 광기를 현대의학으로 분석하면 부왕 영조를 두려워하는 공포감에서 시작된 공황장애, 조울증, 피해망상증, 정신분열증, 가학증 등이 복합적으로 결합한 상태였다. 그의 광기는 곧 궁궐 밖에까지 알려졌고 그 파장은 엄청난 사태로 확대되었다.

1762년 5월 22일 노론 중신 형조판서 윤급의 노비 나경언이 형조에 세자를 고발했다. 그 내용은 세자가 내시들과 결탁해 왕을 밀어내고 왕위를 찬탈하려 한다는 것이었다. 세자는 이미 스물여덟의 청년으로 성장했고 영조는 예순아홉의 늙은이였다. 그러니 나경언의 역모 고변은 심각한 사태일 수밖에 없었다. 나경언을 친국한 영조는 세자를 호출해 불같이 화를 내며 다그쳤다.

"네가 왕손의 어미(빙애)를 때려죽이고 여승을 궁으로 들였느냐? 또 서쪽으로 가 평양성을 유람했느냐? 이것이 사실이냐? 이게 세자로서 행할 일이냐? 사모를 쓴 자들은 모두 나를 속였으나 나경언이 이 말을 전해주었다. 나경언이 아니었다면 내가 이 일을 어찌 알았겠느냐? 처음에 왕손의 어미를 매우 사랑해 우물에 빠지려는 일도 벌여놓고 어찌 네 손으로 죽일 수 있느냐? 그 사람이 아주 강직했으니 네 행실과 일을 간언하다 죽임을 당한 것이 분명하다. 그리고 너는 여승의 아들을 데려와 내게 문안할 참이냐? 이렇게 하고도 나라가 망하지 않겠느냐?"

세자가 죽인 빙애는 그가 사랑하던 후궁이었다. 사랑하던 여인까지 죽인 것을 보면 세자의 병증은 여간 심각한 것이 아니었다.

영조가 그 사실을 들먹이며 몰아붙이자 세자는 나경언과 대질하게 해달라고 했다. 하지만 영조는 왕권을 대리하는 세자가 고변자와 대면할 수는 없다며 허락하지 않았다. 이에 세자가 말했다.

"이런 일은 신에게 본래 있던 화병 때문에 발생한 것뿐입니다."

영조가 분통을 터뜨리며 고함을 질렀다.

"차라리 발광을 해라, 발광을."

이 사건으로 조정이 발칵 뒤집힌 가운데 그해 윤5월 13일 세자의 생모 영빈 이씨가 직접 나서서 세자를 죽일 것을 청했다.

"세자의 병이 너무 깊어 이제 돌이킬 수 없습니다. 백 명도 넘는 궁인과 환관을 죽였고 자기 후궁을 죽였으며 아들마저 죽이려 했습니다. 이제 무슨 짓을 할지 알 수 없으니 대처분을 내려주십시오."

생모마저 자기 아들을 죽여야 한다고 주장하자 영조는 세자를 불러 뒤주에 가뒀다. 세자는 살려달라고 애원했으나 영조는 세자를 뒤주에 가둔 뒤 직접 뚜껑을 닫고 자물쇠로 잠갔다. 여기에다 널빤지를 가져오라고 명령해 그 위에 대못까지 쳤다. 뒤주에 갇힌 세자는 7일 만에 굶어 죽었는데 이 사건을 일러 '임오화변'이라 한다.

이때 세자를 죽이면 안 된다고 간언한 소론 대신 조재호도 사약을 받았다. 세자가 태어났을 때 그토록 좋아한 영조는 세자가 광기를 주체하지 못해 후궁을 비롯한 주변 사람들을 죽이고 심지어 생모와 자식까지 위협하자 직접 자기 손으로 처분을 내린 것이다.

이 사건을 두고 어떤 이들은 영조가 자신과 정치적 견해가 다른 세자를 순전히 정치적인 이유만으로 죽였다고 비난한다. 그렇지만 당시 상황을 면밀히 살펴보면 세자의 광적인 행동 자체가 죽음에 큰 영향을 미쳤음을 알 수 있다. 생모 영빈 이씨까지 나서서 아들을 죽여달라고 했을 정도니 그 광기가 얼마나 심각했는지 짐작이 간다.

세자 선이 그토록 광기를 보인 이면에는 지나치게 엄격했던 영조의 태도와 폭력적 훈육이 자리하고 있다. 물론 영조는 그것이 세자를 올바르게 가르치기 위한 정당한 행위였다고 주장할지도 모른다. 그러나 이유야 어찌 되었든 아직 어린아이에 불과한 아들의 거짓말을 이유로 그 아들을 보살피던 상궁들에게 엄청난 고문을 가하고 내쫓기까지 한 행동은 확실히 지나쳤다. 어린 선의 마음에 그것이 깊은 상처와 공포로 남아 광기의 뿌리가 됐기 때문이다. 여기에다 대리청정을 명한 뒤 사사건건 트집을 잡아 아들을 괴롭혔다. 이로 인해 세자 선의 공포는 더욱 커졌고 이것이 여러 정신적인 문제로 이어져 스스로도 주체할 수 없는 폭력적 행위로 나타난 것이다.

물론 장헌세자의 죽음 뒤에는 정치적 배후도 숨어 있었다. 아들을 뒤주에 가둬 죽일 무렵 영조는 두 번째 왕비를 맞이한 상태였다. 1757년 2월 정성왕후 서씨가 죽자 영조는 삼년상을 마친 뒤인 1759년 6월 정순왕후 김씨와 국혼을 치렀다. 영조의 나이는 예순여섯이고 정순왕후는 열다섯으로 무려 쉰한 살의 나이 차가 나는 부부였다. 그 정도면 증손녀나 손녀뻘이었다. 장헌세자도 늦은 나이에 얻은 아들인데 정순왕후는 장헌세자보다 열 살이나 어렸다. 정순왕후 김씨는 노론 계열 김한구의 딸로 노론의 힘이 강화되는 것은 당연했다. 장헌세자의 빈 혜경궁 홍씨도 노론 출신이었다. 현재의 왕비와 미래의 왕비가 모두 노론 가문에서 배출되었던 것이다.

영조는 쉰 살 넘게 나이 차가 나는 왕비 김씨와 사이가 좋은 편이었다. 그런 까닭에 영조는 김씨의 말에 귀를 기울였고 왕비 김씨는 세자 선을 비방하는 말을 전달했다. 또한 그녀의 아버지 김한구와 노론의 홍계희 등은 나경언을 사주해 세자의 비행을 적은 10조목을 상소했고 이는 영조가 장헌세자를 죽이는 결정적 근거로 작용했다. 이를테면 정순왕후가 장헌세자를 죽이는 과정에서 결정적인 역할을 한 셈이다.

왕비 김씨와 함께 세자를 비방한 여인이 한 명 더 있었다. 바로 영조의 후궁 중 하나인 숙의 문씨다. 궁녀 출신인 그녀는 두 명의 옹주를 낳은 여인으로 노론 대신 김상로와 결탁해 장헌세자를 죽이는 일에 가담했다. 시간이 흐른 뒤 영조는 장헌세자를 죽인 원흉으로 김상로를 지목하기도 했다. 당시로서는 그것이 드러나지 않았고 영조는 숙의 문씨를 매우 총애했다.

이처럼 장헌세자는 단순히 광기 때문에 죽임을 당하지는 않았다. 영조와 생모 영빈 이씨는 아들의 광기가 걷잡을 수 없이 심해져 죽였는지도 모르지만, 상황을 그렇게 몰아간 세력은 노론이었다.

광기에 사로잡힌 난폭한 가부장

왕위에 오른 정조는 아버지 사도세자의 명예를 회복하기 위해 사도세자라는 시호를 떼어버리고 장헌세자라는 시호를 올렸다. 이어 자신이 그의 아들임을 선포하고 아버지를 죽음으로 내몬 자들을 응징하는 복수의 칼날을 휘둘렀다. 정조는 아버지가 미치광이라서 죽은 것이 아니라 간악한 정치 세력의 음모 탓에 죽었다고 믿었다. 정말로 정조의 아버지 장헌세자에게는 광기가 없었을까? 그는 정조를 비롯한 자녀들에게 좋은 아버지였을까? 혜경궁 홍씨와 후궁들에게는 미더운 남편이었을까?

1735년에 태어난 장헌세자 선은 사망하던 1762년 스물여덟 살의 청년이었다. 이미 그에게는 세자빈 혜경궁 홍씨와 여러 여인 사이에 낳은 자녀들이 있었다. 혜경궁 홍씨는 정(의소세손), 산(정조) 두 아들과 청연·청선 두 딸을 낳았다. 후궁 양제 임씨는 인(은언군)과 진(은신군) 두 아들을 낳았고 수칙 박씨(빙애)는 아들 찬(은전군)과 딸 청근을 낳았다.

그는 이들 외에 여승 가선과 수칙 이씨도 거느리고 있었다. 대개 정식으로 들인 여인이 아니었다. 장헌세자가 살아 있을 당시 수칙 이씨는 존재 자체도 알려지지 않았다. 후궁 중 수칙 박씨는 그에게 맞아 죽었다. 여승 가선은 그가 억지로 궁궐로 끌어들인 여인으로 훗날 영조가 그녀를 참수했다. 이 사실만으로도 장헌세자는 빈인 홍씨나 후궁들에게 좋은 지아비가 아니었음을 짐작할 수 있다.

그러면 자녀들에게는 어땠을까? 세자빈이나 후궁들에게 폭력적이던 그가 자녀에게 좋은 아버지였을 리 만무했다. 물론 그가 아버지 역할을 제대로 하지 못한 데는 영조의 냉혹한 행동도 한몫했다. 이를테면 부자가 동시에 자식과 손주에게 못할 짓을 한 셈이었다. 장헌세자는 슬하에 5남 3녀를 뒀는데 이들의 삶을 살펴보면 그가 어떤 아버지였는지 엿볼 수 있다.

장헌세자의 장남은 의소세손으로 그는 태어난 지 1년여 만에 죽었다. 의소세손의 탄생과 죽음을 두고 혜경궁 홍씨는 《한중록》에서 영조에게 섭섭함을 토로하고 있다. 홍씨는 열여섯 살 때인 1750년 의소세손을 낳았는데 그때 영조는 전혀 기뻐하지 않았다고 한다. 2년 전인 1748년 가장 사랑하던 딸 화평옹주가 아이를 낳다가 산욕으로 죽었는데 영조가 그때까지 슬픔을 간직하고 있었기 때문이다. 홍씨는 이렇게 적었다.

> 경오년(1750년) 8월 나는 의소를 낳았다. 영묘의 마음에 어찌 기쁘지 않았겠는가? 그러나 무진년(1748년) 화평옹주가 해산하지 못하고 상이 났었다. 그 잔인하고 슬픈 일이 영묘의 가슴에 맺혀 내가 순산해 아들을 낳아 기쁜 마음에도 옹주가 남처럼 순산하지 못한 것을 새롭게 슬퍼하였다. 영묘는 옹주를 생각하는 슬픔이 손자를 본 기쁨보다 더하였다. 그래서 아드님께 "네가 어느 사이에 자식을 두었구나"라는 한마디 말씀도 없었다. 내가 해산한 뒤 "네가 순산하여 아들을 낳으니 기특하구나"라는 말씀도 없었다. 나는 어린 나이에 아들을 낳은 기쁨도 모르고 오히려 두려워했다. 옹주를 잃은 대조의 마음이 새로워져 몹시 화를 냈고 기뻐하지도 않았다.

홍씨가 아이를 낳자 영조는 오히려 산욕으로 죽은 딸 화평옹주를 떠올렸고, 며느리가 대를 이을 손자를 낳은 것은 전혀 기뻐하지 않았다는 뜻이다. 장헌세자의 생모 영빈 이씨는 손자 탄생을 몹시 기뻐하며 홍씨를 돌봐주었는데, 그 모습을 보고 영조는 외려 혀를 차며 말했다고 한다.

"선희궁은 옹주는 잊고 저리 좋아만 하니 인정이 박하구나."

화평옹주의 생모 영빈 이씨까지도 영조가 죽은 화평옹주만 생각하는 것을 탄식할 정도였다. 그러던 영조가 어느 순간부터 갑자기 의소세손을 총애했는데 그것은 의소세손의 몸에 있는 점 때문이었다. 의소세손은 어깨에는 푸른 점이, 배에는 붉은 점이 있었다. 어디선가 그 소문을 들은 영조는 직접 의소세손의 몸을 살펴보고 점을 확인했다. 그때부터 영조가 의소를 몹시 아꼈는데 죽은 화평옹주의 몸에도 붉은 점과 푸른 점이 있었고 영조는 화평옹주가 되살아난 것으로 생각해 의소를 좋아했던 것이다. 어찌 되었든 장헌세자와 홍씨는 아주 다행스럽게 여겼다.

의소세손 덕분에 영조와 장헌세자의 관계는 잠시 좋아졌고 장헌세자도 의소세손을 귀하게 여겼다. 그러나 1752년 봄 의소가 사망하면서 장헌세자를 향한 영조의 미움은 다시 시작됐다.

의소가 죽던 해 홍씨는 두 번째 아이를 임신하고 있었다. 그해 9월 사내아이가 태어났는데 그가 바로 산(정조)이다. 공교롭게도 그때 영조가 가장 미워하던 딸 화협옹주가 홍역으로 사망했다. 영조에게 미움을 받은 화협옹주는 동생 장헌세자와 친밀하게 지냈다. 누나를 잃은 장헌세자는 몹시 슬퍼했으나 정작 아버지 영조는 그다지 슬퍼하지 않았다. 다만 화협옹주의 죽음을 애도하는 장헌세자를 불러 온갖 심술을 부리며 무섭게 꾸중했을 뿐이다. 당시 장헌세자 역시 홍역을 앓은 직후였음에도 불구하고 눈밭에서 석고대죄까지 하게 만들었다. 자신의 화를 이기지 못한 영조는 대왕대비 인원왕후를 찾아가 세자에게 왕위를 넘겨주겠다고 공언했다. 이른바 선위 파동을 일으킨 것이다.

왕이 세자에게 선위하겠다고 선언하면 의당 조정은 발칵 뒤집어지고 세자는 석고대죄하며 선위를 사양해야 한다. 그만큼 선위 선언은 세자에게 엄청난 고통을 떠안기는 일이었다. 그 무렵 예순 여섯 살의 노구로 귀가 어두워 말소리를 잘 알아듣지 못한 인원왕후는 영조의 선위 요청을 잘못 알아듣고 그렇게 하라고 대답했다. 영조는 왕모의 허락을 받았다며 선위를 공식화한 뒤 사저인 창의궁으로 나가버렸다. 뒤늦게 이 사실을 안 인원왕후는 이렇게 말했다.

"내가 가는귀가 먹어 잘못 대답한 일이 종묘사직에 죄를 얻게 되었구나."

인원왕후는 즉시 영조에게 편지를 보내 환궁을 요청했다. 이미 장헌세자는 창덕궁 시민당 손지각 뜰의 얼음 위에 무릎을 꿇고 앉아 석고대죄를 하고 있었다. 그리고 영조가 머물던 창의궁으로 찾아가 선위 표명을 거둬달라며 석고대죄하면서 땅에 머리를 찧었다. 그 바람에 세자의 망건이 다 찢어지고 이마에서 피가 흘렀다. 그 사태를 벌인 뒤에야 영조는 며칠 만에 슬그머니 환궁했다.

그 뒤 장헌세자의 병증은 점차 심해졌다. 심지어 언제 영조의 엄한 명령이 떨어질지 모른다며 방 안에서 떨며 밖으로 나오지 않는 지경에 이르렀다. 영조는 장헌세자의 그런 상태를 잘 몰랐고 툭하면 꾸중하고 화를 냈다. 그 때문에 장헌세자는 동궁에서 우물에 빠져 죽겠다며 자살 소동을 일으켰다.

장헌세자의 광증은 점점 심해졌고 1757년부터는 주변 사람을 의심하고 죽이는 사태까지 벌어졌다. 당시 세자 주변의 환관과 나인이 숙의 문씨와 내통해 영조에게 세자의 일거수일투족을 고했고, 이로 인해 장헌세자는 주변 사람을 아무도 믿지 않았다. 급기야 그 의심증이 폭발해 살인에 이른 것이다. 세자의 칼날에 처음 희생당한 인물은 동궁의 당번 내관 김한채였다. 그를 죽인 장헌세자는 직접 머리를 잘라 나인들이 보는 데 효시했다. 이후로도 나인 여러 명을 죽였다. 이쯤 되자 혜경궁 홍씨는 선희궁으로 달려가 영빈 이씨에게 사실을 알렸고 영빈은 충격을 받아 앓아누웠다.

장헌세자는 특이한 병을 앓았는데 혜경궁 홍씨는 이를 의대병이라 하였다. 의대란 왕이나 세자, 왕비, 세자빈이 입는 옷을 높여 부르는 말로 장헌세자는 옷을 입지 못하는 병을 앓고 있었다. 옷을 한번 입으려면 별의별 노력을 다해야 했다. 이는 단순히 옷을 두려워한 것이 아니라 옷을 입은 뒤에 벌어질 일, 즉 영조의 꾸지람을 두려워한 것에서 비롯된 증상이었다. 그는 옷을 입을 때마다 입었다 벗었다를 반복했고 벗은 옷은 반드시 태워 없앴다. 그 바람에 늘 같은 옷을 여러 벌 준비해야 했다.

정조는 어린 시절을 이런 아버지 밑에서 보냈고 그 아버지를 바라보는 어머니 홍씨는 늘 안절부절못했다. 장헌세자는 자식들에게 별다른 정을 주지 않았다. 그는 아버지 영조에게 미움을 받는 자신의 현실을 개탄하며 자식들을 폭력적으로 대했다.《한중록》은 장헌세자의 그런 행동을 한 장면으로 묘사하고 있다.

> 경진년(1760년) 생일 또 무슨 일로 격분한 마음이 대단했는데 그날부터 부모 공경하는 말씀을 못하셨다. 상말로 천지를 분별하지 못하는 듯 노엽고 서러워 "살아 무엇 하랴" 하셨다. 또 선희궁께 공손하지 못한 말씀을 많이 하시고 세손 남매가 문안드릴 때는 큰 소리로 이처럼 말씀하셨다.
>
> "부모를 모르는 것이 자식을 알겠느냐? 물러가라!"
>
> 아홉 살, 일곱 살, 다섯 살 어린아이들이 아버지의 생신이라고 용포를 입고 장복도 하여 절을 하려고 왔다가 엄한 호령을 듣고 크게 놀라 두려워하던 모습은 오죽하였겠는가.

장헌세자는 자녀들에게 매우 냉랭한 아버지였다. 심지어 광기를 이기지 못한 그는 강보에 싸인 후궁 빙애의 아들 찬을 연못에 던지기도 했다. 화가 나면 자식이든 아내든 물불 가리지 않고 폭력을 행사한 것이다. 한번은 혜경궁 홍씨에게 바둑판을 던져 그녀의 왼쪽 눈이 상하기도 했다. 눈이 빠질 뻔했다고 표현한 홍씨는 눈이 너무 부어 영조가 궁궐을 옮겨가는데도 나가 보지 못했다고 쓰고 있다. 이후 홍씨는 혹 남편 손에 죽을지도 모른다는 공포감에 사로잡혀 살았다고 고백하고 있다.

혜경궁 홍씨보다 더 혹독한 폭력에 시달린 여인도 있었다. 장헌세자는 이른바 의대증이라는 심리적 병증을 보이며 옷을 입히려는 환관과 나인을 여럿 죽였고 매질을 하기도 했다. 그에게 옷을 입히는 일을 맡은 후궁이 빙애(훗날의 경빈)였는데 그녀는 옷을 입히다가 장헌세자에게 맞아 죽었다. 분노를 이기지 못한 장헌세자가 그녀를 무자비하게 때려죽인 것이다.

그녀는 원래 인원왕후 처소의 나인으로 인물이 빼어났던 모양이다. 장헌세자는 늘 그녀를 차지하고자 했지만 왕대비전 나인이라 건드릴 수 없었다. 그러다 인원왕후가 죽자 그녀를 강제로 끌고 와 후궁으로 만들었다. 물론 영조에게는 비밀이었다. 그녀를 동궁전으로 데려온 직후에는 살뜰하게 대했으나 그토록 좋아한 여인도 폭력으로 죽이고 말았다. 그만큼 그는 스스로 폭력성을 자제할 수 없는 상태였다.

남편을 버리고 자식을 택한 혜경궁 홍씨

세자빈 혜경궁 홍씨나 후궁들은 폭력적인 가부장 장헌세자를 대하는 것 자체를 두려워했고 자녀들도 그를 무서워했다. 심지어 혜경궁 홍씨는 혹 장헌세자가 아이들을 해칠까 봐 가급적 장헌세자의 처소에서 멀리 떨어진 곳에 아이들을 뒀다고 한다. 그 공포가 극에 달하자 장헌세자의 생모 영빈 이씨에게 장헌세자의 살인 행각을 고하기도 했다. 비록 자신의 남편이자 세손의 아버지였지만 언제 살인귀로 돌변해 자신과 아이들을 해칠지 모른다는 불안감 때문에 차라리 그가 없어졌으면 싶었을지도 모른다. 영빈 이씨가 영조에게 아들 장헌세자를 죽여달라고 한 배경에는 혜경궁 홍씨의 하소연이 크게 작용했을 것이다. 혜경궁 홍씨는 세자가 죽더라도 자신과 세손은 살려달라고 했는데, 이는 영빈 이씨가 영조에게 올린 다음의 말로 확인할 수 있다.

"세자의 병이 점점 깊어 바라는 것이 없습니다. 마마, 소인이 이 말씀은 차마 어미 된 정리에 못할 일이지만 성궁을 보호하고 세손을 건져 종사를 평안히 하는 일이 옳으니 대처분을 하옵소서. 하오나 부자간 정으로 차마 이리하시지만 다 세자의 병입니다. 병을 어찌 책망하겠습니까? 처분은 하시나 은혜를 끼치셔서 세손 모자를 평안케 하시어주소서."

이것은 혜경궁 홍씨의 《한중록》에 나오는 내용이다. 비록 영빈 이씨가 한 말이지만 그 내용을 보면 혜경궁 홍씨의 생각과 전혀 다르지 않다. 혜경궁 홍씨는 장헌세자가 뒤주에 갇힌 뒤 세손이던 정조에게 이런 말을 했다.

"망극하고 망극하나 다 하늘의 뜻이다. 네가 몸을 평안히 하고 착해야만 나라가 태평하고 또 성은을 갚을 것이다. 비록 설움이 있으나 네 마음은 상하지 말라."

홍씨는 세자가 뒤주에 갇힌 뒤 영조에게 '목숨을 보전하여 세손을 보살피라'라는 전갈을 받고 이렇게 말했다.

"이때 성교가 망극한 지경이었다. 나는 세손을 생각하여 감격해하며 하염없이 눈물을 흘렸다. 세손을 어루만지며 성은에 감사했다."

《한중록》의 이런 기록은 미쳐서 날뛰는 장헌세자가 죽기를 가장 바란 사람이 다름 아닌 혜경궁 홍씨였음을 증명한다. 혜경궁 홍씨의 말에 따르면 장헌세자는 영조가 자신을 죽이고 세손을 효장세자의 양자로 삼아 왕위를 계승하려 한다는 것을 알고 있었다고 한다. 이와 관련해 그녀는《한중록》에 이런 기록을 남겼다.

> 여러 해 동안 정답게 하시는 말씀을 듣지 못하였는데, 그날 나더러 이렇게 말씀하셨다.
>
> "아마도 무사치 못할 듯하니 어찌할꼬?"
>
> 내가 갑갑하여 대답했다.
>
> "안타깝지만 설마 어쩌시겠습니까?"
>
> "어이 그리할꼬? 세손을 귀히 여기시는데 세손이 있는 이상 내가 없다고 한들 크게 상관하시겠는가?"
>
> "세손은 제 아들입니다. 부자는 화와 복을 같이한다고 하지 않습니까? 그런데 어찌하시겠습니까?"
>
> "자네는 생각을 못하네. 나를 몹시 미워하여 일이 점점 어려운데, 나를 폐하고 세손을 효장세자의 양자로 삼으시면 어찌하겠나?"
>
> 그 말씀을 할 때는 병환도 없어 보였다. 처연히 그리 말씀하니 그 말씀이 슬프고 서러워 말했다.
>
> "그럴 리가 없습니다."
>
> "두고 보소. 내게 딸린 사람이지만 자네는 귀여워하시니 자네와 자식들은 보통으로 대하고, 나만 그리하여 이리되고 또 병이 이러하니 어디 살게 하시겠는가?"

장헌세자와 홍씨의 이 대화를 보면 장헌세자가 세손, 즉 어린 정조를 질투하고 있음을 알 수 있다. 장헌세자는 비록 자신의 아들이지만 세손 산을 왕위 계승을 놓고 다투는 경쟁자로 인식했던 것이다. 이 때문에 홍씨는 혹 세자가 아들 세손을 해칠까 몹시 두려워했다. 홍씨는 그 심정을 세자가 뒤주에 갇힌 그날의 이야기에서 다음과 같이 털어놓았다.

그날 나를 덕성합으로 오라 하셨다. 그때가 정오쯤이었다. 홀연 까치가 경춘전을 무수히 에워싸고 울었다. 이것이 어떤 징조인지 괴이하였다. 그때 세손은 환경전에 있었다. 내 마음이 몹시 급하여 세손의 몸이 어찌될 줄 몰라 그리로 내려가 세손에게 일렀다.

"밖에서 무슨 일이 있어도 놀라지 말고 마음을 단단히 먹으라."

천만 당부하고 어찌할 바를 몰랐다. 소조께서 나를 보시고 응당 화증을 내실 터이니, 소조의 화증이 오죽 심할까 싶어 내 목숨이 그날 마칠 줄 알고 스스로 염려하였다. 그래서 세손에게 경계를 부탁하고 왔는데 소조의 말투가 내 생각과 달랐다. 소조가 말씀하셨다.

"아무래도 괴이하니 자네라도 잘 살게나. 말들이 무섭구먼."

나는 눈물을 머금고 말없이 앉았다가 황망하여 손을 비비고 앉았다. 이때 대조께서 휘령전으로 와서 소조를 부르신다 하였다. 이상하긴 했지만 어찌하겠는가.

소조는 피하자는 말도 달아나자는 말도 않고, 좌우를 치우지도 않고 조금도 화를 내는 기색 없이 빨리 용포를 달라고 하여 입으셨다. 그리고 말했다.

"내가 학질을 앓는다고 말씀드리려 하니 세손의 휘항(겨울에 쓰는 일종의 모자)을 가져오라."

그 휘항이 작아 내가 당신 휘항을 쓰시게 하려고 내인에게 말했다.

"소조의 휘항을 가져오라."

그러자 소조가 뜻밖의 말씀을 하셨다.

"자네는 무섭고 흉한 사람일세. 자네는 세손을 데리고 오래 살려고 하는구먼. 나는 오늘 나가서 죽을 터이니 그것을 꺼려 세손의 휘항을 쓰지 못하게 하려는 심술을 알겠네."

내 마음은 그날 당신이 그 지경에 이를 줄 몰랐다. 이 일의 끝이 어찌될꼬? 사람이 다 죽을 일인데 우리 모자의 목숨은 어찌될꼬? 하는 마음뿐이었다. 그런데 내가 어찌한다 말하지도 않았는데 천만 뜻밖의 말씀을 하시니 내가 더욱 서러워 다시 세손의 휘항을 갖다 드리며 말했다.

"마음에도 없는 말을 왜 그리 하십니까? 이것을 쓰소서."

"싫다. 꺼려 하는 것을 써서 내 무엇 할꼬?"

이것이 이 부부의 마지막 대화였다. 대화 내용으로 볼 때 장헌세자는 영조의 대처분이 내릴 것을 알지 못했다. 설마 아버지가 자신을 죽일까 하는 마음이 있었던 듯하다. 그래서 음력 5월의 더운 여름에 학질을 앓는 시늉을 하려고 겨울에 쓰는 방한모 휘항까지 쓴 것이다. 아프다는 핑계로 영조의 진노를 피하려 한 셈이다. 반면 혜경궁 홍씨는 영빈 이씨가 영조에게 무슨 말을 고했는지 알고 있었기에 대처분이 내려질 줄 짐작하고 있었다. 그녀는 갑자기 장헌세자가 부르자 혹 자신과 세손을 죽일지도 모른다는 불안감에 사로잡혀 있었다. 그때 다행히 영조가 세자를 휘령전으로 불렀다. 덕분에 홍씨는 세자의 위협에서 벗어날 수 있었다.

홍씨는 세자가 대처분을 받기를 바랐고 만약 세자가 쫓겨나거나 죽더라도 자신과 세손은 무사하길 고대했다. 그녀는 남편이 죽어야 자신과 세손이 무사할 거라고 판단한 것이다.

아버지의 죽음을 목도한 열한 살 소년

정조는 1752년 9월 22일 장조(장헌, 사도세자)와 현경왕후 홍씨(혜경궁) 사이에서 태어났고 이름은 산이다. 산이 창경궁 경춘전에서 태어나기 전 아버지 장헌세자 이선은 신령스런 용이 구슬을 머금고 침실로 들어오는 꿈을 꾸었다. 깨어난 그는 꿈에 본 대로 직접 그림을 그려 궁중 벽에 걸어놓았다고 한다.

장헌세자의 아들이 태어났다는 소식을 들은 영조는 직접 경춘전으로 거둥해 아이를 보고 기뻐하며 혜빈(혜경궁 홍씨)에게 말했다.

"이 아이는 나를 많이 닮았다. 이런 아이를 얻었으니 종사에 근심이 없어지지 않겠느냐."

영조는 그날로 산을 원손이라 부르게 했다.

세손 이산은 영특했고 덕분에 할아버지 영조의 귀여움을 받고 자랐다. 하지만 영조와 아버지 장헌세자의 불화 때문에 결코 행복한 어린 시절을 보내지는 못했다. 그 와중에도 1761년(영조 37년) 열 살의 나이에 관례를 치르고 이듬해인 1762년 2월 김시묵의 딸을 세손빈으로 맞아 가례를 올렸다. 그녀가 훗날의 효의왕후 김씨다.

그 무렵 영조와 장헌세자의 관계는 극도로 나빠졌다. 정조가 가례를 올리는 자리에서도 장헌세자를 못마땅해한 영조는 가례가 끝난 뒤 그가 세손빈의 인사를 받지 못하게 했다. 그로부터 3개월 후 그들 부자의 불화는 엄청난 참극으로 이어졌다. 아들의 광기를 참지 못한 영조는 장헌세자에게 죽음을 명했고 그 소식을 들은 어린 이산은 어떻게 해서든 아버지를 구해야 한다는 일념으로 달려갔다. 실록은 그 상황을 이렇게 묘사하고 있다.

> 세손이 들어와 관과 포袍를 벗고 세자 뒤에 엎드리니 임금이 안아다 시강원으로 보내고 김성응 부자에게 지키게 하여 다시는 들어오지 못하게 하라고 명하였다. 임금이 칼을 들고 연달아 차마 들을 수 없는 전교를 내려 동궁의 자결을 재촉하니, 세자가 자결하고자 하였는데 춘방春坊(동궁)의 여러 신하가 말렸다. 이어 임금이 폐하여 서인을 삼는다는 명을 내렸다. 이때 신만·홍봉한·정휘량이 다시 들어왔으나 감히 간하지 못하였고, 여러 신하 역시 감히 간쟁하지 못했다. 임금이 시위하는 군병을 시켜 춘방의 여러 신하를 내쫓게 하였는데 한림 임덕제만 굳게 엎드려 떠나지 않으니 임금이 엄한 표정으로 말했다.
>
> "세자를 폐하였는데 어찌 사관이 있겠는가?"
>
> 사람을 시켜 붙들어 내보내게 하니 세자가 임덕제의 옷자락을 붙잡고 곡하면서 따라 나오며 말했다.
>
> "너마저 나가버리면 나는 장차 누구를 의지하란 말이냐?"
>
> 이에 대전 문에서 나와 춘방의 여러 관원에게 어떻게 해야 좋은가 물었다. 사서 임성이 말하였다.
>
> "처분을 기다릴 수밖에 없습니다."
>
> 이 말을 듣고 세자가 곡하면서 다시 들어가 땅에 엎드려 애걸하며 개

과천선하기를 청하였다. 임금의 전교는 더 엄해지고 영빈이 고한 바를 대략 진술하였는데 영빈은 세자의 탄생모 이씨로 임금에게 밀고한 자였다. 도승지 이이장이 고했다.

"전하께서는 깊은 궁궐에 있는 한 여인의 말을 듣고 국본國本(세자)을 흔들려 하십니까?"

임금이 진노하여 빨리 방형邦刑(형틀)을 바루라고 명하였다가 곧 그 명을 중지하였다. 드디어 세자를 깊이 가두라고 명하였다.

그러자 세손世孫(정조)이 황급히 들어왔다. 임금이 빈궁(혜경궁 홍씨), 세손, 여러 왕손을 좌의정 홍봉한의 집으로 보내라고 명하였는데 이때 이미 밤이 반이 지났다.

이처럼 소년 이산은 할아버지가 아버지를 죽이려는 모습을 낱낱이 지켜봤다. 그리고 아버지 이선은 7일 동안 뒤주에 갇혀 있다가 허기와 탈수증으로 죽었다.

효장세자의 양자가 된 세손 이산

세자 이선이 죽자 영조는 세손 이산을 동궁으로 부르게 하고 왕위 계승권자로 지정했다. 호칭도 '왕세손 저하'로 하라고 명했다. 장헌세자를 죽이려고 혈안이던 노론 세력은 내심 이 조치를 꺼림칙하게 여겼으나 영조가 세손 산을 왕위 계승권자로 못 박자 그 속내를 노골적으로 드러내지는 못했다. 그들은 '죄인지자 불위군왕罪人之子

不爲君王', 즉 '죄인의 아들은 임금이 될 수 없다'는 논리를 내세웠고, 영조도 그들의 논리가 옳다고 보았다. 그 때문에 세손을 효장세자의 양자로 삼을 계획이었다.

그러나 영조는 장헌세자가 죽던 해에 곧바로 세손을 효장세자의 양자로 삼지 못했다. 당시 세손이 상주였기 때문이다. 영조는 삼년상이 끝나길 기다렸다가 1764년 세손을 효장세자의 양자로 삼겠다고 공포했다.

효장세자는 열 살의 어린 나이에 죽은 영조의 장남이다. 어려서 죽은 탓에 효장세자의 인품이나 능력을 평가할 만한 기록은 별로 남아 있지 않다. 단지 영조가 효장세자를 아끼고 사랑했다는 내용만 전한다. 한데 효장세자의 죽음과 관련해 세간에 잘 알려지지 않은 이야기가 있다. 영조는 효장세자가 독살로 죽었다고 믿었는데 그 내막은 이렇다.

효장세자가 죽은 뒤 그가 독살당했다는 말이 돌았고 효장세자의 생모 이씨에게도 독살 의혹이 있었던 만큼 영조는 이 소문에 민감하게 반응했다. 그리고 1729년 3월 범인으로 의심이 가는 자들을 체포했다. 그렇게 체포된 자는 상궁 순정으로 실록은 1730년(영조 6년) 3월 9일 당시 상황을 기록으로 남겼다.

> 임금이 시임대신과 원임대신, 금오의 당상, 포도대장을 명초해 3경에 매흉(특정인이 사망하거나 질병에 걸리도록 저주咀呪하는 의미로 흉한 물건을 만들어 일정한 곳에 파묻는 것)한 궁인 순정과 세정 등을 인정문에서 친국하였다. 그 이튿날 임금이 장전에 나아가자 홍치중, 이태좌, 이집이 나아

가 부복하였다. 임금이 흐느끼며 눈물을 흘리다가 말했다.

"말을 하고 싶으나 마음속이 먼저 나빠지니 마땅히 진정하고 말하겠다. 이는 외간外間의 일과 다른 것이니 사관은 상세히 듣고 자세히 기록하도록 하라. 잠저에 있을 때부터 순정이란 이름의 한 궁인이 있었는데, 성미가 불량하여 늘 세자와 세자의 사친(정빈 이씨)에게 불순한 짓을 하는 일이 많았기에 쫓아버렸다. 신축년에 세자가 된 뒤 궁인이 갖춰지지 않아 도로 들어오게 했는데, 혹은 마음을 고쳤으리라고 생각했다. 갑진년 왕위를 이은 뒤에는 세자와 두 옹주를 보육하게 하다가 세자 책봉 뒤 그를 옹주방 소속으로 보냈다. 동궁 나인이 되지 못해 항시 마음속으로 앙앙불락하였으니 이른바 시기심이 있는 자였다. 신축년 겨울의 일이 한밤중에 일어났는데 궐녀에게 의심스러운 단서가 없지는 않았지만, 나는 의심만으로 남을 죄주고자 하지 않았으므로 그냥 두고 묻지 않았다. 그 뒤 약을 쓴 한 가지 일이 있은 후로 궐녀가 매번 이 일을 들을 적마다 안색이 바뀌는 일이 없지 않았으니, 마치 춘치자명春稚自鳴(봄철 꿩이 스스로 운다는 뜻으로 시키거나 요구하지 않아도 스스로 함을 말함) 같은 격이었다.

재작년 원량元良(세자)의 질병 증세가 자못 이상해졌을 적에 도승지 또한 '의원도 증세를 잡을 수 없다고 합니다'라고 하지 않았던가. 내가 진실로 의심했지만 일찍이 입 밖에 꺼내지 않았다. 지난번 화순옹주가 홍진을 겪은 뒤 하혈하는 증세가 있었기에 괴이하게 여기며 의아해하다가 이제야 비로소 독약을 넣어 그리된 것임을 알게 되었다. 그는 이미 세자의 생모에게 독기를 부렸고 세자가 점점 장성하는 것을 좋게 여기지 아니하여 또다시 흉악한 짓을 하였다. 강보에 있는 아이인 4왕녀에게도 모두 독약을 썼다. 내 혈속을 반드시 남김없이 제거하려 했으니 어찌 흉악하고 참혹하지 아니한가."

영조의 말을 듣고 조신들이 순정을 국문하니 그녀는 자신이 독살했음을 자백했다. 영조는 그녀를 무기고 앞에서 참형에 처했다. 순정의 심부름을 한 세정에게도 고문을 가해 자백을 받고 역시 참형에 처했다.

그러나 궁녀 순정이 정말로 정빈 이씨와 효장세자를 독살했는지는 의문이다. 순정이 효장세자를 독살한 증거도 없고 이유도 불분명하기 때문이다. 영조는 순정이 자신을 미워하고 정빈 이씨를 시기해서 저지른 일이라고 했지만 이는 모두 영조의 추론일 뿐이다.

이렇듯 영조는 효장세자의 죽음에 일종의 통한을 품고 있었다. 그만큼 그는 효장세자를 아꼈다. 세손 이산을 효장세자의 양자로 삼아 왕위를 계승하게 한 것은 그 한을 풀려는 시도인지도 몰랐다.

영조의 혹독한 제왕교육

영조는 종종 세손 이산을 불러 백관이 모두 모인 자리에서 그의 학업과 지혜를 시험했는데, 그 내용을 보면 영조의 제왕교육이 상당히 혹독했음을 알 수 있다. 실록의 기록은 영조가 세손을 어떤 방식으로 교육하고 시험했는지 잘 보여준다.

임금이 대신과 비국 당상을 인견했다. 이때 왕세손이 시좌하고 있었는데 임금이 왕세손에게 물었다.

"한漢나라 소제昭帝는 어떠한 군주인가?"

왕세손이 대답했다.

"현명한 군주입니다."

"어떻게 그가 현명하다는 것을 알 수 있는가?"

"곽광霍光의 충성을 알았고 상관걸上官桀의 거짓을 분변했기 때문입니다."

"어떻게 그의 거짓을 분변하였는가?"

"상관걸이 글을 올린 사람을 체포하지 말라고 한 것 때문에 그 원인을 알았으니, 이것이 현명한 것입니다."

임금이 기뻐하며 말하였다.

"이것이 한나라 소제를 따라가기 어려운 이유다."

임금이 또 말하였다.

"정치 인사를 단행할 때 너는 균일하게 기용하고 싶은가, 치우치게 기용하고 싶은가?"

왕세손이 대답하였다.

"의당 균일하게 기용하고 싶습니다."

"현명함과 무능함을 모르는데 어찌 균일하게 기용할 수 있겠는가?"

"현인賢人을 얻어 전직銓職(인사권을 맡은 직책)을 맡기면 현인을 모두 거용함으로써 사람을 균일하게 기용할 수 있습니다."

"그것이 바로 요점이 되는 방법이다."

임금이 또 물었다.

"만일 네가 굶주리는 사람을 보았다면 옥식玉食(좋은 음식)을 먹기가 편안하겠는가, 편안하지 않겠는가?"

"비록 내 밥을 덜어내더라도 준 뒤에야 먹겠습니다."

"내 백성은 모두 조종祖宗 때의 적자赤字다. 뒷날 밥을 덜어주겠다는 마음을 잊지 말고 확충해 나가도록 하라."

이어 여러 신하에게 하유하였다.

"경 등은 힘써 보좌하라. 사신史臣은 이 내용을 상세히 기록하라."

이것은 1763년(영조 39년) 6월 19일자 실록 기록이다. 당시 세손 산은 열두 살로 겨우 초등학교 5학년 나이였다. 이 대화에 나오는 한나라 소제는 전한의 7대 황제 유불능이다. 그 무렵 좌장군 상관걸, 어사대부 상홍양 등이 연왕 유단과 모의해 대장군 곽광을 모함하는 상소를 올렸다. 한데 겨우 열네 살의 어린 황제 소제는 그들의 거짓을 간파해 상소를 물리치고 곽광을 구했다. 영조는 열두 살의 어린 세손이 이 내용을 알고 있는지 시험한 것이다.

사실 《자치통감》을 자세히 알지 못하면 영조의 이 물음에 대답하기 어렵다. 편년체 형식의 《자치통감》은 전국 시대인 기원전 403년부터 오대십국 시대 후주 세종의 959년까지 방대한 역사를 담은 총 294권의 사서다. 이 책은 당나라 태종의 정치를 다룬 《정관정요》와 함께 제왕학에서 중요하게 다뤘다.

고작 열두 살 소년이 그 책을 다 읽고 의미를 파악해 영조의 물음에 대답했다는 것은 실로 대단한 일이다. 이는 그만큼 정조가 어릴 때부터 영특했음을 보여주는 대목이다.

영조는 단순히 세손이 역사적 내용을 이해하고 어떻게 적용할 것인지 묻는 데 그치지 않고 좋은 인재를 어떻게 얻을지도 묻고 있다. 영조의 이 시험에 어린 정조는 거침없이 대답해 칭찬을 들었다.

여기서 우리가 알 수 있는 또 하나의 사실은 영조가 장헌세자를 어떻게 시험하고 핀잔을 줬을까 하는 점이다. 영조는 장헌세자에게도 비슷한 형태의 질문을 던졌고 장헌세자는 늘 머뭇거리며 제대로 답하지 못했다. 그 때문에 장헌세자가 총명하지 못하다고 판단한 영조는 그를 업신여기고 미워하기까지 했다. 이로써 영조라는 인물은 영특하고 뛰어난 사람은 높이 평가하는 반면 우둔하거나 평범한 사람은 깔보고 싫어하는 성품이었음을 알 수 있다. 다행히 정조는 영리하고 학문을 좋아하는 성품이라 영조의 마음에 들었다.

영조의 제왕교육은 혹독하고 엄격했으며 특히 높은 학문적 수준을 요구했다. 심지어 열두 살의 정조에게 《맹자》를 읽게 한 뒤 직접 경연에 나와 《맹자》를 강의하게 할 정도였다. 열두 살 소년이면 단순히 《맹자》의 내용에 답하는 것도 어려운 일일 텐데, 영조가 요구하는 학업 강도가 얼마나 셌는지 짐작이 간다.

영조는 학식이 남다른 어린 세손에게 《중용》과 관련된 질문도 하였다. 다음은 경연 자리에서 영조가 열두 살의 어린 세손과 나눈 문답이다.

"내가 너와 문답을 주고받고자 하는데 되겠는가? 인仁은 무슨 물건이고 의義는 무슨 물건인가?"

하니 대답하기를,

"측은惻隱이 인이고 수오羞惡가 의입니다."

하였다. 임금이 말하기를,

"이 이利 자가 원형이정元亨利貞의 이利 자와 뜻이 같은가, 다른가?"

하니 대답하기를,

"원형이정은 하늘의 네 계절을 가리키는 것이고 이 이利 자는 곧 이욕利慾의 이利 자입니다. 글자는 같지만 뜻은 다릅니다."

하니 임금이 잘한다고 칭찬하였다.

이처럼 영조는 신하들 앞에서 세손을 시험하고 평가했다. 어쩌면 은근히 세손의 영특함을 자랑하고 싶었는지도 모른다. 세손 이산은 할아버지 영조의 요구를 충족해주기 위해서라도 부단히 학문에 정진해야 했다. 영조의 시험은 시시때때로 이뤄졌다. 더러는 경전 문구를 외우게 했고 그 속뜻을 묻거나 현실에 어떻게 적용할 수 있는지 질문했다. 실록의 다음 문답은 세손이 열네 살 때인 1765년(영조 41년) 11월 12일의 기록이다.

임금이 주강晝講을 행하는 자리에 왕세손이 시좌하였다. 바야흐로 《시전詩傳》을 강하였는데 임금이 《시전》의 죽간 4장을 외우게 하고 글의 뜻을 자세히 물으니 세손이 메아리치듯 응대하였다. 임금이 다시 물었다.

"공자는 사물四勿(예가 아닌 것은 보지 말고 듣지 않으며 말하지 말고 행하지 않는 것)로 훈계를 드리웠는데, 정나라와 위나라의 음탕한 풍속을 어찌하여 《시경》에 엮어 넣었는가?"

세손이 대답하였다.

"그로 하여금 징계하고자 그러한 것입니다."

"정풍正風(올바른 풍토)이 점차 변하는 것은 무엇 때문인가?"

"문왕과 무왕의 은택이 쇠잔한 까닭입니다."

"너는 능히 문왕과 무왕의 덕을 바랄 수 있겠는가?"

"세상의 도道에는 오르내림이 있으니 성왕과 강왕의 덕은 배워 능히 할 수 있지만, 어찌 감히 문왕과 무왕에 이를 것을 기약하겠습니까?"

"겸양하는 마음도 때론 퇴보하는 것이 될 수 있으니, 반드시 순임금이나 나나 같을 수 있다는 마음을 갖는 것이 좋다."

다시 물었다.

"네가 독서하는 때를 당하여 엄인閹人(환관)들이 네게 책 읽기를 멈추도록 권한다면 이는 군자의 할 짓인가, 소인이 할 짓인가?"

"소인에 가깝습니다."

이에 임금이 말하였다.

"네 나이 한 달만 지나면 지학志學(열다섯 살)의 나이니 가히 힘쓰지 않겠는가? 오늘 서연에 참여한 신하는 이로써 경계를 삼고, 너 또한 지켜 잃지 않는다면 이는 종사의 복이다."

열네 살 소년과 나눈 것이라고 믿어지지 않을 만큼 대화의 수준이 높다. 지금으로 치면 겨우 중학교 1학년 학생과의 대화인데 마치 학문의 경지에 이른 학자들처럼 보인다. 어린 소년 정조가 일흔이 넘은 노회한 정치가이자 군주인 영조의 물음에 거침없이 대답했다는 것은 그만큼 정조의 노력이 대단했음을 증명한다. 노력도 노력이지만 세손은 타고난 책벌레였다. 영조의 혹독한 제왕교육은 그의 책벌레 기질을 한층 강화했고 훗날 그는 호학군주라는 찬사를 들었다.

조정을 장악한 화완옹주와 정후겸

세손 이산은 영조의 기대보다 훨씬 더 성실하고 영특했고 영조는 그런 손자를 흡족해했다. 그래서 이렇게 말하기도 했다.

"뜻밖에 세손의 학문이 이토록 숙성하니 내가 근심을 잊게 하였다. 새해 들어 한 번 강을 하는 것이 열 번 잔치를 열며 하례하는 것보다 낫다."

이는 영조가 1770년(영조 46년) 1월 12일 석강 때 한 말이다. 그 무렵 세손은 열아홉 살 청년으로 열다섯 살에 관례를 치르고 같은 해에 합례까지 한 상태였다. 이날 영조는 왕세손에게 시강을 명해 《논어》 〈요왈〉 편을 외우게 하였다. 이어 여러 가지 어려운 질문을 했는데 세손이 거침없이 대답하자 영조가 무척 기뻐하며 앞의 말을 한 것이다.

이때 나이 희수(일흔일곱 살)에 이른 영조는 세손을 강하게 신뢰했으나 그를 보호해주는 데는 한계가 있었다. 이미 4년 전인 1766년부터 영조는 곧잘 병상에 누웠다. 영조가 병상에 눕자 그가 가장 귀애한 딸 화완옹주가 조정을 쥐락펴락했다. 화완옹주는 영조가 총애한 영빈 이씨 소생의 옹주로 장헌세자의 동복 여동생이다. 영빈 이씨는 여섯 명의 딸을 낳았지만 그때까지 살아남은 딸은 화완옹주가 유일했다. 화완옹주 위로 화평옹주와 화협옹주가 있었으나 그들은 모두 죽은 뒤였다.

영조는 화평옹주를 가장 사랑했는데 애석하게도 1748년 젊은 나이에 죽고 말았다. 화평옹주가 죽었을 때 영조는 정사를 제쳐두고 슬픔에 빠져 지내기도 했다. 그런 까닭에 영조는 이씨 소생 중 마지막으로 남은 화완옹주를 몹시 아꼈다. 영조가 노환으로 눕자 간병을 주도한 화완옹주는 홍인한 등의 노론 세력과 손을 잡고 조정을 좌지우지했다.

영조가 병상에 누운 1766년 화완옹주는 스물아홉 살이었다. 그녀는 1749년 열두 살의 나이에 정희량의 아들 정치달에게 시집갔다. 하지만 정치달은 1757년 사망했고 이후 그녀는 과부로 살았다. 옹주가 남편을 잃고 외롭게 지내자 영조는 그녀를 자주 궁궐로 불러들였다. 그녀가 궁궐로 들어오는 날이면 영조는 장헌세자를 절대 근처에 오지 못하게 했다. 자신이 좋아하는 딸과 싫어하는 아들이 한자리에 앉지 못하게 하기 위해서였다.

영조의 그런 처사는 화완옹주를 몹시 힘들게 했다. 아버지가 화완옹주만 편애하자 화가 난 장헌세자는 그녀를 몰래 불러 괴롭혔다. 때론 그녀를 며칠 동안 동궁에 붙잡아두고 위협했으며 화완옹주에게 압력을 넣어 자신이 하고자 하는 일을 관철하기도 했다.

장헌세자는 영조가 동궁과 가까운 창덕궁에 머무는 것을 부담스러워했다. 그래서 화완옹주를 압박해 영조가 창덕궁이 아닌 다른 곳에서 지내게 하라고 했고, 옹주는 영조가 경희궁에서 지내도록 주선했다. 그녀는 만약 그렇게 하지 않으면 장헌세자의 칼날에 죽임을 당할지도 모른다는 두려움을 안고 지냈다. 당시 장헌세자는 툭하면 칼을 휘둘러 주변 궁인과 환관을 죽였다. 화완옹주는 세자가 뒤주에 갇혀 죽은 뒤에야 비로소 죽음의 공포에서 벗어났다.

장헌세자가 죽은 뒤 그녀는 조카인 세손의 보호자를 자처했다. 이는 세손 산을 홍봉한 세력에게서 떼어놓으려는 술책이었다. 그때 조정은 이른바 공홍 세력과 부홍 세력으로 갈라져 있었다. 홍봉한을 공격하는 세력과 홍봉한에게 빌붙은 세력으로 나뉜 것이다. 이를테면 친홍파와 반홍파로 나뉜 셈인데 화완옹주는 반홍 세력의 중심에 있었다. 그런 까닭에 그녀는 혜경궁 홍씨와도 거리를 두었고 심지어 세손과 혜경궁 사이를 이간질하기도 했다. 결국 세손은 화완옹주가 아닌 생모를 택했으나 그렇다고 세손이 홍봉한과 손을 잡은 것은 아니었다. 세손은 근본적으로 외척 세력의 권력 독점에 반대했다. 나아가 화완옹주 같은 혈족이 날뛰는 것도 막아야 한다고 생각했다. 이에 따라 그는 외가 세력과 고모를 동시에 견제했다.

세손의 속마음을 읽은 화완옹주는 그때부터 세손 산과 대립하며 자신이 직접 권력자의 길로 들어섰다. 남편이 일찍 죽어 아들을 얻지 못한 그녀는 1764년 정치달의 먼 친척인 정석달의 아들 정후겸을 양자로 들였다. 원래 정치달은 정치적으로 소론 집안이었으나 화완옹주는 소론과 거리를 뒀다. 소론을 장헌세자를 편드는 세력으로 보았기 때문이다. 그녀는 노론과 결탁해 조정의 정치 현안에 깊숙이 관여하기 시작했다. 하지만 노론의 중심에 있던 홍봉한과도 대립한 화완옹주는 노론 내부의 반홍 세력과 손을 잡았다. 그 과정에서 홍봉한의 동생 홍인한을 후원해 자기편으로 끌어들였다.

영조는 말동무를 하며 자신의 간병을 도맡은 화완옹주의 양자 정후겸을 좋아했고, 양자 입적 당시 열여섯 살이던 정후겸에게 종8품 벼슬을 주었다. 정후겸이 열아홉 살이던 1767년에는 홍문관 수찬(정5품) 벼슬을 내린 뒤 파격적으로 당상관으로 삼아 승정원의 서열 2위 벼슬인 좌승지 자리를 주었다. 곧이어 정후겸을 병조참판에 임명해 병권을 장악하게 했다. 또한 정후겸의 친형 정일겸도 정시문과에 급제시켜 승정원 승지에 앉혔다.

일이 이렇게 돌아가자 승정원과 병권이 모두 정후겸의 손아귀에서 놀아났고 화완옹주는 조정의 실권자로 부상했다. 정후겸은 홍인한(홍봉한의 아우), 신회(화협옹주의 시아버지 신만의 동생), 김귀주(정순왕후의 오빠) 같은 외척 세력과 손잡고 권력을 독식했다. 이와 관련해 실록은 1774년(영조 50년) 12월 7일 다음과 같은 기록을 남겼다.

> 홍인한을 우의정으로 삼았다. 홍인한은 정후겸과 결탁해 변방의 큰 고을살이에서 겨우 체직한 후 바로 대관에 임명되니 이미 대단한 기세를 이루었다. 위세와 권력을 멋대로 휘두르며 거리낌 없는 마음이 이때 더욱 커졌다.

또한 실록은 1775년(영조 51년) 1월 19일 이런 기사를 싣고 있다.

> 영의정 신회가 정후겸을 비국(비변사) 당상에 차출하기를 청하여 말했다.
> "이 사람은 전하의 외손外孫이지 척리戚里가 아닙니다."
> 임금이 말하였다.

"내 외손인데 척리가 아니고 무엇이겠는가? 옛날에 동자童子(어린아이)로 관원을 갖추었다는 비난이 있었는데 이 말이 꼭 맞다."

좌의정 이사관과 우의정 홍인한도 그것이 합당함을 아뢰자 임금이 말했다.

"안 될 말이다."

이사관이 원의손을 비국 당상에 도로 차출하기를 청하여 말했다.

"영의정은 안 된다고 합니다."

임금이 말했다.

"영의정은 그가 생질이기 때문에 원의손을 다시 차출하지 않으려고 하면서 내게는 정후겸을 쓰게 하려는 것인가?"

이 말에 영의정 신회가 대답이 없었다.

당시 정후겸은 나이 스무 살로 신회 등이 깊이 스스로 결탁하려 하였고 또 망령된 뜻으로 영합해 극력 추천하였으나, 임금의 뜻은 동자로 관원을 채우고자 하지 않았으니 대신이 된 자로서 능히 부끄러움이 없을 수 있겠는가?

이러한 실록 내용은 그 무렵 정후겸의 권력이 얼마나 막강했는지 잘 보여준다. 삼정승이 모두 나서서 약관의 정후겸을 정치원로로 이뤄진 비변사 당상 자리에 앉히고자 왕을 설득할 정도였다. 당시 여든두 살의 노구였던 영조는 이를 반대해 물리쳤다. 영조는 비록 몸은 노쇠했지만 정신은 맑은 편이었다. 더는 친정하기 어렵다고 판단한 그는 세손에게 대리청정을 명하려 한 터라 정후겸의 힘이 더 확대되는 것을 용납하지 않았다.

위기에 처한 세손

조정을 장악한 화완옹주는 대담하게도 세손 이산을 제거하려는 음모를 꾸몄다. 그때 경희궁에 머물던 세손은 창덕궁의 내부 상황을 간파하기가 쉽지 않았다. 영조는 창덕궁 병상에 누워 있었고 영조의 명령은 모두 화완옹주와 정후겸이 대신 전달했다. 그런 탓에 영조를 쉽게 접할 수도 없었다. 더구나 노론의 핵심 인물인 홍인한, 신회, 김귀주와 결탁한 정후겸이 화완옹주와 함께 세손을 감시하고 있었다.

홍인한은 세손의 외조부 홍봉한의 친동생이었으나 정치적으로 장헌세자와 대립한 인물이라 항상 세손을 제거할 기회를 노렸다. 그는 세손이 왕위를 이으면 반드시 아버지의 죽음에 복수할 것으로 판단했고, 그 칼날은 노론의 주도 세력인 자신에게로 향하리라 봤다. 역시 노론 측 인물인 김귀주는 영조의 어린 왕비 정순왕후의 오빠로 홍인한과 함께 세손의 즉위를 반대했다. 이처럼 화완옹주뿐 아니라 홍인한과 김귀주 같은 외척 세력도 세손을 노리고 있었다. 이들은 틈만 나면 세손을 암살하려 했고 때로는 세손을 비방하는 유언비어를 퍼뜨려 비행을 조작했다.

위기에 빠진 세손은 세자시강원 세력인 김종수와 홍국영, 서명선, 채제공 등의 보호를 받으며 가까스로 목숨을 부지했다. 김종수는 노론계지만 유척기, 이천보 등과 함께 세손을 제거하려는 노론의 중론에 반대했다. 홍국영 역시 노론 출신이지만 세손의 손발이 되어 호위무사를 이끌고 동궁 보호에 적극 나섰다. 서명선은 친형 서명응과 함께 소론을 대표하는 인물로 노론 강경파를 이끌던 홍인한과 대립했다. 채제공은 남인으로서 역시 노론과 대립하며 세손 보호에 전력을 쏟았다. 이들을 세손에게 붙여준 사람은 바로 영조였다. 그가 각 당파에서 세손을 보호해줄 충직한 자들을 뽑아 세손을 보필하게 한 것이다.

그런 상황에서 영조는 세손에게 서무결제권을 넘겨주고 대리청정을 하도록 했다. 여든두 살의 노구인 영조는 자신이 더 이상 정무를 이끌 체력이 아니라고 판단했고, 1775년 11월 20일 대신들이 모인 자리에서 이를 공식화하려 했다. 그때 홍인한을 비롯한 정후겸 세력이 강력하게 제동을 걸었다.

그날 영조는 이런 말을 했다.

"신기神氣가 더욱 피곤하니 비록 한 가지 공사를 펼쳐도 진실로 수행하기 어렵다. 이와 같은데 어찌 만기萬幾(임금의 업무)를 수행하겠느냐? 국사를 생각하느라 밤에 잠을 이루지 못한 지 오래되었다. 어린 세손이 노론을 알겠는가? 소론을 알겠는가? 남인을 알겠는가? 소북을 알겠는가? 국사를 알겠는가? 조사朝事(조정의 일)를 알겠는가? 병조판서를 누가 할 만한지 알겠으며, 이조판서를 누가 할 만한지 알겠는가? 이 같은 형편이니 종사를 어디에 두겠는가? 나는 어린 세손이 그것을 알게 하고 싶고 그것을 보고 싶다. 옛날 내 황형皇兄(경종)은 '세제世弟가 가可한가? 좌우左右가 가한가?'라는 하교를 내리셨는데, 지금의 시기는 황형이 계실 때에 비해 백 배가 더할 뿐이 아니다. '전선傳禪(왕위를 전하는 것)'한다는 두 자字를 하교하고자 하나, 어린 세손의 마음을 상하게 할까 두려우므로 말하지 않겠다. 그러나 청정하는 일에는 본래부터 국조의 고사가 있는데 경 등의 생각은 어떠한가?"

이에 홍인한이 말했다.

"동궁은 노론이나 소론을 알 필요가 없고 이조판서나 병조판서를 알 필요도 없습니다. 조사朝事까지 알 필요는 더욱더 없습니다."

여러 대신이 함께 말했다.

"성상의 안후가 더욱 좋아지셨습니다."

영조는 한참 흐느껴 울다가 기둥을 두드리며 신하들에게 말했다.

"경 등은 우선 물러가라."

이후 영조는 옥새를 세자궁으로 옮겨 대리청정을 감행함으로써 세손에게 힘을 보태줬다. 그러자 서명선이 세손 대리청정을 반대하는 홍인한을 탄핵했고 영조는 이를 받아들였다. 또한 병권을 움직일 수 있는 감국권과 부절 승인권한까지 세손에게 넘겨줌으로써 실질적인 왕권을 모두 이양했다.

북망산으로 떠난 영조와 왕위에 오르는 정조

1776년 3월 5일 영조는 여든세 살을 일기로 생을 마감했다. 영조의 목숨이 화급을 다툰 것은 죽기 이틀 전인 3월 3일부터였다. 당시 상황을 실록은 이렇게 전하고 있다.

술시에 약방도제조 김상복 등이 의관 오도형, 정윤검, 유광익, 서명위를 거느리고 입시하였다. 왕세손이 서유린에게 말하였다.

"저녁 뒤부터 가래와 어지러운 증후가 더욱 심하고 눈꺼풀이 열렸다 감겼다 하며 손발의 온도가 여느 때와 다르시다. 감귤차 두어 술을 드시게 하였더니 온기가 있는 듯하다 곧 다시 차지셨으니, 애가 타서 어쩔 줄 모르겠다. 탕제는 달여서 대령하였는가?"

"달여서 대령하였습니다."

왕세손이 오도형에게 진찰하게 하자 오도형이 말하였다.

"이는 반드시 가래가 막혀서 그럴 것입니다. 백비탕을 먼저 드시고 계귤다(계수나무 말린 것을 넣은 귤차)에 곽향 한 돈을 더하여 달여 드시는 것이 좋겠습니다."

세손이 임금을 부축해 숟가락으로 백비탕을 떠서 드리니, 임금이 잠시 돌아누우려 하며 작은 옥음에 떨리는 기가 있었다. 임금이 말하였다.

"다음茶飮이 왔는가?"

왕세손이 서유린에게 말하였다.

"다음을 빨리 달여 오라."

한참 있다가 임금이 돌아 움직이려는 뜻이 있으므로 왕세손이 숟가락으로 다음을 떠서 드렸다. 두어 술에 이르러 혹 순하게 내려가기도 하고 토하기도 하였는데, 왕세손이 박상덕을 시켜 한 첩을 다시 달여 오게 하였다. 왕세손이 임금을 부축하여 들게 하였고 임금이 가래침과 들었던 다음을 토하니, 오도형이 말하였다.

"토하는 증세는 막힌 증세에 매우 좋습니다."

임금은 또 가래침을 토하였고 왕세손은 박상덕을 시켜 계귤다를 달여 들여오게 하였다. 어수를 받든 왕세손이 오도형을 시켜 자주 진찰해보게 하고 울며 말하였다.

"어제 이전에는 이러한 때가 있기는 해도 조금 지나면 가래 증후가 조금 멈추셨는데, 오늘은 아직도 동정이 없으니 이를 장차 어찌하는가?"

그러면서 성체를 주무르며 잠시도 옆을 떠나지 않고 눈물을 흘리며 애태우니, 보는 신하들이 모두 느껴 울었다. 박상덕이 탕제를 달여 바치자 왕세손이 눈물을 줄줄 흘리며 오도형을 돌아보고 말하기를,

"이제는 손발이 차가운 것이 더욱 심하시니, 어찌하는가?"

이때 임금이 잠든 듯 오래 가래 소리가 없으므로 여러 신하가 문 밖에 물러가 엎드렸다. 조금 뒤 왕세손이 울며 김상복 등에게 말하여 진찰하게 하였는데, 오도형이 진후診候한 뒤 물러가 엎드려 말하였다.

"맥도脈度가 이미 가망이 없어졌으니 이제는 달리 쓸 약이 없습니다. 한 냥쭝의 좁쌀미음을 달여 쓰는 것이 좋을 듯합니다."

별의별 방도를 다 구했으나 영조는 이미 마지막 숨을 고르고 있었다. 그로부터 이틀 뒤인 3월 5일 영조는 숨을 거뒀다. 반백 년 동안 머물던 용상을 영원히 등지고 북망산으로 길을 떠난 것이다.

영조가 죽자 세손 산이 왕위에 올랐으니 그가 바로 조선 22대 왕 정조다. 그가 왕위에 오르면서 일성으로 외친 말은 이것이다.

"과인은 사도세자의 아들이다."

이 말은 곧 자신의 아비 장헌세자를 죽인 세력들을 향한 선전포고였다. 이 선전포고는 즉위식이 열린 1776년 3월 10일 이뤄졌다. 죄인의 아들은 군왕이 될 수 없다고 한 아비의 원수들에게 칼끝을 겨눈 셈이었다.

3장

남인의 새로운 희망으로 부상한 채제공

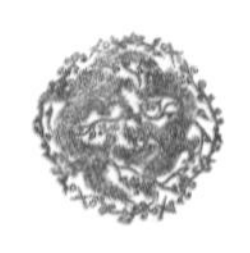

사림의 동서 분열과 붕당정치

정조가 일군 정치 혁신의 핵심은 정치적으로 완전히 소외된 남인을 중용한 데 있다. 남인은 1694년 갑술환국으로 조정에서 축출된 이후 권력 기반을 잃고 재야를 떠도는 신세로 전락했다. 재야에 파묻힌 그들은 새로운 길을 모색했고 특히 서학(좁은 의미로는 천주교)에 포용적인 태도를 보였다. 서학 포용은 단순히 천주교에 호의적인 것을 넘어 서양 학문과 문화 탐구로 이어졌다. 그중에서도 실학의 비조 성호 이익의 학문이 남인 학자들에게 널리 퍼졌는데 이익은 유학을 기반으로 서양 과학과 학문, 문화를 긍정적으로 수용하는 자세를 취했다.

정조의 정치 혁신을 떠받친 채제공은 남인 출신으로 이익의 학문적 견해를 정치에 반영했다. 그가 조정의 중심에 서기 전까지 남인 세력은 존재감 자체가 미미했다. 영조의 탕평책에 힘입어 가까스로 한두 명이 조정의 요직에 임명된 것이 전부였다. 그러다가 정조 시대 들어 남인은 일군의 세력을 형성하고 조정에 새로운 바람을 불러일으켰다. 그 중심에 선 인물이 바로 채제공이다. 즉, 채제공은 수십 년 만에 재건한 남인의 새로운 영수였다.

채제공이 남인을 재건해 새로운 정치조직으로 만든 것은 거의 기적적인 일이었다. 이 일의 전말을 이해하려면 붕당 형성과 분열 그리고 남인의 실각에 이르는 과정을 살펴볼 필요가 있다.

조선은 건국 이후 성종 때까지 공훈을 세워 세력을 형성한 훈구파와 외척 세력이 조정의 권력을 장악했다. 성종 시대부터 훈척 세력과 대립하며 성장한 새로운 정치 세력을 흔히 사림파라 한다. 사림파는 고려의 절개를 상징하는 정몽주와 길재의 학문을 이은 재야 출신으로 성종 시대의 김종직을 필두로 조정에 진출했다. 사림은 훈척 세력과 대립하는 과정에서 연산군, 중종, 명종 대에 걸쳐 집단 숙청을 당했는데 사림이 화를 당했다고 해서 '사화'라고 한다. 사림은 무오, 갑자, 기묘, 을사 같은 네 번의 사화를 겪으며 지속적인 정치 투쟁을 전개했고 선조대에 이르러 훈척 세력을 물리치고 조정을 장악했다.

막상 조정을 장악한 사림은 학맥과 인맥에 따라 당파를 이뤘는데 이것이 바로 붕당이다. 당파에 따른 이들의 정치를 붕당정치라고 부른다. 사림이 붕당을 형성한 이유는 관리로 진출하려는 선비는 많은 반면 관직은 한정되어 있었기 때문이다. 이런 상황에서 1575년 명종의 왕비인 인순왕후의 동생 심의겸과 신진사류 김효원의 암투가 발생해 사림은 분열하기 시작했다.

김효원이 인사권을 쥔 이조정랑에 천거를 받자 심의겸은 그가 윤원형의 식객으로 있으면서 권세에 아부한 소인배라며 그 같은 요직의 적임자가 아니라고 비난했다. 그럼에도 불구하고 김효원은 전랑직에 취임했다. 얼마 뒤 김효원은 다른 자리로 이동하게 되었는데 이번에는 심의겸의 아우 심충겸이 그 후임으로 천거를 받았다. 이때 김효원은 왕의 외척이 인사권을 장악하는 전랑직에 앉는 것은 부당한 일이라며 심충겸의 전랑 취임을 반대했다. 전랑직을 둘러싼 두 사람의 대립이 가속화하며 이들을 중심으로 당시 벼슬아치와 사류가 두 편으로 갈라섰다. 급기야 이것은 정치적, 이념적 성격을 띤 붕당으로 발전하기에 이르렀다. 이들 파벌을 동인과 서인으로 구분해서 불렀는데, 이는 심의겸의 집이 도성 서쪽 정동에 있고 김효원의 집이 도성 동쪽 건천동에 있었던 까닭이다.

이러한 분파는 외형적으로는 단순한 감정 대립에서 비롯된 것으로 보이지만 그 내부는 다소 복잡한 양상을 띠고 있었다. 무엇보다 이들은 학맥과 사상이 서로 달랐다. 동인은 주리철학적 도학을 사상적 배경으로 하는 이황·조식 문하의 영남학파고, 서인은 주기철학에 근거를 둔 이이·성혼 문하의 기호학파였다. 이러한 학맥과 사상의 차이는 붕당에 토대를 둔 당쟁 시대를 예고했다.

남인과 서인의 처절한 권력 투쟁

처음에 붕당은 동인과 서인이라는 양대 세력으로 나뉘었다. 그러나 권력 투쟁 과정에서 동인은 다시 유성룡·김성일·이덕형을 주류로 한 이황 문하생 중심의 남인과 정인홍·이산해·홍여순 등 조식의 문하생으로 이뤄진 북인으로 나뉘었다. 선조 말에 이르러 조정을 장악한 북인은 다시 대북과 소북으로 나눠졌다. 광해군 시대에는 대북 세력이 정권을 장악했지만 정계에서 소외된 서인이 인조반정을 일으키면서 북인을 거의 숙청하고 서인 세상을 열었다. 이후 정권을 장악한 서인 역시 여러 파벌로 쪼개지면서 이합집산을 지속했다.

효종대에 이르자 남인이 세력을 형성해 서인의 틈을 노렸다. 효종이 죽으면서 그의 정통성 문제를 놓고 예송禮訟이 일어나자 남인이 예송을 일으킨 서인을 공격하면서 세력을 확장한 것이다. 효종의 정통성 문제를 제기한 인물은 서인 산당의 영수 송시열이었다. 당시 서인은 김집 중심의 산당과 김육 중심의 한당으로 분열되었는데, 송시열은 김육에 이어 산당 영수를 맡고 있었다. 효종이 죽자 송시열은 인조의 계모 자의대비 조씨의 복상服喪 문제를 빌미로 효종의 정통성에 시비를 걸었다. 송시열을 위시한 서인 세력은 효종이 인조의 차남이므로 자의대비가 장남의 예로 상복을 입으면 안 된다고 주장했다. 이는 근본적으로 효종의 왕위 계승에 문제가 있었음을 부각한 것이다.

인조는 장남 소현세자를 죽게 하고 왕위를 차남 효종에게 물려주었는데, 이는 근본적으로 왕위 계승 서열을 어긴 일이었다. 세자가 죽으면 세손이 왕위를 잇는 것이 당연하지만 인조는 세자빈과 세손까지 죽이고 차남에게 왕위를 넘겨주었다. 이를 마땅치 않게 여긴 송시열은 효종이 죽자 복상 문제를 내세워 은근히 효종의 왕위 계승에 문제가 있음을 드러냈다.

이때 윤선도, 윤휴 등의 남인은 송시열의 주장을 공격하며 효종은 왕위를 이었으므로 비록 차남이라도 장남 대접을 받아야 한다고 주장했다. 자의대비가 마땅히 장남의 예에 맞는 복상 기간을 지켜야 한다는 얘기다. 말하자면 이들은 효종의 왕위 계승에 정당성을 부여했다.

복상 문제를 둘러싼 남인과 서인의 예송은 현종을 거쳐 숙종대까지 이어졌다. 그 과정에서 서인은 김육을 영수로 한 한당과 김집을 영수로 한 산당으로 갈라져 내부 분열을 일으켰다. 한당의 영수는 김육에 이어 아들 김우명, 김좌명 형제에게 이어졌고 김우명을 장인으로 둔 현종은 자연스럽게 한당의 영향을 많이 받았다. 김우명은 조카 김석주와 함께 왕권을 쥐락펴락했고 그들의 선택에 따라 남인과 산당의 운명이 좌우되기도 했다.

현종 시절 김우명은 남인을 지지했고 그 영향으로 조정은 남인이 장악했다. 숙종이 왕위에 오른 후에도 예송 기조는 남인의 주장을 이어갔으며 숙종 즉위 초에는 남인이 정권을 잡았다. 당시 서인 산당의 영수 자리를 이은 김수흥과 송시열은 유배지를 떠도는 신세였다.

조정을 장악한 남인은 서인을 처리하는 문제를 두고 강경파와 온건파로 갈렸다. 강경파는 서인 영수를 모두 죽여야 한다고 주장했고 온건파는 죽이는 것은 과하다며 반대했다. 강경파를 대표하는 인물은 허목으로 그의 당을 청남이라 했고, 온건파를 이끈 허적의 당을 탁남이라 했다. 청남과 탁남의 대립이 날로 심해지자 숙종은 온건파인 탁남을 지지하고 청남을 내쫓았다. 이후 탁남의 영수 허적이 조정을 장악했지만 숙종은 서인 한당의 영수 김우명과 김석주에게 탁남을 견제하도록 했다.

그 뒤 탁남 정권이 몇 년간 이어지다가 허적이 김석주의 모략에 걸려 쫓겨나면서 조정은 다시 서인에게로 돌아갔다. 당시 서인은 한당과 산당이 결합해 남인 축출에 매진했는데 1680년(숙종 6년)에 일어난 이 사건을 경신환국이라고 한다.

경신환국 이후 남인을 축출하는 과정에서 갈등이 일어나 서인은 다시 노론과 소론으로 갈라졌다. 노장파가 남인을 강력하게 탄압할 것을 주장한 것에 반해 소장파는 오히려 노장파의 수장 김익훈을 공격했다. 여기에다 송시열과 그의 제자 윤휴 사이에 갈등이 일어나자 노장파와 소장파는 각각 송시열과 윤휴를 지지했다. 이로 인해 서인은 노론과 소론으로 갈라섰다.

노론과 소론이 갈등을 지속하는 가운데 조정은 9년 동안 서인이 지배했다. 서인 내부에서도 상대적으로 세력이 강한 노론 정권이 조정을 주도했다. 그러다 1689년(숙종 15년) 기사환국이 일어나 서인이 대거 쫓겨나고 남인이 조정으로 돌아왔다. 이 사건은 후궁 장옥정 소생의 아들 윤을 원자로 삼으려는 숙종과 서인의 갈등으로 발생했다. 후계자가 없었던 숙종은 후궁 장씨의 아들을 생후 2개월 만에 원자로 삼고 장씨를 빈으로 책봉했는데, 노론 영수 송시열은 역사의 전례를 들어 이를 강력하게 반대했다. 당시 숙종의 왕비 인현왕후가 아직 20대라 숙종이 서둘러 후궁의 아들을 원자로 삼아 왕위 계승권자로 지정하려는 것에 제동을 건 것이다.

이에 숙종은 송시열을 비롯한 노론계 4대신인 이이명, 김수항, 김만중, 김수홍에게 사약을 내려 죽이거나 유배 보냈다. 심지어 인현왕후 민씨를 폐위하고 희빈 장씨를 왕비로 삼았으며 원자 윤을 세자에 책봉했다. 이후 서인이 장악하던 조정은 남인이 차지했다.

기사환국으로 집권한 남인 정권은 5년 동안 이어졌다. 하지만 숙종은 1694년 다시 인현왕후 민씨의 복위를 명하고 희빈 장씨를 왕비에서 빈으로 강등했다. 이어 조정을 서인의 노론과 소론에게 내주고 남인을 대거 축출한 갑술환국이 일어났다. 이 사건으로 남인의 영수 민암은 유배되어 사약을 받았고 상당수 남인이 지방으로 내려가 은거했다. 그 후 남인은 조정의 요직에 발탁되지 못했으며 기껏해야 지방관으로 전전하는 처지에 놓였다.

이인좌의 난과 역적 집단으로 몰린 남인

갑술환국 이후 서인이 조정을 독식하는 가운데 노론과 소론이 왕위 계승권을 두고 치열한 투쟁을 전개했다. 숙종은 일찌감치 희빈 장씨의 아들 윤(훗날의 경종)을 세자로 책봉했으나 세자 윤이 지나치게 병약한 것을 염려했다. 이 때문에 숙종은 숙빈 최씨의 아들 연잉군(훗날의 영조)에게 왕위를 넘겨줄 뜻을 품었다. 숙종은 노론 측과 결탁하려 했고 이를 눈치 챈 소론은 노론이 왕위를 찬탈하려 한다며 강력하게 반발했다.

그러던 중 숙종이 죽자 1720년 왕위에 오른 경종은 신임사화로 노론을 물리치고 소론 정권을 구축했다. 그러나 숙종이 우려한 대로 병마를 이기지 못한 경종은 재위 4년 만에 사망했고 1724년 영조가 왕위에 올랐다. 노론의 지지로 왕위에 오른 영조는 소론을 내치고 노론 정권을 세웠는데 이를 을사처분이라 한다.

그런데 을사처분 이후 노론이 신임사화에 보복하려 하자 영조는 대대적인 살육전이 벌어질 것을 염려해 1727년 정미환국으로 노론을 내치고 다시 소론 정권을 수립했다. 그 무렵 재야에는 영조가 노론과 결탁해 경종을 독살하고 왕위에 올랐다는 소문이 파다하게 퍼져 있었다. 여기에다 을사처분으로 노론 세력이 더욱 강화되자 소론 강경파와 남인, 소북 세력이 결합해 1728년 이인좌의 난을 일으켰다.

이인좌의 난은 단순히 이인좌 한 사람을 중심으로 일어난 반역 사건이 아니었다. 영조 등극으로 노론이 조정을 장악하자 나머지 붕당 세력이 영조와 노론을 축출하기 위해 벌인 일종의 정치 투쟁이었다. 다행히 정미환국으로 소론 세력이 조정에 복귀한 까닭에 소론은 일부 강경파만 참여했다. 결국 반란 규모는 제한적이었고 영조는 반란을 무사히 제압했다. 만약 그때 조정을 노론이 완전히 독식했다면 반란은 걷잡을 수 없이 확대되었을지도 모른다.

이인좌의 난은 전라도·경상도·충청도에서 동시다발적으로 일어났고 자칫 평안도와 황해도, 경기도까지 가세할 뻔한 대대적이고 전국적인 반란이었다. 반란을 진압한 후 반란 관련자를 심문하는 과정에서 반란 세력의 태반이 남인이라는 진술이 나왔다. 이는 역도로 붙잡힌 남인 출신 목함경이 진술한 것이었다. 공초문을 보면 그는 경기도의 반란 모의와 관련해 이런 말을 하고 있다.

"권서린과 이인좌가 모두 말하기를 '일찍이 이천부사와는 서로 아는 사이로 우리와 같은 무리니 반드시 호응할 것이고, 통진과 이천 두 부사는 모두 우리가 일찍 군사를 일으키지 않는 것을 민망해 하였다' 하였습니다. 유검, 윤태징은 양지에 사는데 이호와 모두 한 동네이고 이는 이호의 동서이며 신의 6촌입니다. 안성군수 이광적 역시 그 가운데 들었습니다. 유검이 말하기를 '남인이 태반이나 들었으니 만약 각기 5, 6인씩만 내어 차차 성안으로 흘러들어가 각자의 집에 숨어 있다가 변을 일으키면 좋을 것이다' 하였으니, 청녕교에 사는 유검의 형 유염에게 물으면 그 계획을 알 수 있을 것입니다. 이배가 병사兵使의 얼굴을 알고 있었기 때문에 신에게 대문 안에서 베라고 지시하였습니다. 그때 닭이 울자 이인좌가 신에게 환도와 군복을 주었습니다. 낱낱이 모역한 것이 사실입니다."

목함경의 진술로 사람들은 남인을 역적 집단으로 인식했다. 또한 이인좌의 난을 주동한 세력이 경상도 사람들이고 남인과 북인 모두 경상도에 뿌리를 두고 있었기에 경상도를 반역도의 땅으로 인식하기에 이르렀다. 그러다 보니 이인좌의 난 이후 남인은 거의 정계에 신출할 수 없었고 그중에서도 경상도 유생들이 특히 심하게 경계를 받았다.

이로 인해 남인의 불만이 극도로 고조되면서 1730년 박재창 등의 남인이 역모를 모의하다 발각되기도 했다. 이들은 궁궐에 불을 질러 혼란을 일으킨 뒤 반역을 도모하려는 모의를 하다가 들통이 났다. 박재창의 모반 계획에 가담한 이태건은 이렇게 공술했다.

"최필웅 등이 박재창과 함께 상의했는데, 최필웅이 대궐에 들어가 방화한 뒤 박재창과 심익하가 스스로 마땅히 나라를 도모할 것이라고 상의했습니다."

함께 붙잡힌 백세빈도 자신들의 계획을 털어놓았다.

"제가 최필웅을 데리고 박재창의 집에 가서 글을 가르쳐주도록 권했습니다. 그 뒤 박재창이 '그 아이가 국가를 원망하는 말을 하더라'고 하기에 제가 '무슨 말이었느냐'고 하니, 박재창이 '최필웅의 말이 죄도 없는데 쫓겨났으니 금위군으로 위장하여 몰래 대궐 안에 들어가 방화하고 은화를 도둑질한 뒤 마땅히 묘한 수가 있는 일이 있을 것이라고 했다' 하였습니다. 제가 '만일 묘한 수가 있다면 나도 좋겠다'고 했습니다. 이른바 묘한 수란 곧 반역인데 방화하면 반드시 피신할 것이니 피신하면 마땅히 대궐을 침범하되 박진건, 이태건을 시켜 칼을 품고 대궐로 들어가 변을 일으키는 것입니다. 동당은 열다섯 명으로 모반의 주모자는 박재창의 아비 박장운입니다. 박재창이 '방화한 다음 남인이 때를 만나 노론과 소론을 모두 죽이는 계책을 쓰고자 모의하고, 성사되면 도성을 제주로 옮겨 남인인 종실 중에서 현명한 사람을 가리어 추대하기로 한다'고 했습니다."

이 사건이 벌어진 뒤 남인의 입지는 더 좁아졌고 남인을 향한 영조의 인식은 한층 나빠졌다. 그렇지만 영조는 노론의 권력 독식을 염려해 소론과 노론의 온건파를 중심으로 조정을 꾸렸고, 남인과 소북의 불만을 잠재우고자 탕평이라는 이름 아래 그들 중 일부 인사를 조정으로 끌어들였다.

영조의 탕평책

이인좌의 난 이후 조정에서 남인은 찾아보기 힘들었지만 영조의 탕평책에 힘입어 몇몇 남인이 왕 주변에 포진했다. 그중 대표적인 인물이 오광운이다. 오광운은 영조가 세제일 때 세자시강원의 관원이었다. 그를 신임한 영조는 왕위에 오르자 그를 홍문관 관원으로 삼아 곁에 두었고, 이인좌의 난이 벌어졌을 때 오광운은 주도적으로 궁궐 안정을 도모했다. 오광운의 그 공을 잊지 않은 영조는 그를 신임해 홍문관 제학, 사간원의 대사원, 승정원 도승지로 임명해 늘 곁에 두었다. 그는 한성부 좌윤, 예조참판에도 올랐는데 1745년 7월 21일 그가 죽자 영조는 믿고 의지할 사람이 죽었다며 몹시 슬퍼했다. 영조는 그의 공을 높이 평가해 그의 자손 10대까지 죄를 묻지 말라는 명을 내리기도 했다.

오광운 같은 남인이 조정에 남았던 것은 영조의 탕평책 덕분이었다. 영조에게 남인과 소북이 조정으로 돌아오게 해야 한다고 주청한 인물은 바로 소론 온건파 출신 원경하다.

1740년(영조 16년) 6월 5일 홍문관 교리 신분이던 원경하가 영조에게 말했다.

"탕평의 정사가 아름답지 않은 것이 아닙니다만 노론, 소론을 호대하고 말면 어찌 인심을 복종시킬 수 있겠습니까? 동인, 서인, 남인, 북인은 물론 재주에 따라 쓴 뒤에야 공도公道를 넓힌 것이라 할 수 있을 것입니다."

원경하의 주청으로 영조는 남인과 소북을 등용하려 했다. 당시까지 영조가 쓴 탕평책은 서인의 소론과 노론에게만 해당했으나 이때 이후 남인과 소북까지 확대하는 정책을 썼다.

그 무렵 서인은 원경하를 이렇게 평가했다.

"원경하는 탕평을 자임하고 송인명, 조현명 등에게 붙어 급작스레 경재卿宰 반열에 발탁되었다. 또 원경하는 대탕평의 설說로 몰래 남인, 소북과 결탁해 조력으로 삼았다."

이 기록에 등장하는 송인명과 조현명은 대표적인 탕평파 인물이다. 그들과 함께 탕평파에 속한 원경하는 영조의 측근에 포진했다. 그는 남인의 지도자 격이던 오광운의 죽음을 안타깝게 여기며 영조에게 이런 말을 했다.

"오광운은 학문의 재주가 아까울 뿐 아니라 평일에 나라를 위하는 정성도 지극하였습니다. 지난번 무신년(1728년, 이인좌의 난)에 만약 오광운이 진달하여 대비하지 않았다면 국가를 지금까지 보존했을지 알 수 없습니다."

원경하는 오광운 외에 남인 출신 이선태와도 각별한 관계를 유지했고, 그를 자신의 조력자로 삼기 위해 사헌부 장령으로 발탁했다. 이인좌의 난 이후 남인이 청요직인 사헌부 장령에 오른 것은 이선태가 유일했다.

청요직이란 청직과 요직을 합친 말로 청직은 사헌부·사간원·홍문관 삼사를 의미하고 요직은 육조 중에서 이조·예조·병조를 뜻한다. 청직 중 최고로 여긴 관청은 홍문관이었다. 임금의 교지를 짓는 예문관 관원 역시 청직 중의 청직이었다. 그러나 홍문관과 예문관에는 관리 감찰권이 없었다. 즉, 맑기로는 홍문관과 예문관이 최고였지만 실질적 권력은 사헌부가 더 강했다. 관리 감찰권은 그만큼 막강한 권력이었다. 이는 오직 사헌부에만 있는 고유 권한이었기에 노론 세력은 남인이 사헌부에 들어오는 것을 철저히 막았다. 특히 정4품 장령 벼슬은 사헌부 관원을 대표하는 자리였다. 그런 벼슬에 남인 출신이 앉았으니 노론이 이선태를 극도로 경계하는 것도 무리는 아니었다.

1742년(영조 18년) 8월 사헌부 장령에 오른 이선태는 자신을 발탁한 원경하를 비롯해 원경하와 권력을 다투던 이정보, 이천보 형제를 공격하는 상소문을 올렸다. 이들은 모두 소론 측 탕평파였다. 원래 이들은 서로 친근한 사이였으나 원경하가 영조의 두터운 신임을 얻자 이정보 형제가 그를 시기해 공격하는 바람에 사이가 나빠졌다. 원경하도 그들 형제의 공격이 부담스러워 탕평 의지가 다소 꺾인 상태였다. 이 때문에 이선태는 이정보 형제가 사당을 만든다고 비판하는 한편, 원경하의 탕평 의지가 꺾였다며 함께 공격한 것이다. 사실 이 상소는 원경하의 사주로 작성한 것으로 상소에 자신을 비판하는 내용을 넣은 것은 자신이 사주했음을 숨기기 위해서였다.

이선태의 상소가 올라오자 노론 출신 영의정 김재로는 영조에게 이선태가 참소하고 모함하는 것이라는 글을 올렸다. 영조는 이선태가 예전의 당습에 따라 못된 버릇을 드러냈다며 그를 장령 자리에서 쫓아냈다. 이선태가 장령에 오른 것은 갑술환국 이후 거의 50년 만에 남인이 사헌부 요직을 차지한 것이었다. 그런데 하루아침에 이선태가 쫓겨나자 남인의 재기는 더욱 희박해졌다.

남인의 새로운 기대주 채제공

이선태 이후 한동안 남인은 청요직에 오르지 못했다. 그러다가 남인 출신으로 청요직에 오른 인물이 바로 채제공이다.

채제공은 스물네 살 때인 1743년 정시문과에 병과로 급제해 외교 문서를 작성하는 승문원 권지 부정자에 임명되었다. 권지는 임시직이고 부정자는 종9품 벼슬이니 문과에 합격한 사람에게 내린 벼슬치고는 형편없는 자리였다. 그 뒤 채제공은 익릉 별검이 되었는데 별검은 종8품 직책이지만 녹봉이 없는 무록관이었다. 남인 출신이다 보니 그에게 제대로 된 벼슬이 주어지지 않은 것이다. 1748년 그는 역시 임시직인 가주서(주서의 임시 관직) 벼슬을 얻었다. 주서 벼슬은 승정원에서 역사를 기록하는 임무를 맡은 종7품 직책으로 왕의 말을 기록한다고 해서 흔히 기주관이라고 한다. 채제공을 임시 기주관으로 쓴 영조는 그의 뛰어난 면모를 높이 평가했다. 그래서 그를 한림회권에 참여하게 하라는 특명을 내렸다. 한림회권이란 한림원, 즉 예문관 관원 후보 추천자 명단으로 가주서 벼슬로는 여기에 참여할 자격이 주어지지 않았다. 그런 상황에서 영조가 탕평책의 일환으로 특별히 채제공에게 한림회권에 참여할 자격을 부여한 것이다.

한림원으로 불린 예문관 관원은 임금의 교지를 짓는 임무를 수행하는 임금의 최측근이었다. 즉, 홍문관과 함께 청요직을 대표하는 관청으로 그곳에 남인 출신 채제공을 추천한 것은 이례적인 사건이었다.

한림회권에 이름을 올린 채제공은 예문관 관원을 뽑는 소시에 응시해 합격한 뒤 예문관 검열 자리에 올랐다. 예문관 검열은 비록 정9품 벼슬이지만 대단히 영광스러운 자리였다. 예문관 벼슬 중 봉교(정7품) 두 명, 대교(정8품) 두 명, 검열(정9품) 네 명을 일명 '한림'이라 일컬었는데 이들 8한림은 춘추관 사관직을 겸직하기에 자부심이 대단했다. 집안에서 누군가가 8한림 직책을 맡기만 해도 대대로 집안의 자랑거리일 정도였다. 그만큼 예문관 관원은 요직 중의 요직이었다. 특히 예문관 관원은 임금과 항상 대면하는 관리라 출세를 보장받았다. 그런 자리에 남인이 들어왔으니 서인인 노론과 소론은 그를 경계하지 않을 수 없었다.

청요직 중 유일한 남인인 채제공은 노론과 소론의 눈엣가시였다. 서인은 혹 채제공이 영조의 총애를 얻어 권력을 쥘 경우 남인이 대거 조정으로 돌아올 것을 염려했다. 만약 남인이 부활해 대대적으로 조정에 돌아오면 자리를 놓고 그들과 처절한 투쟁을 벌여야 했기 때문이다.

그 염려는 결코 기우가 아니었다. 1694년 갑술환국 이후 남인은 조정의 요직에 전혀 발을 들여놓지 못했으나 안동과 진주를 중심으로 한 영남 유생의 숫자가 1만을 훌쩍 넘길 정도로 대단한 세력을 형성하고 있었다. 남인이 본격적으로 정계에 진출하면 소론과 노론이 감당할 수 없을 만큼 엄청난 해일로 밀어닥칠 것이 뻔했다. 그러면 채제공은 순식간에 남인의 영수로 부상해 조정 권력을 한 손에 쥘 것이 분명했다. 소론과 노론이 채제공을 견제하는 것은 어쩔 수 없는 선택이었다.

처음 채제공 제거에 앞장선 인물은 노론 출신 정언 송형중이다. 1749년(영조 25년) 8월 15일 그가 장황한 상소를 올리자 영조가 송형중을 불러 물었다.

"홍록弘錄이 다 무너지고 한림翰林이 잡류雜流라고 했는데, 네 그 말에는 반드시 지적하는 바가 있을 것이다. 이는 누구를 지적한 것이냐?"

송형중이 대답했다.

"한림 잡류란 곧 이환, 정항령, 유사흠, 채제공을 말합니다. 채제공은 비록 문장이 뛰어나다 해도 그 아비가 일찍이 국청 죄수와 연관된 바 있습니다."

이 말을 들은 영조는 엄하게 송형중을 물리치고 상소문을 돌려줬다. 그는 송형중이 네 명의 한림을 한림 잡류라며 싸잡아 비난하고 특히 채제공에게 허물이 없는데도 나머지 세 사람과 함께 묶어 비난한 것은 채제공이 한림에 들어가지 못하게 하려는 술책이라고 판단했다. 송형중의 상소문에는 권상일을 형조참판에 제수한 것을 비판하는 내용도 있었는데, 이것 역시 헐뜯고 배척하기 위함이라고 결론지었다. 권상일이 남인이라 송형중이 당파 논리로 비난했음을 간파한 것이다. 그때 영조는 이런 명을 내렸다.

"송형중의 관직을 삭탈하고 시골로 내쫓아 내가 당인黨人을 멀리하고 간사한 말을 듣지 않음을 알게 하라."

영조는 채제공을 깊이 신뢰했다. 덕분에 채제공은 승진을 거듭했고 예문관 봉교를 거쳐 1751년(영조 27년) 정5품 사헌부 지평 자리에 올랐다.

내치려는 노론, 곁에 두려는 영조

그런데 사헌부 지평이 된 채제공은 뜻밖의 일로 탄핵되고 말았다. 채제공을 탄핵한 인물은 상관인 사헌부 집의 이훈이다. 1751년 3월 28일 이훈은 대리청정을 하고 있던 장헌세자에게 이런 글을 올렸다.

"헌부憲府 관직은 관리의 부정을 규찰하여 바로잡아야 하는데, 근래 이 직책에 있는 자들 중 법사法司의 위엄을 빌려 여항閭巷(일반 백성의 마을)에 원한을 풀려는 자가 빈번히 있습니다. 전前 지평 채제공은 어떤 중인이 무덤을 쓴 산을 빼앗으려다 그에게 구타당하고 내쫓기자 스스로 반성할 줄은 모르고 세력을 믿고서 사납게 빼앗고 공격하여 여러 날을 가두었습니다. 추조秋曹(형조)에 이송하여 속전贖錢(죄를 면하려고 바치는 돈)을 함부로 거두고 대각臺閣(사헌부)에 수치를 끼쳤으니 청컨대 파직하여 서용하지 마소서."

이 말을 듣고 장헌세자는 채제공을 파직했다. 채제공이 파직된 후 사헌부 지평 안치택이 이훈을 탄핵했는데 그 내용은 이렇다.

"채제공은 법에 종사하는 신하인데 길 한복판에서 방가 성을 가진 사람에게 구타를 당하였으니 모든 조신이 누군들 놀라고 분개하지 않겠습니까마는, 전前 집의 이훈이 단지 채제공에게 죄줄 것만 청하고 방가를 징계하여 다스릴 것은 청하지 않았습니다. 그가 방가의 처지를 위한 것에는 부지런하고 대각臺閣이 날로 경시되고 기강이 더욱 무너지는 것은 생각지 않는 것입니까? 그가 조정을 욕되게 한 것이 이보다 심한 것이 없으니 청컨대 이훈을 파직하여 서용하지 마시고, 방가는 엄중히 조사하여 중죄로 다스리소서."

실록은 이 사건의 전말을 자세히 기록하지 않았지만 채제공이 성이 방씨인 중인의 산을 함부로 자기 소유로 한 모양이다. 화가 난 방씨는 길에서 채제공에게 폭력을 가해 망신을 줬는데, 채제공이 발분하여 방씨를 형조로 끌고 가 형벌을 가했다. 속전을 바치고 풀려난 방씨는 분을 이기지 못하고 이를 사헌부 집의 이훈에게 알렸고 이훈은 방씨를 두둔하며 채제공을 탄핵한 것이다.

이때 채제공과 함께 사헌부 지평을 맡고 있던 안치택은 이훈의 행동을 문제 삼아 그의 파직을 요청했다. 하지만 장헌세자는 안치택의 요청을 받아주지 않았다. 사헌부 장령(정4품) 강필신이 다시 한 번 요청하면서 이훈은 파직되고 중인 방씨는 사대부를 능욕한 죄로 하옥되었다. 그리고 채제공은 파직에 이어 유배를 삼척으로 떠나야 했다.

채제공의 유배 생활은 1년 남짓 이어졌고 이듬해인 1752년(영조 28년) 10월 30일 정언으로 발탁돼 조정으로 돌아왔다. 정언은 사간원의 정6품 직책이니 사헌부 지평에서 강등된 셈이었다. 그러나 그가 청직인 사간원 정언으로 돌아왔다는 것은 중인 방씨와의 문제를 부패 사건으로 여기지 않는다는 것을 의미했다. 이틀 뒤 영조는 다시 채제공의 벼슬을 조정해 부교리로 임명했다. 부교리는 홍문관의 종5품 직책으로 사헌부 지평보다 한 급 낮은 벼슬이었다.

물론 홍문관은 청직 중에서도 관원들이 가장 선호하는 기관으로 품계 한 급은 크게 중요하지 않았다. 왕의 경연에 참여해 왕과 학문을 논하고 왕의 자문에 답하는 홍문관은 사헌부에 비해 정치적 영향력이 훨씬 큰 곳이었다. 이를 반영하듯 사헌부는 궁궐 바깥에 배치한 궐외각사인 반면 홍문관은 궐내각사, 즉 궁궐 내부 기관이었다. 말하자면 왕의 최측근 부서였다. 결국 홍문관 부교리는 사헌부 지평보다 결코 뒤처지는 자리가 아니었다. 영조가 유배지에 있던 채제공을 불러 홍문관 부교리에 임명한 것은 당시 그가 채제공을 얼마나 깊이 신임했는지 보여준다.

이러한 영조의 신임을 증명하듯 채제공은 홍문관에 들어간 지 두 달도 지나지 않아 정5품 교리로 승진했다. 유배에서 돌아온 지 3개월도 채 지나지 않아 원래 품계인 정5품으로 복귀한 셈이다. 그것도 홍문관 직책이니 1년간의 유배 생활을 보상받은 격이었다.

영조의 신뢰가 그 정도에 이르자 노골적으로 채제공의 성장을 막으려 하는 세력이 등장했다. 그 무렵 채제공은 노론과 소론 사이에서 중립 성향을 보였는데 두 세력 모두 이를 못마땅하게 여겼다. 특히 노론은 어떻게 해서든 남인인 채제공을 요직에서 내쫓으려 했다. 1753년(영조 29년) 1월 6일 대사간 윤상임과 장령 이계창이 장헌세자에게 이런 말을 했다.

"신 등이 삼사三司가 함께 의견을 조율하자는 생각으로 모여 논의하려고 서간書簡을 발송하였습니다만, 교리 채제공은 가부간에 아무 답장이 없었습니다. 이는 모두 신 등을 무시한 행동이니 체차하소서."

체차란 해당 직위에서 물러나 다른 부서로 가게 하는 것을 말한다. 채제공을 홍문관이 아닌 다른 곳으로 보내라는 의미였다. 그때 장헌세자는 이렇게 명했다.

"사퇴하지 말고 또한 물러가 여론을 기다리지도 말라."

채제공에게 홍문관 교리 자리에 그대로 있으라는 말이었다. 일단 비판을 받았으니 채제공도 변명을 하지 않을 수 없었다. 그는 다음과 같이 말했다.

"신축년·임인년에는 신의 나이가 겨우 두어 살이라 사실을 눈으로 직접 보지 못했고 그 뒤 단지 장주章奏에 의거하여 알았을 뿐입니다. 갑과 을에 각기 소견이 있는지라 반드시 큰 안목과 큰 역량을 지닌 뒤에야 그 시비를 정할 수 있는 것입니다. 그런데 신은 안목과 역량이 모두 부족합니다. 이 하찮은 소견으로 혹은 갑을 따르고 혹은 을을 따른다면 하지 못하는 짓이 없는 사람이라 할 것이니, 신이 어찌 이런 짓을 할 수 있겠습니까? 신이 고집하는 의견이 이미 이러하므로 함께 논의하여 의견을 올리는 일에 참여할 수 없습니다."

신축년과 임인년을 거론하는 것을 보면 삼사가 합동으로 의견을 올리려 한 것은 신임사화와 관련된 견해가 분명하다. 신임사화는 경종 재위 기간인 1721~1722년 소론이 노론을 대거 숙청한 사건이다. 한데 1753년 조정을 장악한 노론은 이 사건과 관련해 노론 숙청에 앞장선 소론 대신에게 죄줄 것을 주장했다. 이때 삼사가 합동으로 그 주장을 영조에게 올리려고 했는데 채제공이 참여를 거부한 것이다. 채제공의 말을 듣고 윤상임이 말했다.

"유신儒臣이 한 말은 이치에 맞지 않습니다. 천하의 사람들은 모두 시비를 판단하는 마음을 지니고 있으므로 옳은 것은 옳다 하고 그른 것은 그르다 해야 합니다. 세상에 시비를 판단하는 마음이 없는 사람이 어찌 있을 수 있겠습니까?"

채제공은 간단히 응수했다.

"함께 의견을 올리는 것에 저는 소견이 없으니 참여할 수 없습니다."

이 말과 함께 채제공이 그 자리에서 물러나자 윤상임은 채제공을 파직해야 한다고 주장했다. 그때 우의정 김상로가 채제공의 파직을 반대하며 이런 말을 하였다.

"소견을 합치할 수 없으면 참여하지 않는 것은 진실로 당연한 일입니다. 자신의 의견을 따르지 않는다는 이유로 윤상임이 채제공의 파직을 청한 것은 잘못입니다. 마땅히 윤상임을 파직해야 합니다."

김상로의 말을 들은 장헌세자는 채제공이 아니라 윤상임을 파직했다. 훗날 김상로는 장헌세자와 대립해 홍인한 등과 손을 잡았다. 그렇지만 당시에는 탕평파의 일원이라 남인 채제공에게 노골적으로 적대감을 드러내지 않았다.

그럼에도 채제공은 홍문관에 그대로 머물러 있지 못했다. 채제공의 처지가 불편해진 것을 감안해 영조가 그를 호서암행어사로 삼아 충청도 민심을 살피고 오게 했기 때문이다.

영조가 채제공을 충청도에 파견한 것은 균역법 실시에 따른 민심을 파악하기 위해서였다. 영조는 그로부터 2년 전인 1751년 균역법 실시를 천명하고 농민 1인당 두 필씩 납부하던 군포를 한 필로 줄이는 정책을 추진했다. 이를 위해 1752년 6월 7일 균역법 시행세칙인 균역청사목을 반포했다. 그 민심을 알아보기 위해 채제공을 호서암행어사로 내보낸 것이다.

암행 감찰에 나선 채제공이 돌아온 것은 1753년 2월 26일이었다. 그날 영조는 채제공을 불러 물었다.

"균역을 두고 과연 백성의 원망이 없던가?"

채제공이 대답했다.

"백성이 모두 편하다고 일컫고 있습니다."

영조는 새로 마련한 염세 관련 여론도 물었다.

"염세는 또한 어떠하던가?"

"민정民情이 또한 칭송하고 있었습니다."

채제공은 자신이 둘러본 지역의 지방관들을 평가한 평가서를 작성해 영조에게 올렸다. 영조는 그 보고서를 보고 은진현감 이최진을 비롯해 서산군수 임경관, 태안군수 이사조, 홍주목사 안상휘, 회덕현감 이준, 서천군수 홍유보를 잡아들여 죄를 물었다. 반면 천안군수 김상열, 직산현감 최보흥에게는 표창장을 내리고 남포현감 이세태는 승진 발령했다. 그리고 이인찰방 김범석을 발탁해 조정으로 불러올렸다.

영조는 채제공을 부수찬에 임명해 다시 홍문관으로 불러들였다. 부수찬은 종6품으로 교리 아래 벼슬인데 굳이 의미를 따지자면 탄핵당한 일 때문에 벼슬이 강등된 셈이다. 그렇지만 영조는 며칠 뒤 채제공을 수찬에 임명했고 몇 달 지나자 사간원 헌납(정5품)으로 승진 발령했다. 그 뒤 다시 부교리로 임명해 홍문관으로 불러들인 다음 이내 교리로 발령해 원래 자리로 돌아가게 했다. 이렇듯 영조는 채제공을 늘 곁에 두려고 했다.

채제공의 정치 성향

실록 여러 곳에 채제공이 경연 중에 영조와 나눈 대화가 실려 있다. 그중 몇 가지로 채제공의 정치 성향과 사상을 살펴보자.

임금이 유신儒臣을 소견하고 《시경詩經》 〈소남召南〉 편을 강하였다. 교리 채제공이 말하였다.

"《시경》에 이르기를 '양의 가죽에 흰 실로 다섯 곳을 꿰맸다' 하였으니, 문왕文王의 절약하고 검소한 교화가 조정에 있는 자에게 미친 것이 이러하였습니다. 전하의 검소한 덕은 참으로 천고에 드문 바인데, 궐문에서 한 걸음만 나가면 한 사람도 본받는 자가 없어서 의복·저택에 앞다투어 지나친 사치를 숭상하여 장차 나라를 망치게 되었으니 신은 참으로 알 수 없습니다."

교리 남태회가 덧붙였다.

"전하의 검소한 덕은 높으실지라도 신은 아직 탐욕스런 한 사람을 죄주거나 청렴한 한 사람을 표창하셨다는 말을 듣지 못하였으니, 사치하는 풍습을 어찌 징계하겠습니까?"

그러자 채제공이 말했다.

"신이 나이 든 어른들의 말을 듣건대 옛사람은 다 부유한 생활을 부끄럽게 여기고 조정에서도 이런 사람을 밉게 여겨 배척하니, 사람들이 스스로 힘써 생각하고 사치를 부끄러워하였다 합니다. 이제는 그렇지 않아서 다들 의복·저택이 남만 못한 것을 부끄럽게 여기고 사람을 취하는 것도 이것으로 우열을 가리므로 서로 본떠 풍속이 날로 무너지니, 신은 이를 마음 아프게 여깁니다."

사실 영조는 매우 검소하게 생활했다. 하루에 두 끼만 먹었고 평상시에는 면으로 만든 생활복을 입었으며 비단옷을 전혀 걸치지 않았다. 반면 신하들의 생활은 사치스럽기 짝이 없었다. 양반가 여인들은 머리치장에 기와집 한 채 값을 예사로 썼고 관리들은 비단옷 입는 것을 당연시했다. 채제공이 이를 개탄하며 신하와 백성이 검소한 생활을 하도록 법을 만들자고 제의한 것이다. 이를 받아들인 영조는 체발髢髮을 금지하고 쪽머리를 일반화하도록 명했다. 흔히 트레머리라고 부르는 체발은 머리를 가발로 치장한 것을 말한다. 웬만한 집 한 채 값인 이 가발이 양반가에 유행하면서 체발은 사치의 대명사로 불렸다.

채제공은 백성의 사정을 파악해 경연 중에 왕에게 적절한 조치를 취하도록 권했는데, 다음 내용도 그중 하나다.

밤에 유신儒臣을 불러《자성편》을 강하였다. 교리 채제공이 말하였다. "북도는 잇달아 참혹한 흉년을 당하였습니다. 온성이 더욱 심하여 사방의 들판이 쓸쓸하고 닭과 개 소리가 들리지 않으니 지난해에 농사가 조금 잘되었다고는 하나 복구할 희망이 까마득히 없습니다. 신의 생각으로는 우공禹貢(하나라 시조) 시절 이른바 '치수治水하고 13년이 지난 다음 부세賦稅를 다른 고을과 같게 한' 뜻을 들어 도신道臣(도지사)에게 분부하여 논밭의 재난을 넉넉히 구제하고 다시 일구는 대로 세를 매기는 것이 좋겠습니다."

임금이 이를 윤허하였다. 채제공이 또 말하였다.

"북도 사람은 곡식을 천하게 여기므로 갑자기 흉년이 들면 온 도내가 어쩔 줄 모르니, 농사가 조금 잘되었을 때를 택해 곡식을 저축하여 뒷날에 대비하게 해야 하겠습니다."

이에 임금이 말하였다.

"비국備局(비변사)이 도신에게 명해 곡식을 교제창交濟倉에 착실히 저축하게 하라."

정치적으로 영조의 탕평론을 지지한 채제공은 붕당에 상관없이 여러 붕당에서 인재를 공평하게 발탁해 등용해야 한다는 조제론調劑論을 지지했다. 이와 관련해 실록에 다음 내용이 실려 있다.

유신儒臣을 불러 《서전書傳》 〈우공禹貢〉 편을 강하였다. 승지 이창수가 말하였다.

"당론黨論 해독은 홍수보다 심합니다. 전하께서 몇 해 동안 조제하시어 거의 보람을 이루고 있는데, 이제 중지하면 오랜 수고가 아무 보람이 없게 되는바 어찌 한탄이 없겠습니까?"

교리 채제공이 덧붙였다.

"우임금이 홍수가 산을 둘러싸고 언덕을 넘는 형세를 보고 문득 어렵다는 생각을 일으켰다면 어찌 성공했겠습니까? 조제의 보람은 능히 죽이는 것을 막을 수 있습니다. 송宋나라 태조가 시씨柴氏(후주 세종)를 죽이지 않고 사대부를 죽이지 않은 것은 참으로 천고의 성대한 일이니, 후세의 임금이 본받아야 할 것입니다."

임금이 말했다.

"신축년·임인년 이후 내가 이 말을 듣고 저 사람을 죽이거나 저 말을 듣고 이 사람을 죽였다면 사대부가 어찌 남았겠는가?"

이 기록에 나오는 조제란 곧 탕평을 일컫는다. 조제론은 두 붕당을 모두 군자당으로 보고 두 당인을 함께 쓰자는 주장인데, 율곡 이이도 한때 동인과 서인을 함께 써야 한다는 조제론을 주장했다. 채제공도 조제론에 따라 영조의 탕평 정책이 옳다고 주장하며 지속해야 한다고 역설한 것이다.

채제공이 조제론을 바탕으로 탕평을 강조한 것은 탕평이 남인의 생존과 직결되어 있었기 때문이다. 남인은 숙종대의 갑술환국 이후 조정에서 제대로 된 자리를 얻지 못했는데 그나마 영조의 탕평책에 힘입어 일부가 요직에 들어갈 수 있었다. 그 혜택을 가장 많이 본 인물이 채제공 자신이기도 했다.

도승지에 올라 세자를 구하다

1755년(영조 31년) 3월 21일 영조는 채제공을 승정원 승지로 발탁했다. 실은 그해 1월 20일 세자시강원 필선을 겸직시켜 세자를 보필하게 했다가 한 달여 뒤인 3월 10일 사헌부 집의로 승격했다. 그리고는 불과 열하루 만에 그를 정3품 당상관 자리인 승정원 동부승지로 발탁한 것이다. 실로 파격적인 인사가 아닐 수 없었다. 승정원 승지는 왕의 최측근일 뿐 아니라 비변사 회의에도 참석하는 위치였다. 더구나 언제든 판서 자리로 이동할 수 있는 위치로 정승 지위의 관문이었다. 그런 자리에 남인 출신을 배치한 것은 조정을 장악하고 있던 노론을 자극하기에 충분했다.

영조가 채제공을 승지로 발탁한 배경에는 1755년 발생한 '나주 괘서 사건'이 있었다. '을해옥사' 또는 '윤지尹志의 난'으로도 불리는 이 사건은 소론 재야 세력이 일으킨 일종의 역모 사건이었다. 난을 주도한 윤지는 이인좌의 난 이후 세력을 잃은 소론 측 인물이었다.

1755년 1월 윤지는 소론 세력을 규합하기 위해 나주의 한 객사에 나라를 비방하는 괘서를 붙였다. 그 후 그는 소론 동지들을 규합해 반란을 계획하다 전라감사 조운규에게 체포되었다. 실록은 영조 31년 2월 11일 기사에 이 사건을 다음과 같이 서술하고 있다.

> 금부도사를 나주로 내려 보내 윤지 등 여러 역적을 체포하게 하였다. 윤지는 역적 윤취상의 아들이다. 나주에 귀양을 가 있으면서 몰래 역모를 품고 조정을 원망하며 같은 무리와 체결하여 흉서를 펼쳐 걸었으므로, 전라감사 조운규가 그 정황을 알아내 조정에 보고하니 임금이 즉시 발포하도록 명하였다.

윤지의 아버지 윤취상은 김일경과 함께 소론 강경파의 거두였다. 경종 시절 그는 임인사화를 주도해 노론을 대거 숙청하고 세제인 영조를 궁지로 내몰았다. 영조는 그 보복으로 왕위에 오른 뒤 윤취상을 잡아들여 국문했고 도중에 그가 사망하자 그의 아들 윤지를 제주도로 유배 보냈다. 결국 30년간 유배지를 전전하던 윤지가 1755년 유배지 나주에서 반란을 도모한 것이다.

사건이 발생하자 영조는 채제공을 나주로 파견해 그 진상을 파악하게 했는데, 채제공의 일처리가 상당히 깔끔했다. 영조는 채제공의 업무처리 능력을 높이 평가해 승지로 발탁했다.

한편 체포된 윤지는 도성으로 압송돼 영조의 친국을 받았다. 친국 자리에서 윤지는 끝까지 범행을 부인했으나 영조는 그를 참형에 처했다. 이 사건에 연루된 박찬신, 조동정, 조동하, 김윤 등도 사형에 처해졌다. 이미 죽고 없는 조태구, 김일경 등 과거 소론의 거두들에게도 다시 한 번 형벌이 내려졌다.

나주괘서 사건을 해결한 그해 5월 역도 토벌을 경축하는 과거인 토역경과정시를 치렀는데, 이때 답안지를 바꾸는 사건이 발생해 윤지 일파로 지목된 심정연이 붙잡혀 죽었다. 춘천에서는 다시 역모를 꾀하던 윤혜, 김도성, 신치운 등이 붙잡혔다. 이때 영조는《천의소감》이라는 책자까지 만들어 이들 사건의 자초지종을 자세히 기록하게 하였다.

소론 재야 세력이 주도한 이 일련의 사건 이후 소론의 힘은 급격히 약해졌고 조정은 노론이 거의 독식했다. 그런데 느닷없이 영조가 남인 출신 채제공을 승지로 발탁하자 그를 향한 노론의 견제가 한층 강해졌다. 채제공이 예문관 말단직에 오를 때도 몹시 경계한 그들인데, 이제 당상관 자리까지 꿰찼으니 긴장하는 것은 당연했다. 그들은 자칫 채제공이 남인을 결합해 조정으로 대거 끌어들일까 염려했다.

노론의 염려에도 아랑곳하지 않고 영조는 갈수록 채제공을 더 신뢰했다. 채제공 역시 영조의 탕평론에 더욱 힘을 보태며 노론 견제에 앞장섰다.

다음은 채제공이 승지가 되고 열흘쯤 지난 뒤인 1755년 4월 2일 경연 자리에서의 대화다.

> 임금이 주강을 행하여《서경書經》〈요전堯典〉편을 강하였다. 수찬 홍명한이 말하였다.
>
> "하늘을 공경하고 순종하기를 마땅히 요임금을 본받아야 합니다. 지금부터 계속해서 더욱 성심을 분발해 상하가 서로 힘쓰면 탕평 효과를 눈을 닦고 기다릴 수 있을 것입니다."
>
> 승지 채제공이 말하였다.
>
> "요임금 때도 공공共工(요임금 시절 사흉四凶의 한 사람으로 불린 신하)은 변하지 않았는데, 이는 바로 당악黨惡의 해입니다."
>
> 임금이 말하였다.
>
> "나 역시 시종 변하지 않는 자를 많이 보았다."
>
> 채제공이 말하였다.
>
> "고故 참판 오광운의 상소 가운데 '겉은 거울 표면처럼 고쳐졌으나 속에는 호랑이 꼬리를 감추고 있다'는 말이 있는데, 참으로 선견지명이었습니다. 지금이 바로 일대 기회이며 만약 이번 기회를 잃으면 표준을 세워 다스림이 이루어지지 않을 것입니다. 전하께서 진실한 마음으로 해나가시면 비록 공공처럼 변하지 않는 자가 있다 하더라도 어찌 한 세대 탕평의 다스림에 해가 되겠습니까?"

이 대화는 윤지를 처형하고 나주괘서 사건을 종결한 직후 이뤄졌다. 이 일과 관련해 채제공은 요임금 시절의 권신 공공을 거론하며 당론을 고집하는 자들을 공격하였다. 물론 그 대상은 노론과 소론이었다. 채제공은 어떤 경우에도 공공처럼 자신들의 이익을 위해 주장을 굽히지 않는 자가 있다고 지적했고, 영조는 그런 자를 많이 보았다고 대답했다. 그러자 채제공은 이미 죽은 오광운의 말을 인용해 노론과 소론이 내심 탕평에 전혀 찬성하지 않는다고 말한 것이다.

채제공이 거론한 오광운은 채제공의 스승으로 영조가 아끼던 남인 출신 인사였다. 영조는 남인 출신인 그에게 파격적으로 예문관 벼슬을 내리고 승지와 형조·예조참판으로 기용했는데, 이 때문에 노론의 불만이 많았다. 그렇지만 오광운을 높이 평가한 영조는 노론의 비판을 물리치고 그를 늘 곁에 두었다. 채제공은 영조의 신뢰를 받은 오광운을 앞세워 자신도 오광운처럼 영조의 탕평 정책을 굳건히 떠받들 것을 맹세하였다.

영조가 채제공을 깊이 신임하자 노론은 그를 노골적으로 공격했다. 그러나 대리청정을 하고 있던 장헌세자 역시 채제공을 신임하고 두둔했다. 덕분에 채제공은 1758년(영조 34년) 영조의 비서실장 격인 도승지 자리에 올랐다. 앞서 말했듯 채제공은 도승지로 있을 때 세자 선을 폐위하려는 영조의 의지를 꺾고 장헌세자를 구했다. 이때 영조는 채제공을 자신의 가장 충직한 신하로 평가했다.

채제공의 외로운 정치 투쟁

도승지 채제공은 1760년(영조 36년) 1월 9일 대사헌에 올랐다. 감찰권을 지휘하는 사헌부 수장이 된 것이다. 갑술환국 이후 사헌부 수장에 오른 남인 측 인물은 채제공이 유일했다. 원래 대사헌 직분은 오래 유지되는 자리가 아니었지만 그의 직위는 9개월간 이어졌다. 대사헌은 감찰권을 지휘하는 자리라 오래 두지 않는 것이 관례였고 길어도 1년을 넘기는 경우는 없었다.

영조는 채제공을 다시 승지로 불러들였다가 경기관찰사로 내보냈다. 이는 민심을 알아보기 위한 특별 조치였다. 특별 감찰을 마치자마자 그의 관찰사 생활은 두 달 만에 끝났고 곧장 승정원으로 복귀했다.

그러던 중 1762년(영조 38년) 모친상을 당한 채제공은 관복을 벗었다. 그가 삼년상을 치르기 위해 조정을 비운 사이 궁궐에서는 엄청난 사건이 발생했다. 영조가 세자 선을 뒤주에 가둬 죽이는 참극이 벌어진 것이다. 상중에 있던 채제공은 어떠한 정치적 발언도 상소도 하지 않았다.

채세공이 삼년상을 마치고 1764년 복귀하자 영조는 그를 형조참판으로 기용했다가 이내 대사헌으로 삼았다. 하지만 그는 한 달여 만에 공조참판으로 밀려났고 다시 개성유수로 임명되어 외직으로 나갔다. 영조는 채제공을 외직으로 내보낸 지 두 달도 지나지 않아 예문관 제학에 임명해 곁으로 불렀다.

이후 채제공은 홍문관 제학, 예조참판, 대사간 벼슬을 오가며 관직을 섭렵했다. 그러자 채제공을 경계하는 기류가 더욱 강해졌고 급기야 그를 탄핵하는 상소가 올라왔다. 그를 탄핵한 인물은 사간원 헌납 강지환으로 그는 1768년(영조 44년) 1월 13일 채제공을 비판하는 상소를 올렸다.

"예조참판 채제공은 일찍부터 성균관에서 유학해 문예는 조금 있으나, 집에서 하는 행실은 취할 점이 전혀 없습니다. 그가 상을 당했을 때 생도들을 모아놓고 여막 곁에서 글 솜씨를 시험하며 여기에 '사백일장私白日場(개인 백일장)'이라는 명칭을 붙였습니다. 그리고 시험지를 받아들여 과거장의 규례에 따라 두루마리를 만들고 붉은붓으로 등급을 매길 땐 문득 고시관처럼 행동했습니다. 더구나 즐겁게 음식을 들며 연회 집합소처럼 상호 과장하고 칭찬해주며 훌륭한 일인 양 여기었으므로 보고 듣는 사람들마다 너나없이 해괴하게 여겼습니다. 모르겠습니다만 효자의 마음이라면 이런 일을 편안히 여기겠습니까? 이는 '상喪 중에는 상사喪事가 아니면 말하지 않는다'는 고인의 의리가 아니니, 풍속을 손상하고 조정 관료들에게 수치를 끼치는 것은 작은 일이 아닙니다. 이런 사람에게는 청선淸選 자리를 줄 수 없습니다. 신은 채제공의 제학 임무를 먼저 개정하고 이어 사판仕版(벼슬아치 명단)에서 삭제하는 법을 시행해야 한다고 봅니다."

강지환의 말인즉 채제공이 상중에 학생들을 모아놓고 가르치면서 마치 과거를 흉내 내듯 시험하고 학생들이 서로를 평가하는 방법으로 공부를 시켰다는 얘기다. 이는 선비가 상중에 행할 도리가 아니니 채제공을 예문관이나 홍문관 제학 같은 청직은 물론 아예 관리 명단에서 삭제해야 한다는 것이었다.

이 상소문을 읽은 영조는 무섭게 화를 내며 강지환을 영구히 사판에서 삭제하고 시골로 내쫓으라고 명령했다. 나아가 강지환을 추천한 자도 내쫓으라고 했다. 결국 강지환은 유배를 떠나야 했다.

한편 강지환의 탄핵을 받은 채제공은 영조에게 이런 글을 올렸다.

"생각건대 신은 무턱대고 올라가기만 하였지 만족할 줄을 알아야 한다는 경계는 모르고 있었습니다. 신이 위로는 마음을 알아주는 임금을 만났으나 아래로는 냉대하는 눈초리를 받고, 마음에 세상을 개탄하는 회포를 안고서 망령되이 공도公道를 넓히려는 책임을 지는 바람에 덫과 함정이 조밀하게 펼쳐지고 화살이 주위에서 노리고 있었습니다. 그러다가 과연 강지환의 상소가 앞서지도 않고 뒤서지도 않게 나왔습니다."

이처럼 그는 늘 자신을 노리는 자들이 있었다는 말을 한 뒤, 상중에 자신이 아이들을 가르쳤다는 강지환의 주장을 해명했다.

"신에게는 아주 가까운 친척 중에 관례를 올린 자와 네댓 명의 어린아이가 있는데, 항상 신의 집에 머물며 문구 읽는 법을 신에게 배웠습니다. 이웃집의 연소한 소년 일고여덟 명은 신이 나이가 더 먹었다는 이유로 왕래하며 글을 물은 지 이미 여러 해가 되었는데, 신의 집에 묵게 하며 과거시험의 각 문체를 가르치고 잘잘못을 논하여 고하를 매겨 써주었습니다. 그러나 그 뒤 상喪을 당해서는 3년을 끝마치도록 이런 일을 한 적이 없습니다."

이를테면 아이들을 가르친 것은 맞지만 모친상 중에는 하지 않았다는 것이었다. 또 음식을 차려놓고 연회를 즐겼다는 비판에는 다음과 같이 해명을 했다.

"음식을 차려놓고 연회를 즐겼다는 구절은, 사람마다 부모가 있고 사람마다 어버이 상을 치르는데 그 역시 성세聖世의 풍화 속 한 인물로서 어찌 차마 이런 말을 입에서 꺼낼 수 있단 말입니까? 이것이 어찌 강지환 스스로 만든 말이겠습니까? 신은 지금 세상 사람들 눈 속의 못일 뿐입니다. 그 못을 빼내지 않을 수 없게 되자 반드시 그럴싸한 방법으로 속여야 임금이 귀로 의혹하리라고 여긴 것입니다. 그런데 지금 삼척동자도 믿지 않을 말로 해와 달같이 밝은 임금을 속이려 하였으니, 강지환에게 방안을 가르쳐준 자의 계략이 허술하다고 하겠습니다."

여기서 '강지환에게 방안을 가르쳐준 자'란 자신을 쫓아내려는 노론을 지칭한 것으로, 채제공은 강지환 뒤에 자신을 내쫓기 위해 음모를 꾸민 자들이 있다고 주장하고 있다.

마지막으로 채제공은 자신을 본직과 겸직에서 해임해달라고 요청했다. 이는 직을 내놓고라도 자신을 음해하는 세력과 싸우겠다는 결연한 의지 표현이었다. 영조는 이를 만류하며 채제공에게 말했다.

"내가 경을 버리지 않을 것이니, 경은 지나치게 사양하지 말라."

이때 사헌부 장령 홍상직이 강지환을 편들고 나섰다. 채제공의 변명이 비루하고 임금에게 올리는 말투가 불경스럽다며 벼슬에서 내쳐야 한다고 주장한 것이다. 이 말을 들은 영조는 홍상직을 크게 비판하며 오히려 탄핵이 부당하다고 역설했다. 채제공 역시 홍상직의 주장에 반박하고 나섰다.

“신이 망극한 모함을 받아 이름과 행실이 땅에 떨어졌기에 눈물을 지으며 짧은 글을 올려 대략 아픈 심정을 드러내었습니다. 이에 성상께서 내린 열 줄의 비답이 정녕 간곡하고 측은하셨으니 흠 많은 천한 것이 무엇으로 이런 총애를 받는지 알 수 없습니다. 이 세상에 살면서는 보답할 길이 없습니다.

지난번에 홍상직의 상소가 또 나왔습니다. 신의 고요하게 숨넘어가는 듯한 소리는 신의 입장으로 보면 가엾기도 하고 부끄럽기도 합니다. 사헌부 관리들은 이를 분을 이기지 못한 반박이라고 말합니다. 분한 마음을 품고 대드는 것은 좋은 도리가 아니지만 그것도 세력이 적과 맞설 만해야 가능한 일입니다. 지금 신은 나그네입니다. 외로운 일신으로 사방에 장벽이 없는데 누구를 믿고 분박한 말을 하여 한창 부풀어 오르는 노여움을 건드릴 수 있단 말입니까? 신의 언행을 점검해보건대 중요한 위치에 있는 자에게 죄를 얻을 만한 것이 별로 없습니다. 입조한 지 거의 30년이 되어가지만 위협과 모욕으로 핍박받은 적이 없었는데, 지금 갑자기 왼쪽에서 주먹으로 치고 오른쪽에서 발로 걷어차며 앞에서 막고 뒤에서 당기는 등 번갈아 나서서 공격하여 반드시 속이 시원해지고야 말려고 합니다. 이는 첫째도 문임文任 때문이고 둘째도 문임 때문입니다.”

문임이란 채제공이 홍문관과 예문관 제학 자리에 있음을 의미하는데, 그는 자신을 공격하는 이유가 그 ‘자리’ 때문이라고 주장하고 있다. 여기서 나그네는 자신이 전혀 세력이 없는 남인 출신이라는 의미다. 또한 그런 남인이 세력이 강한 노론과 대적한다는 것은 있을 수 없는 일이라는 뜻이다. 한마디로 그는 노론이 자신을 경계해 마구잡이로 공격한다고 판단하였다.

이 모든 내용을 종합해볼 때 노론이 채제공의 성장을 몹시 경계했던 것이 분명하다. 노론은 만약 채제공의 벼슬이 더 높아져 판서를 거쳐 정승까지 올라가면 숨죽이고 있던 남인이 채제공을 앞세워 일어날 것을 염려해 미리 싹을 자르는 차원에서 사헌부 관원을 동원해 그를 공격했던 것이다.

이 글을 본 영조는 채제공에게 이런 말을 내렸다.

"엊그제 강지환의 상소에 비록 내가 속았으나 세도를 위해 개탄하였는데, 그 뒤에 듣고 나서 너무 몰랐다는 것을 크게 느끼었다. 홍상직이 강지환의 편을 들고 나선 것은 정말 생각 밖이었다. 처음에는 강지환에게 속고 두 번째는 홍상직에게 속았다만 이것이 어찌 두 사람의 과실이겠는가? 이는 내가 40년 동안 제대로 이끌지 못했기 때문이다. 강지환은 그래도 용서할 수 있지만 홍상직은 임금의 은혜를 저버린 채 사당私黨을 끼고 돌았으니 어찌 그 임금을 저버렸다고만 말하겠는가? 곧 그의 아비를 잊어버린 것이다. 매번 이러한 글을 읽을 때마다 눈물을 닦았는데, 지금 경의 상소를 보니 경의 마음을 본 것 같다. 경의 마음이 비록 이와 같으나 팔순을 바라보는 임금을 생각해야 할 것이다. 이는 바로 경이 지난날 어버이를 위한 마음으로 임금을 섬겨야 할 때이니 경은 지나치게 사양하지 말고 제사가 지난 뒤 속히 올라오도록 하라."

1770년(영조 46년) 1월 9일 영조는 채제공을 병조판서로 기용했다. 노론 세력의 강한 견제에도 불구하고 마침내 그가 판서 자리에 오른 것이다. 그것도 조선의 군권을 책임지는 자리였으니 영조가 그를 얼마나 대단하게 신뢰했는지 짐작할 수 있다. 1694년 갑술환국 이후 남인이 병조판서 자리에 오른 것은 처음으로 무려 76년 만의 일이었다.

서인들은 더 이상 채제공에게 힘이 쏠리는 것을 구경만 하고 있지 않았다. 그해 5월 21일 사헌부 지평 이원이 채제공을 탄핵했다.

"병조판서 채제공은 평소 행실이 개인의 정리에 따르고 공익을 무시하는 데서 벗어나지 못합니다. 그 생각은 오로지 기회를 노리는 데 있으며 제자라 일컬으면서 어리석고 무지한 부류를 널리 사귀어 풍조에 붙따라 가르침을 듣게 하였으니, 경상도 풍습이 순후하지 못함은 실은 이에서 말미암았습니다. 청컨대 척출을 가하소서."

이원의 탄핵 상소에서 알 수 있듯 당시 채제공을 따르는 남인 유생이 많았다. 특히 유생의 수가 가장 많은 경상도에서 그를 스승으로 받들고 있었다. 이에 위기감을 느낀 서인이 이원을 앞세워 채제공을 축출하려 한 것이다.

이원의 탄핵으로 채제공이 밀려나자 영조는 이를 안타깝게 여겼다. 실록은 이틀 뒤인 5월 23일 이런 기록을 남기고 있다.

임금이 하교하였다.

"채제공은 곧 외롭고 잔약한 사람이다. 봉조하(홍봉한)가 일찍이 말하기를 '서명응과 채제공은 문장에 값이 정해져 있다'고 하였는데, 서명응은 먼저 욕을 당하였고 채제공은 또 쫓겨났으니 서글픈 일이다."

대체로 홍봉한이 일찍이 서명응, 채제공, 황경원의 문장이 문형文衡(대제학)을 맡을 만하다고 아뢴 바 있기 때문이었다.

채제공은 이원의 탄핵에 반박하는 동시에 병조판서에서 물러날 뜻을 담은 상소를 올렸다. 이에 영조는 그를 병조판서에서 호조판서로 돌렸다. 그러나 2년 뒤인 1772년(영조 48년) 3월 영조는 다시 채제공을 병조판서로 삼았다. 그 후 홍문관 제학을 겸하게 하여 세손우빈객도 맡게 했다. 채제공이 당시 세손이던 정조의 스승이 된 것이다. 이는 장헌세자에 이어 그의 아들 세손 산까지 2대를 가르치는 영광스런 일이었다. 채제공은 우빈객이 된 뒤 세손과 매우 가까워졌다. 영조는 노론에서는 김종수, 소론에서는 서명선과 서명응 형제, 남인에서는 채제공을 가장 충직한 신하라 판단하고 그들을 모두 세손의 스승으로 삼았다.

1774년 채제공은 잠시 평양감사가 되어 지방에 머물렀다가 이내 다시 내직으로 돌아와 약방제조를 맡았다. 노환이 심해진 영조가 가장 신뢰하는 인물을 약방제조로 삼아 자신을 돌보게 한 것이다. 1775년 12월 영조는 자신이 더 이상 정무를 돌볼 만한 체력이 아니라고 판단하고 세손에게 대리청정을 명하겠다고 천명했다. 이때 조정 대신들의 반대가 심하자 영조는 대리청정이 아니면 아예 왕위를 물려주겠다고 엄포를 놓아 자신의 뜻을 관철했다. 그 과정에서 세자의 대리청정을 반대한 홍인한은 세손의 최측근 중 하나인 서명선의 탄핵으로 유배되었다.

한편 대리청정을 시작한 세손은 채제공을 다시 호조판서로 기용하고 홍문관 제학을 겸하게 했다. 그렇게 채제공은 세손의 신임을 얻어 요직으로 돌아왔다. 영조가 죽자 정조는 그를 국정도감제조로 삼아 국상을 주관하게 했다. 이는 향후 정조가 그를 중용하겠다는 의미로 남인 채제공과 정조의 정치적 협력을 예고하는 일이었다.

4장

세도재상 홍국영과 정조의 정치 책략

정조 즉위의 최대 공신 동덕회 4인방

미치광이 세자의 아들 정조가 세손 시절의 고난을 극복하고 무사히 왕위를 계승할 수 있었던 것은 동덕회同德會 4인방으로 불리는 홍국영, 김종수, 서명선, 정민시가 목숨을 걸고 정조를 지켜낸 결과였다. 동덕회와 관련해 《정조실록》은 서명선 졸기에 이런 기록을 남기고 있다.

> 상이 매년 12월 3일이면 반드시 서명선과 홍국영, 정민시, 김종수 등 여러 사람을 불러 음식을 내리고 따뜻한 말로 은근하고 친밀하게 대하면서 '동덕회'라 불렀으니 이는 그의 상소가 들어온 날이기 때문이다.

여기서 말하는 '상소'는 서명선이 1775년(영조 51년) 12월 3일 올린 것을 말한다. 이 상소에서 서명선은 홍인한과 그 주변 세력을 강력하게 비판했다.

"그런데 신이 삼가 듣건대 지난달 20일 대신이 입시하였을 때, 좌의정 홍인한이 감히 '동궁이 알게 할 필요 없다'라는 말을 함부로 전석前席에서 진달하였다고 합니다. 저군이 알지 못한다면 어떤 사람이 알아야 하겠습니까? 아성亞聖이 임금을 공경하는 의를 비록 이런 사람에게 책임지우기는 어렵겠으나 그 무엄하고 방자함은 아주 심한 것이었습니다.

그 말이 비록 무식한 데서 나온 것이었다고 하나 그 사실은 불충으로 귀결되는 것입니다. 나랏일이 이러하고 대신 또한 이와 같은데도 옆에서 들은 지 여러 날이 되도록 삼사 자리에 있으면서 감히 말하는 사람이 없으니, 신은 통곡하고 크게 탄식함을 금할 수 없습니다. 손수 상소문을 봉하고 직접 궐하闕下에 나와 경건한 정성으로 바쳐 우러러 성청聖聽을 번거롭히오니, 삼가 비옵건대 성상의 밝으신 지혜를 혁연히 떨쳐 펴시어 크게 밝은 명을 내리시고 빨리 대신의 죄를 바로잡아 국가의 대사가 존중되는 지경으로 돌아가게 하소서."

서명선의 이 상소로 홍인한은 탄핵되고 당시 세손이던 정조의 대리청정이 이뤄졌다. 정조는 이날을 기념하기 위해 자신의 측근들을 모아 동덕회를 만들었고 매년 12월 3일마다 이를 기념하며 모임을 연 것이다.

동덕회 4인방 중 가장 두드러지게 활약한 인물은 홍국영이었다. 서명선에게 홍인한을 탄핵하는 상소를 올리게 한 사람도 그였다. 이와 관련해 실록은 다음과 같은 내용을 싣고 있다.

을미년(1775년) 겨울 세손에게 정사를 대리하도록 하라는 명을 내렸을 때, 홍인한이 정후겸을 끼고 세 가지 알 필요가 없다는 말三不必知之說로 그 일을 막고 나서자 상하가 모두 놀라고 통분해했다. 그리하여 금상의 궁료 홍국영이 조정의 관원 가운데 능히 홍인한을 성토할 사람을 찾았으나 인한의 세력이 한창 드세어 아무도 호응하는 자가 없었는데, 명선이 전 참판으로서 상소하여 인한의 죄를 논박하였다. 영조가 그를 불러 만나보고 크게 칭찬한 뒤 그 아비에게 제사를 지내주고 드디어 인한 등을 축출함으로써 비로소 의리를 확정했다.

이렇듯 홍국영은 세손이던 정조가 대리청정을 하는 데 결정적인 역할을 했다. 그 때문에 정조는 그를 '의리의 주인'이라고 부르기까지 했다.

정조의 수호천사를 자처한 홍국영은 정조의 외조부 홍봉한과 같은 집안인 풍산 홍씨였다. 홍국영의 조부 홍창한과 홍봉한은 팔촌지간이었다. 따라서 정조의 어머니 혜경궁 홍씨는 홍국영에게 11촌 아주머니고 정조는 홍국영의 12촌 동생이니, 엄밀히 따지면 홍국영은 정조의 형인 셈이었다.

이외에도 홍국영 집안은 왕족과 깊은 인연이 있었다. 홍국영의 고조부 홍중해는 인현왕후 민씨의 고종사촌이고 영조의 계비 정순왕후 김씨와도 인척 관계였다. 또 정조의 정적인 홍계능과 홍인한도 인척이었다.

홍국영은 오직 정조를 위해 인척들과 정적이 되었다. 그가 정조를 보필하기 시작한 것은 대과에 합격하고 세자시강원 설서(정7품)

벼슬에 임명되면서부터다. 홍국영이 대과에 합격한 것은 스물다섯 살이던 1772년 9월이었다. 문과에 병과 11등으로 급제한 그는 이듬해 2월 임시 주서로 임명됐다. 그해 4월에는 한림소시에 합격해 사관으로 봉직하며 영조를 가까이에서 모셨다.

홍국영을 몹시 총애한 영조는 심지어 그를 '내 손자'라고 부르기도 했다. 그러한 신뢰를 바탕으로 영조는 그에게 세손 산을 보호하는 임무를 내렸다. 그래서 그를 세자시강원 설서로 임명한 것이다.

설서 홍국영이 세손을 보필하기 시작한 1774년 정조는 이미 스물세 살의 청년으로 성장해 있었다. 그 무렵 여든한 살의 영조는 노환이 심해져 정사를 제대로 돌보지 못했고 권력은 영조를 간병하던 화완옹주와 그의 양자 정후겸이 장악하고 있었다. 그들 모자는 홍인한을 비롯한 노론 세력과 결탁해 조정을 좌지우지했고 세손의 대리청정도 반대했다. 나아가 그들은 세손 산의 목숨을 노렸다.

홍국영은 세자시강원의 동료와 함께 세자익위사 무사들을 지휘하며 그들로부터 세손을 지켜냈다. 사람들은 홍국영을 '세손의 오른 날개'라고 불렀다. 정조의 정적들은 세손을 죽이려면 홍국영을 제거해야 한다고 보았고 홍국영도 세손과 함께 제거 대상 1호였다. 그렇지만 홍국영은 오히려 그들을 탄핵해 자신은 물론 정조까지 지켜냈다. 그 공을 높이 평가한 정조는 《명의록》에서 홍국영을 '의리의 주인'이라고 추켜세웠다.

동덕회 4인방 중 홍국영 다음으로 정조가 신뢰한 인물은 김종수였다. 김종수 역시 홍국영과 마찬가지로 세자시강원 출신으로 세손 시절 정조의 스승이었다. 1728년생으로 정조보다 스물네 살이 많은 그는 정조의 외가 쪽 친척이다.

김종수는 청풍 김씨로 노론 명문가 태생이다. 영조 시절 노론 탕평파의 거두였던 김재로가 그의 조부 김희로의 동생이고 장헌세자를 죽음으로 몰고 간 김상로는 그의 재종조부다. 또 영조 말기의 노론 세력가 김치인은 그의 아버지 김치만의 사촌이다.

김종수의 외가도 노론 명문가인 풍산 홍씨 집안이다. 그의 어머니와 홍봉한, 홍인한 형제는 사촌 관계고 김종수와 정조의 어머니 혜경궁 홍씨는 6촌 관계다. 따라서 김종수는 정조에게 7촌 아저씨뻘이다.

그러나 김종수 역시 홍국영과 마찬가지로 외가인 홍봉한 집안과 등을 졌다. 그는 외척이 조정을 장악하면 안 된다고 굳게 믿었고 스스로 청류를 자처하며 시류에 따라 권력을 좇는 것은 선비의 도리가 아니라고 주장했다. 그는 이 신념을 지키기 위해 유배형도 마다하지 않았고 때론 왕과 대립각을 세우기도 했다. 심지어 자신의 신념을 지키고자 정조 즉위 이후 벽파의 거두가 되어 정조와 대립했다.

이처럼 성품이 강직한 김종수는 1750년 생원시와 진사시에 합격해 음서로 관직을 얻었고, 1766년 세손익위사 관원이 되면서 정조와 인연을 맺었다. 이후 식년문과에 병과로 합격해 세손 필선이 되었다. 그는 세손의 스승으로서 정조에게 정통 주자학을 강론하는 한편 군주는 통치자인 동시에 사림의 스승이어야 한다고 주장했다. 또한 외척이 정치에 관여하는 것을 철저히 배제해야 한다고 강조하며 당시 대표적인 외척인 홍봉한과 정순왕후 세력을 배척했다.

정조는 김종수의 이 두 가지 주장을 받아들여 스스로 모든 붕당의 스승이 되고 외척을 척결하기로 결심했다.

김종수와 함께 정조의 학문에 지대한 영향을 끼친 인물이 4인방 중 하나인 서명선이다. 서명선은 그의 형 서명응과 함께 정조 시대에 소론을 이끈 인물로 김종수와 동갑이었지만 관리로는 김종수에 비해 출세가 빨랐다. 그는 영조 재위 후반기에 도승지, 대사헌, 이조참판 등의 요직을 두루 거쳤고 이조참판 시절 세손의 대리청정을 반대한 좌의정 홍인한을 탄핵하는 상소를 올려 정조 즉위에 큰 역할을 했다. 홍인한 탄핵에 성공했을 때 그는 김종수를 비롯한 동덕회 회원들과 함께 축배를 들었다. 그 후 서명선은 예조판서, 병조판서, 이조판서 등의 요직을 거치며 정조 즉위에 힘을 보탰다.

동덕회 4인방 중 마지막 인물인 정민시는 홍국영보다 3년 이른 1745년에 태어났고, 1773년 증광문과에 병과로 급제했다. 이어 같은 해에 있었던 한림소시에 합격해 홍국영과 함께 예문관 관원이 되었다. 그는 1774년 홍문관 수찬으로 임명되었다가 영조의 신임을 얻어 세자시강원 필선이 되면서 세손이던 정조를 보필했다. 문장이 뛰어난 정민시는 성격이 곧고 권력을 탐하지 않으며 분수를 지킬 줄 알아 정조가 깊이 신뢰했다고 전해진다. 그래서 홍국영이 제거된 후에도 조정에 남아 정조를 보필하는 데 충실했다.

동덕회 4인방 중 정조가 가장 의지한 인물은 단연 홍국영이었다. 홍국영은 누차에 걸쳐 정조를 죽음의 위기에서 구출했고 때로는 목숨을 걸고 정적을 제거했다. 결정적으로 그는 정조의 대리청정을 이뤄내 즉위의 기반을 닦았다. 그런 까닭에 정조는 자신보다 네 살 위인 홍국영을 마치 친형처럼 신뢰하고 따랐으며 심지어 왕권을 다 내어줄 정도로 신임이 두터웠다.

그러나 정조가 정말로 동덕회 4인방 중 홍국영을 가장 신뢰해 모든 권력을 내준 것인지는 확신할 수 없다. 결과론적인 말이지만 정조가 4인방 중 가장 먼저 제거한 인물이 홍국영이었기 때문이다.

속전속결로 이뤄진 정적 제거

정조는 영조가 사망한 지 닷새 만인 1776년 3월 10일 즉위했다. 스물다섯 살의 팔팔한 청년 정조는 그날 경희궁 자정전 문밖에 대신들을 모아놓고 일성으로 자신이 사도세자의 아들임을 천명했다. 궁궐 문밖에서 이런 글을 내린 것은 국상 중이었기 때문이다.

이 자리에서 정조는 비록 종통상의 아버지는 효장세자지만 인정상의 아버지는 사도세자라고 분명하게 밝혔다. 그러나 정조는 사도세자를 왕으로 추존하지는 않겠다고 했다. 실제로 정조는 종통상의 아버지인 효장세자를 진종으로 추대하고 사도세자는 시호를 장헌으로 고치는 선에서 멈췄다. 나아가 영조가 사도세자를 죽인 정치적 처분을 문제 삼지 않았다. 그럼에도 불구하고 굳이 자신이 사도세자의 아들임을 천명한 것은 곧 사도세자의 죽음에 복수하겠다는 예고였다.

정조는 자신의 손으로 직접 아버지의 죽음에 복수하지 않았다. 스스로 복수에 나설 경우 할아버지 영조의 처분이 잘못된 것으로 비춰질 수 있어서다. 정조는 그 복수의 임무를 자신의 젊은 측근이자 좌우 날개로 불린 홍국영과 정민시에게 맡겼다.

즉위 사흘 후인 3월 13일 정조는 홍국영을 동부승지에 임명했다가 이내 좌승지로 발령했다. 정민시도 4월 1일 동부승지로 발탁했다가 얼마 뒤 나라의 살림을 책임지는 호조참의로 이동하게 했다. 홍국영의 원래 직책은 정6품 시강원 겸사서였는데 단번에 정3품 당상관에 임명한 것이다. 그것도 임금의 최측근인 승정원 승지 자리였다. 정민시 역시 정5품 홍문관 수찬에서 일약 승지가 되었으니 상당히 파격적인 승진 조치였다. 흔히 권력은 최고 권력자의 물리적 거리와 비례한다는 말이 있듯 승정원 승지는 비록 정3품 벼슬이지만 실제로는 정2품 판서보다 힘이 막강한 자리였다.

정조의 첫 번째 목표는 그동안 호시탐탐 세손을 제거할 기회를 노리던 정후겸이었다. 영조 말기 정후겸은 재상들을 마음대로 부릴 만큼 대단한 권력을 쥔 자였다. 그는 갖은 계략으로 세손의 입지를 약화하려 했고 홍국영과 김종수를 제거하기에 혈안이 되어 있었다. 홍국영은 사헌부, 사간원 양사 관원들을 동원해 정후겸을 집중 탄핵했고 결국 정후겸은 유배형에 처해졌다. 또한 그는 세손의 대리청정을 반대한 홍인한을 공격해 역시 유배 보내는 데 성공했다. 유배된 두 사람은 결국 사약을 받고 죽었다.

정후겸을 유배형에 처하자 그의 양모 화완옹주를 처벌해야 한다는 주장이 강하게 일어났다. 정조는 자신의 고모라는 이유로 따르지 않다가 결국 유배 조치했고 옹주 신분을 박탈했다.

정후겸과 홍인한을 숙청하는 데 성공한 정조의 측근들은 이어 정조의 외조부 홍봉한을 공격했다. 죄목은 홍봉한이 사도세자를 가둔 뒤주를 바쳤다는 것이었다. 정조는 이를 받아들이지 않았다. 어머니 혜경궁 홍씨 때문에 차마 외조부를 처벌할 수 없었던 것이다.

홍봉한과 함께 정순왕후의 오빠 김귀주도 탄핵했다. 홍봉한과 김귀주의 아버지 김한구는 당시 외척을 대표하는 세력이었다. 세간에서는 홍봉한을 따르는 세력을 북한당, 김한구를 따르는 무리를 남한당이라 부르기도 했다. 이를 흔히 북당과 남당이라 했는데 정조는 김종수의 주장에 따라 이들 외척 무리를 제거하려 했다. 그러나 홍봉한은 처벌하지 못하고 김귀주만 처벌했다. 김귀주를 처벌한 사유는 혜경궁 홍씨에게 문안인사를 드리지 않았다는 것이었다.

이와 함께 영조가 장헌세자를 죽음에 이르게 한 원수로 지목했던 김상로도 처벌했다. 이때 김상로는 이미 사망한 상태라 그의 관직을 추탈하는 것으로 대신했다. 장헌세자의 비행을 탐문해 영조에게 고자질한 후궁 문씨와 그의 오빠 문성국도 처벌했다. 정조는 문씨의 작호를 삭탈하고 궁궐에서 내쫓은 뒤 사약을 내렸으며 문성국은 노비로 만들었다가 처형했다.

홍계능, 홍상범, 홍상길 등도 척결했다. 이들은 사도세자를 죽음으로 내모는 데 일조한 홍계희의 후손으로 남양 홍씨 집안의 인물이다. 홍인한과 함께 세손의 대리청정을 반대한 이들은 세손을 죽이기 위해 살수를 동원하기도 했다.

이 일련의 복수전은 대부분 정조 즉위 후 두 달 내에 이뤄졌다. 영조의 장례 기간이 끝나기도 전에 속전속결로 결행한 셈인데, 이들을 탄핵하고 숙청한 세력의 중심은 홍국영이었다.

홍국영에게 모든 권력을 몰아주다

일련의 복수전을 마친 정조는 동덕회 4인방 중 가장 막내인 홍국영에게 권력을 몰아주었다. 처음에는 그를 승정원 동부승지로 발탁했고 이내 좌승지로 올린 뒤 다시 도승지로 삼았다. 홍국영을 도승지로 임명한 시기는 1776년(정조 즉위년) 7월 6일로 승정원 승지로 발탁한 지 4개월도 채 지나지 않은 시점이었다. 이어 한 달 뒤인 8월 8일 홍국영은 홍문관 부제학을 겸직했다. 열흘 뒤인 8월 18일에는 승문원 부제조도 겸직했다. 홍국영이 비서실과 학문기관, 외교문서 작성기관을 장악한 것이다.

이러한 권력 집중은 아직 시작 단계에 불과했다. 그로부터 한 달 정도 지난 9월 25일 정조는 창덕궁 후원에 규장각을 세우고 홍국영에게 직제학을 겸직하게 했다. 규장각은 정조가 새로 설치한 학문기관으로 왕권 안정과 인재 양성을 위한 기구였다. 이곳에는 제학, 직제학, 직각, 대교 등의 관원을 뒀는데 홍국영이 직제학을 겸직함으로써 사실상 홍국영을 규장각 관리자로 삼은 셈이었다. 말하자면 미래 권력의 중심을 홍국영에게 맡긴 것이다.

이후로도 정조는 홍국영을 김종수와 함께 비변사 제조로 임명하고 선혜청 제조와 균역청 당상까지 겸직하게 했다. 비변사는 나라의 중대사를 의논하는 합좌기관이고, 선혜청은 전국에서 거둬들인 대동미를 관할하는 기구로 호조를 능가하는 재정기관이었다. 균역청 역시 호조의 1년 예산을 웃도는 세금 징수기관이었다. 나라의 정치·경제 관할권을 모두 홍국영에게 맡긴 셈이다. 이로써 홍국영은 왕의 비서실, 자문기관, 학문기관, 시정기관, 경연기관, 재정기관을 모두 관장했다.

여기가 끝이 아니었다. 정조는 홍국영의 권력을 더욱더 강화했다. 홍국영은 궁궐을 방비하는 군대인 금위영 대장, 새로 창설한 숙위군의 숙위대장 그리고 훈련대장까지 겸직했다. 홍문관의 직위도 부제학에서 제학으로 올라갔고 규장각 제학도 겸했다. 정치, 재정, 비서실, 학문, 군무 등 모든 업무를 총괄하고 지휘한 최대 실력자 홍국영은 그야말로 왕권을 쥐었다고 해도 과언이 아닐 정도였다.

심지어 조정의 정승까지 모두 홍국영의 지배를 받는 상황이었다. 그러자 사람들은 그의 정치를 '세도정치'라 하고 그를 '세도재상'이라 불렀다. 홍국영의 이러한 권력 독점은 정조 즉위 이래 3년 동안 이어졌다.

왜 정조는 모든 권력을 홍국영에게 내줬을까? 당시 홍국영의 나이는 스물아홉에 불과했고 정치 경력도 일천했으며 학문도 그리 깊지 않았다. 또 동덕회 4인방 중 막내였고 벼슬도 가장 낮았다. 그런 그에게 갑자기 모든 권력을 몰아준 것은 정조의 의도적인 행동임이 분명했다. 지금껏 사가들은 정조가 홍국영을 가장 신임해 그에게 권력을 맡긴 것이라고 말해왔다. 그러나 정조가 홍국영을 내쫓은 과정을 면밀히 분석해보면 홍국영을 신뢰했다기보다 이용했다고 보는 편이 옳다. 다시 말해 홍국영을 방패막이로 삼아 자신의 정치 기반을 강화한 뒤, 목적을 실현하자 그를 가차 없이 버렸을 가능성이 더 크다. 이를테면 홍국영을 토사구팽의 희생양으로 삼았다는 말이다.

홍국영에게 권력을 맡긴 3년 동안 정조는 무엇을 하고 있었을까? 정조가 홍국영을 앞세워 도모하려 한 일은 무엇일까?

정조가 홍국영을 앞세운 진짜 이유

정조는 인정도 많고 눈물도 많은 왕이었다. 옳지 않은 일에는 불같이 화를 내고 단호했으며 정사를 논의할 때는 차분하고 논리적이었다. 믿을 만한 신하에게는 믿음을 아끼지 않았으며 덕망 있는 신하는 아낌없이 칭송했다. 또 학문을 좋아하는 신하를 만나면 오랜 동지를 만난 듯 친절하고 다정했다. 주변 측근은 늘 친구처럼 대했고 나이 어린 신하에게는 스승이나 선배처럼 행동했다.

그렇지만 이 모든 것은 겉으로 나타난 모습이었다. 사실 정조는 의심이 많고 누구도 완전히 믿지 않았으며 독단적인 인물이었다. 거기다 모략과 뒷거래에 능했고 음험하거나 능청스럽기까지 했다. 간단히 말하면 상당히 이중적인 인물이었다.

정조의 이중성은 어린 시절부터 자연스럽게 형성된 듯하다. 돌발적이고 폭력적이며 광기를 이기지 못해 살인을 일삼는 아버지, 깐깐하고 음험하며 차별적 성향이 강한 할아버지, 음흉하고 모략적이며 파벌주의에 사로잡힌 외조부와 외삼촌들, 그들 사이에서 줄타기를 하며 가문과 자식을 지키는 것을 최상의 가치로 여기는 어머니, 조부의 총애를 등에 업고 권력을 쥐기 위해 조카의 목숨을 노리는 고모와 사촌, 거기다 조정을 장악할 수만 있다면 저승사자와도 결탁할 것 같은 노론과 소론. 이런 환경에서 그는 할아버지의 총애를 받는 아들을 질투하는 아버지의 냉랭하고 공격적인 행동을 살펴야 했고, 끊임없이 손자와 아들을 비교하며 왕위 계승자를 저울질하는 할아버지의 요구에 충실해야 했다. 그리고 그들의 갈등을 불안한 시선으로 지켜보는 가운데 급기야 열한 살 어린 소년의 눈으로 할아버지의 손에 아버지가 죽어가는 모습을 목도했다.

나아가 그는 할아버지의 행동을 정당하게 여기도록 강요받았고 아버지의 죽음을 함부로 슬퍼하거나 누구에게 하소연할 수 없었다. 심지어 어머니까지 아버지의 죽음을 하늘의 뜻으로 치부하고 아버지가 죽어야 네가 산다는 식으로 그를 설득했다. 그뿐 아니라 조정을 장악한 노론 세력은 그를 미치광이 세자의 아들이자 죄인의 아들이라며 왕위 계승자로 인정하지 않았다. 괴팍스럽고 음흉한 할아버지는 언제 마음이 돌변해 아버지에게 그랬듯 손자인 그를 버릴지 알 수 없는 노릇이었다.

결국 그는 누군가가 보는 데서는 말을 잘 듣고 공부를 열심히 하는 모범생으로 행동하고, 아무도 보지 않는 곳에서는 분노를 삭이며 복수를 다짐했다. 말하자면 그의 이중성은 일종의 생존 수단이었다.

이 이중성은 왕이 된 뒤에도 이어졌다. 비록 왕위에 올랐으나 주변에는 여전히 적이 널려 있었고 그들의 칼날에 언제 목이 달아날지 알 수 없는 일이었다. 이에 따라 그에게 절실히 필요한 것은 적들로부터 자신을 보호해줄 확실한 방패막이였다.

정조는 자신의 방패막이로 홍국영을 택했다. 홍국영은 측근 중 가장 젊고 용맹스러웠으며 때론 과할 정도로 무모한 인물이었다. 거기다 충직하고 단순했으며 좌고우면하지 않는 성격이었다. 정조는 홍국영이라면 자신의 방패막이 역할을 충실히 해낼 수 있을 거라고 판단했다.

홍국영을 이용해 정조가 이루고자 한 목표는 다섯 가지였다.

첫째는 신변 안전이다. 적들은 언제든 살수를 동원해 그의 목을 노릴 터였고 때론 독약으로 그를 죽이려 할 것이 뻔했다. 이에 대비해 정조는 금위군과 숙위군을 강화하고 주변 경계를 철저히 해야 했다. 그런데 금위군과 숙위군을 늘리려면 조정 대신들의 강한 반발을 이겨내야 했다. 그들은 분명 재정 문제를 들먹이며 반대할 것이었고 반대를 물리치려면 다소 무자비하고 무모한 성향의 충복이 필요했다. 동덕회 4인방 중 그 일을 해낼 인물은 홍국영밖에 없었다. 젊고 무모하며 직선적으로 돌격하는 홍국영이 무섭게 칼을 휘두르면 붓만 놀릴 줄 아는 노론과 소론의 언관들이 겁이 나 덤비지 못할 것이었기 때문이다.

둘째는 자신의 왕위 계승을 반대한 정적 제거다. 비록 정적이긴 했으나 알고 보면 모두 외척과 인척이었다. 그들 중에는 외조부, 외숙, 대비의 오라비, 이복동생도 있었다. 더구나 이들은 모두 붕당의 핵심 인사로 조정을 쥐락펴락하는 권력자였다. 왕이 직접 나서서 이들을 물리치려 했다가는 패륜의 덫에 걸리거나 당쟁에 휘말릴 수 있었다. 이들을 몰아내려면 붕당과 연관이 없고 외척에게 도움을 받은 적도 없으며, 오로지 왕을 향한 충성심 하나로 가차 없이 적의 목을 쳐낼 인물이 필요했다. 이 역시 홍국영이 제격이었다.

셋째는 정조 자신이 붕당을 장악할 기반을 만드는 일이다. 할아버지 영조가 탕평을 명분으로 붕당의 기를 꺾고 이른바 '완론緩論'이라 불리는 온건론자 중심으로 조정을 이끌어오긴 했으나 이는 한계가 분명했다. 온건론자 중심의 탕평파는 힘의 향방에 따라 언제든 태도를 바꿀 수 있었다. 즉, 탕평론자만으로 조정을 운영했다가는 왕의 힘이 약화하는 순간 언제 왕에게 칼을 들이댈지 모를 일이었다. 그러니 각 당파의 온건론자를 물리치고 강경론자가 붕당의 중심을 차지하도록 판을 짤 필요가 있었다.

당파를 막론하고 강경론자에게는 당론을 중시하고 명분을 목숨처럼 여긴다는 공통점이 있었다. 정조는 그들에게 명분을 던져주고 그것을 당론으로 만들어 충성심을 강화하면 자연스럽게 붕당을 자신의 뜻대로 움직일 수 있을 거라고 보았다. 그 무렵 조정은 탕평이라는 말이 무색할 정도로 노론 세력이 절대적으로 우세한 양상이었다. 그들은 대개 왕실과 혼인 관계를 맺은 외척이었다. 이는 영조의 노론 우대 정책과 혼인으로 노론과 결탁하는 정책이 낳은 결과였다.

정조는 노론의 힘을 약화하는 동시에 소론을 강화하고 정계에서 퇴출된 남인을 대거 영입해 세력 균형을 이루고자 했다. 권력의 트라이앵글을 만들어 팽팽히 대립하게 함으로써 어느 쪽이든 절대적인 힘을 갖지 못하게 하는 것이 그의 첫째 목표였다. 이 경우 왕의 의지가 실리는 쪽이 항상 승리할 수밖에 없으므로 결국 붕당을 무력화해 왕이 조정을 완전히 장악할 수 있다는 계산이었다.

노론과 소론이라는 양당 구도에서는 이것이 불가능했다. 한쪽에 힘이 실리면 다른 한쪽은 완전히 퇴출되기 십상이었고 이때 수적으로 우세한 쪽이 조정을 장악할 가능성이 컸다. 설령 노론의 힘을 약화하고 소론의 힘을 강화할지라도 일당이 조정을 거머쥐는 문제는 개선할 수 없었다. 정조는 이 문제를 해결하려면 소론과 노론, 남인으로 이뤄진 세 당파가 세력 균형을 이뤄야 한다고 판단했다. 이를 위해서는 먼저 외조부 홍봉한과 정순왕후 김씨의 아버지 김한구 세력을 제거해야 했다. 이른바 남당과 북당으로 불리는 외척을 조정에서 솎아낼 필요가 있었다. 그 일을 정조가 직접 나서서 할 수는 없는 노릇이기에 그들과 오래전부터 대립해온 홍국영을 앞세운 것이다.

외척의 힘을 약화한 후 홍국영이 해야 할 일은 노론과 소론의 틀을 흔히 '준론峻論'이라 불리는 강경론자 중심으로 바꾸는 것이었다. 다시 말해 재야에 머물던 노론과 소론의 강경론자를 조정으로 끌어들여야 했다. 여기에다 남인 세력을 키울 필요도 있었다. 남인이 조정으로 돌아오는 것은 노론과 소론이 모두 반대하는 일이었다. 이에 따라 노론과 소론을 확실히 눌러놓을 막강한 권력자가 필요했다. 이를 정조가 직접 할 경우 노론과 소론에서 강력하게 반발할 것이 뻔했고, 자칫 정무를 왕이 독단적으로 처리한다는 비난을 살 우려가 있었다. 정조에게는 자신을 대신해 독단을 행사할 인물이 필요했는데 그가 곧 홍국영이었다.

넷째는 새로운 왕권 강화 기관을 설치해 인재를 양성하고 미래를 준비하는 일이다. 정조는 규장각을 설치해 정치의 중심 기구로 만들고자 했다. 이를 왕이 독단적으로 실시하면 기득권 상실을 염려한 홍문관의 반발이 가장 거셀 테고 양대 언관인 사헌부·사간원, 비서기관 예문관·승정원의 저항도 만만치 않을 것이었다. 이들 비서기관과 언론이 벌떼처럼 일어나 반대할 경우 규장각은 시작하기도 전에 물거품이 될 것이 뻔했다. 그런 이유로 이들을 힘으로 누를 필요가 있었는데 이를 실행할 인물로 홍국영만 한 사람이 없었다.

실제로 홍국영이 권력을 휘두르던 3년 동안 정조는 규장각에서 자신의 친위 세력을 양성했다. 정조는 규장각 각신을 임명할 때 붕당에 구애받지 않았다. 각신들 중에는 이인좌의 난 이후 조정에서 거의 사라진 남인 출신도 있었다. 그중 대표적인 인물이 바로 채제공이다. 정조는 이들 각신을 중심으로 새로운 조정을 꾸릴 계획이었다.

다섯째는 국가 재정 확대다. 앞의 네 가지를 원활하게 이루려면 무엇보다 돈이 필요했다. 금위군과 숙위군을 늘리고 규장각을 지어 그곳에서 인재를 양성하기 위해서는 우선 자금을 마련해야 했다. 국가 재정을 확대하려면 세수를 늘리는 수밖에 없는데 그렇다고 세금을 높일 수는 없었다. 이 경우 재정을 늘리는 방법은 한 가지뿐이었다. 중간에서 새어 나가는 세금을 줄이는 것이다.

이는 곧 세수를 가장 많이 거둬들이는 선혜청과 균역청을 장악해야 한다는 것을 의미했다. 한데 여기에서 빠져나가는 돈은 모두 조정의 권력자와 연결되어 있었다. 정조가 두 기관에서 새는 세수만 줄여도 재정 문제를 해결할 수 있을 거라고 볼 정도니 그곳을 권력자가 장악하는 것도 무리는 아니었다. 결국 관가 권력자들을 눌러놓지 않으면 중간에서 사라지는 세수를 되찾는 일은 요원했다.

따라서 이들을 무자비하게 공격할 더 큰 권력이 필요했는데, 이 역시 홍국영이 적임자였다.

정조는 이 다섯 가지 목표를 실현하기 위해 홍국영에게 왕권을 능가하는 권력을 안겨주었다. 정무부터 재정, 군무, 언론, 비서, 산림, 건설까지 모든 권한을 홍국영에게 몰아주어 무소불위의 권력을 휘두르게 한 것이다. 물론 정조는 자신의 목표를 실현한 뒤 그의 권력을 빼앗아올 묘안도 준비해뒀다. 이는 그야말로 치밀하게 준비하지 않으면 결코 성공할 수 없는 계획이었다.

정조 암살 미수 사건

세손 시절부터 줄곧 암살 공포에 시달려온 정조는 즉위 후 신변 안전을 우선시했다. 그래서 자신이 가장 믿고 의지할 만한 홍국영에게 금위대장과 숙위대장을 맡겼는데, 실제로 정조 암살 시도가 발생했다. 그것도 같은 무리가 정조 1년인 1777년 7월과 8월에 한 차례씩 일을 벌였다.

첫 번째 암살 시도는 7월 28일 벌어졌고 실록은 당시 상황을 이렇게 묘사하고 있다.

> 대내大內에 도둑이 들었다. 임금이 어느 날이든 파조罷朝(업무를 마치는 것)하면 밤중이 되도록 글을 보는 것이 상례인데, 이날 밤에도 존현각尊賢閣(경희궁의 임금 처소)에 나아가 촛불을 켜고 책을 펼쳐놓았다. 곁에 내

시 한 사람이 있다가 명을 받고 호위하는 군사들이 직숙하는 것을 보러 가 좌우에는 아무도 없었다. 그런데 갑자기 발자국 소리가 보장문 동북쪽에서 회랑 위를 따라 은은하게 울려왔고, 어좌의 중류(가운데 방)쯤 와서는 기왓장과 모래를 던져 쟁그랑거리는 소리를 어떻게 형용할 수 없었다. 임금이 한참 동안 고요히 들으며 도둑이 들어 시험해보고 있는지 살피고, 친히 환시(내시)와 액례掖隷(궁궐 일꾼)들을 불러 횃불을 들고 중류 위를 수색하게 했다. 기와 쪽과 자갈, 모래와 흙이 이리저리 흩어져 있고 마치 사람이 차다가 밟다가 한 것처럼 되어 있었다. 그러니 도둑질하려 한 것이 의심할 여지가 없었다. 드디어 도승지 홍국영에게 입시하여 고할 것을 명하였기에 홍국영이 말하였다.

"궁궐의 모든 곳을 온갖 신령이 지키고 있을 터인데, 어찌 이매망량魑魅魍魎(도깨비)붙이가 있겠습니까? 필시 흉한 놈들이 못된 마음을 품고 몰래 변란을 일으키려 도모한 것입니다. 고금 천하에 어찌 이러한 변리가 있을 수 있겠습니까? 그가 나는 새나 달리는 짐승이 아니라면 결단코 궁궐 담장을 뛰어넘게 될 리 없으니, 청컨대 즉각 대궐 안을 두루 수색하게 하소서."

임금이 그것을 옳게 여겼다. 이때 홍국영은 금위대장이었고 사세가 다급하므로 신전信箭(신호에 쓰는 화살)을 쏘도록 하여 연화문에서 숙위하는 군사를 거느렸다. 삼영三營의 천경군踐更軍으로는 담장 안팎을 수비하게 하고 무예별감을 합문의 파수把守로 세워 금중을 두루 수색하였으나, 시간이 밤이라 어둡고 풀이 무성하여 사방으로 수색해보았지만 찾을 수 없었다.

비록 존현각을 침입한 범인은 잡지 못했지만 이는 분명 정조를 암살하기 위한 시도였다. 훗날 범인이 잡힌 후 밝혀진 사실이지만 이날 범인들이 지붕에서 기왓장을 던지고 모래를 뿌린 것은 자신들을 도깨비로 오인하게 하기 위해서였다. 실제로 궁궐의 액례와 환관은 도깨비의 짓이라 여겼다. 반면 홍국영은 도깨비 따위가 있을 리 없다며 이는 살수들이 궁궐을 혼란스럽게 한 뒤 그 틈을 노려 왕을 시해하기 위한 짓이라고 판단했다. 결국 그의 생각이 옳았다.

이 사건 이후 정조는 거처를 경희궁에서 창덕궁으로 옮겼다. 그런데 8월 11일 다시 괴한이 궁궐에 침입했고 실록은 당시 상황을 다음과 같이 기록하고 있다.

> 이날 밤 경추문 수포군 김춘득과 김세징이 서로 어울리어 몸을 포개고 누웠는데 누가 나지막한 목소리로 두세 차례 수포군을 부르자 김세징이 응하려 했다. 김춘득은 이때 나이가 열일곱이었는데 시급히 제지하며 말했다.
>
> "부르는 음성이 이상스러우니 아직 응하지 말고 다만 동정을 살펴보자."
>
> 조금 있다가 어떤 사람이 곧장 경추문 북쪽 담장을 향해 가며 몰래 넘어가려 하므로, 김춘득 등이 이웃의 수포군 김춘삼과 이복재 두 사람을 툭툭 차서 일으키어 함께 추격하여 잡았다. 그리고 병조를 경유하여 포도청으로 보냈고 포도청에서 그 정체를 힐문하니 원동에 사는 임장任掌 전유기였는데, 그는 이름을 흥문이라 고쳤다고 한다. 전흥문은 강용휘와 함께 존현각 중류 위로 몰래 들어가 난을 도모하다 실현하지 못했는데, 이번에 재차 거사하려다 마침내 수포군에게 잡힌 것이다. 포

도청에서 이를 보고하자 궁정에서 국문하도록 명하였다. 이날 상이 숙장문에 나아가 김춘득 등을 차등 있게 상을 주고 나서 전흥문을 친국하자 전흥문이 공초하여 대답했다.

"홍술해의 아들 홍상범이 몰래 살수를 양성해 반역하려고 도모해오는데, 호위군관 강용휘가 나는 듯 용맹이 뛰어나기도 하고 홍상범과 가까운 이웃이기도 하므로 깊이 서로 결탁하였습니다. 또한 홍상범이 좋은 벼슬자리를 주겠다며 꾀어 이 일을 시켰습니다. 신은 힘이 남아돌아도 가난하여 스스로 집안을 꾸리지 못했는데, 강용휘가 신에게 돈 1천 5백 푼을 주고 천비를 아내로 주겠다며 함께 일을 도모하자고 했습니다. 그래서 신이 승낙했습니다.

강용휘와 함께 홍상범이 살고 있는 홍대섭의 집에 가니 홍동지라는 사람이 있었는데, 그는 홍상범과 9촌 친족으로 비밀스럽게 모의하는 자리에 참여하여 들었고 또한 김흥복이란 사람도 있었습니다. 신이 이틀을 머무르면서 비밀로 모의한 것을 들어보았는데 홍상범이 강용휘에게 묻기를 '자네와 마음을 같이하는 사람이 몇 명이나 되는가?' 하자, 강용휘가 말하기를 '20인은 구득할 수 있다'고 했습니다. 홍상범이 즉시 그들의 성명을 죽 써서 상자 속에 간수하며 기일을 지정하여 잠입하기로 하였습니다. 이때 강용휘는 철편을 지니고 신은 예리한 칼을 지니고서 대궐로 들어가다가 사람을 만나면 곧장 죽이기로 하고, 홍상범은 20인을 거느리고 그 뒤를 밟아가며 상황 변화에 따라 대응해가기로 언약해 약속을 이미 정했습니다.

7월 28일 대궐 밖의 개 잡는 집에 가서 강용휘와 신이 개장국을 사 먹고 나서 함께 대궐 안으로 들어갔는데, 강계창이라는 별감과 강월혜라는 나인을 불러 한참을 귀에 대고 속삭였습니다. 날이 저물어서는 약방 맞은편의 문안소에서 강용휘는 어깨로 신을 올려주고 신은 또한 손으로 강용휘를 끌어올렸습니다. 강용휘가 옷자락을 걷어맨 데서 모래를 움켜쥐고 함께 옥상으로 올라가다 존현각의 중류에 이르러서는 기왓장을 제치다 모래를 뿌리다 하여 도깨비짓을 하며 사람들의 눈과 귀를 현혹해 장차 도리에 어긋난 짓을 이루려고 했습니다.

그런데 갑자기 대궐 안에서 물 끓듯 하는 소리가 들리고 수색이 매우 다급해졌기에 신이 강용휘와 처마 밑으로 뛰어내려와 신은 보루각 뒤의 풀 속에 엎드려 있다가 날이 새서야 홍원문으로 도망쳐 나오고, 강용휘는 금천교로 향해 수문통을 제치고 빠져나왔습니다. 이튿날 개 잡는 집에서 서로 모였는데 보니 그의 한쪽 발은 물에 넘어져 아직도 젖어 있었고, 홍상범과 성이 김가인 사람 또한 수문통에서 뒤를 밟아가다가 사세의 기미가 이미 틀려버린 것을 보고 곧바로 빠져나왔습니다. 강용휘가 다시 신에게 말하기를 '마땅히 홍상범의 집에서 재차 모여야 할 것이니 삼가 새어 나가지 말아야 한다'고 했고, 대가大駕(임금의 가마)가 환어하셨음을 듣고 나서는 재차 거사하려고 도모하다가 마침내 수포군에게 붙잡히게 되었습니다."

전흥문의 공초에 등장하는 강계창은 강용휘의 조카로 궁궐 별감이었고 강월혜는 강용휘의 딸로 궁녀였다. 이들 두 사람 외에 궁궐 내부에 동조자가 여럿 더 있었다. 상궁 고수애와 그녀의 양녀인 상궁 고복문도 연루되었는데 이들은 정순왕후의 오빠 김귀주와 친밀한 사이였다. 또 궁궐의 열쇠를 관리한 김수대와 그녀의 생질녀인 나인 김금희도 매수되어 가담했다.

이 사건의 주모자는 노론 측 홍계희의 아들 홍술해와 손자 홍상범이었다. 이로 인해 남양 홍씨가 대거 붙잡혀 들어가 국문을 받았다. 당시 홍상범과 그의 아비 홍술해는 유배 중이었는데, 홍상범은 몰래 유배지에서 빠져나와 친척인 홍대섭이나 홍필해 집에 머물며 강용휘와 전흥문에게 지시를 내렸다. 홍술해는 유배지에서 반역을 지휘하였다. 그러다 전흥문이 체포되었다는 소리를 듣고 몸을 숨겼지만 이내 붙잡혀와 공초를 받고 강용휘, 전흥문과 대질한 끝에 죄를 자복하였다.

이 사건에는 홍봉한의 둘째아들 홍낙임과 홍인한의 측근이자 홍계희의 8촌 동생인 홍계능도 연루되었음이 드러났다. 유배 중이던 홍계능은 도성으로 압송되어 국문을 당했고 죄를 자복하지 않다가 국문 중에 병이 악화되어 죽었다. 조정에서는 홍낙임도 국문해야 한다는 의견이 지배적이었으나 정조가 자신의 외숙임을 감안해 거부하는 바람에 성사되지 않았다. 정순왕후의 오빠 김귀주도 국문하라는 요구 역시 빗발쳤지만 이미 유배 중이라 그대로 유배지에 머물게 하는 선에서 마무리했다. 이 역시 정순왕후의 입장을 감안한 정조의 조치였다.

이들 반란 세력이 왕으로 추대하기로 한 인물은 정조의 이복동생 은전군 이찬이었다. 이 일로 정조는 이찬에게 사약을 내렸고 주모자 홍상범과 그의 아버지 홍술해 등은 참수했다. 궁궐에 침입한 자객들 역시 참수했다. 관련자들 중에서 유일하게 처벌받지 않은 인물은 홍낙임이었다.

또한 이 사건과 관련해 홍술해의 아내가 무녀를 시켜 왕을 저주하는 행위를 한 것이 밝혀져 역시 처벌받았다. 이 저주 사건에 연루된 무녀와 홍술해 집안의 종인 최세복, 감정 등도 처벌받았다.

암살 미수 사건 이후 정조는 궁궐 수비를 강화하기 위해 창덕궁 건양문 동쪽에 숙위소를 설치하고, 금위대장 홍국영을 숙위대장으로 삼았다. 당시 숙위대장은 훈련도감, 금위영, 어영청 등 중앙군의 보고도 받는 자리인지라 홍국영은 더욱 막강한 힘을 손에 쥐었다.

스스로 물러나는 홍국영

정조가 홍국영에게 권력을 떠안기자 그는 정조의 바람대로 절대권력을 휘둘렀다. 그는 마치 권력의 화신인 양 조정을 찍어 눌렀고 당파와 인물을 막론하고 덤비는 자는 무자비하게 짓밟았다. 그러면서 정조가 목표로 한 다섯 가지 일을 하나하나 실현해갔다.

그렇게 2년이 흘렀을 때 뜻밖에도 정조는 홍국영을 외척으로 삼았다. 외척 척결이 조정 안정을 위한 첫 번째 과업이라고 했던 그가 온갖 권력을 다 쥔 홍국영을 외척으로 삼은 것은 이율배반적인 처사였다. 정조는 홍국영의 여동생을 후궁으로 맞아들였다. 바로 원빈 홍씨로 그녀를 맞아들일 때 정조는 거의 국혼에 준하는 혼례식을 준비했고 입궁하자마자 정1품 빈으로 책봉했다. 사실 후궁을 들여 곧바로 빈으로 책봉하는 경우는 거의 없었다. 이는 그때까지 아이를 출산하지 못한 효의왕후 김씨를 원빈으로 대신하겠다는 의미였다. 만약 원빈이 아들을 낳으면 즉각 원자로 책봉하고 왕위 계승권자로 삼겠다는 뜻이기도 했다.

그런데 원빈은 정조의 아들을 낳을 운명이 아니었던 모양이다. 1778년 열세 살의 어린 나이에 입궁한 원빈은 이듬해인 열네 살에 갑자기 죽고 말았다. 느닷없는 원빈의 죽음은 의문스러운 일이었다. 그녀에게 특별히 병이 있었던 것도 아니고 사고가 난 것도 아니었다. 그야말로 의문사였다.

원빈의 죽음에 의문을 품은 홍국영은 효의왕후 김씨를 의심했다. 원빈이 왕비를 대신해 정조의 아들을 낳고자 입궁했으니 정황상 효의왕후가 의심받는 것은 당연했다. 그렇지만 아무런 증거도 없었던 까닭에 그녀에게 노골적으로 화살을 돌리지는 못했다.

홍국영은 원빈의 죽음을 몹시 비통해했다. 그런 홍국영을 위로하기 위해 정조는 원빈의 장례를 거의 왕비에 준하는 수준으로 성대하게 치러주었다. 그녀의 무덤을 인명원이라고 했는데 이는 일반 후궁의 무덤과는 격이 다른 조치였다. 왕을 낳은 후궁이나 세자로 있다가 죽은 왕자에 준하는 대우였다. 심지어 정조는 원빈의 장례에 참석하지 않은 중추부 영사 정홍순을 파직하기까지 했다.

그렇듯 홍국영에게 정성을 다한 정조는 뜻밖의 결정을 내렸다. 홍국영이 원빈의 죽음을 애도하며 도승지 자리에서 물러나겠다고 사의를 표명하자 선뜻 사직을 받아들인 것이다. 원빈 홍씨는 1779년 5월 7일 죽었는데 정조가 홍국영을 도승지에서 체직한 것은 그로부터 17일 후인 5월 24일이었다. 그날 세도재상으로 불리며 천하를 한 손에 움켜쥔 홍국영의 정치 생명은 끝이 났다. 정치적으로 대사건이라 할 수 있는 이 일은 의외로 순탄하고 평화롭게 이뤄졌다.

홍국영은 스스로 도승지에서 물러나는 모양새를 취했다. 이때 홍국영이 올린 사직 상소는 이러했다.

"신은 복이 적은데도 갑자기 벼슬이 올라가고 문벌이 한미한데도 지위가 높아졌는데, 사람이 시기하고 귀신이 꺼리는 화가 결국 신에게 닥치지 않고 우리 인숙 원빈에게 닥쳤습니다. 성회聖懷(정조)가 이로 하여 너무 슬퍼하고 계시니 국가 대계를 위하여 아득한 마음을 금할 수 없습니다.

신의 부모의 사소한 슬픔 같은 것으로 감히 우러러 상청上聽을 번거롭게 해 성회를 흔들리게 할 수는 없습니다만, 신의 참혹하고 원통한 사사로운 마음은 실로 사람으로서 견딜 수 있는 것이 아닙니다. 신의 정리로는 진실로 오늘 즉시 병부를 반납하고 병든 어버이를 부축하여 모시고 얼마 남지 않은 기간을 마치는 것이 소원입니다.

그러나 아! 지금 이후로 성상의 옛날 외롭고 위태로웠던 상황이 더욱 다시 위태롭고 외롭게 되었으니 숙위에서의 한 걸음은 곧 신의 생사가 걸려 있는 곳인바, 어떻게 감히 사사로운 생각에 의거하여 그 사이에 서로 견주고 살필 수가 있겠습니까?

그런데 신이 은대銀臺(승정원)의 장석長席(우두머리)에 있은 지가 이제 이미 4년이 되었습니다. 본원本院(승정원)의 고사에 매일 도승지 신모가 첫머리에 쓴 것이 가장 길었던 경우로 10여 개월에 불과했는데, 신이 앉아 있을 곳이 아니었습니다. 그리고 한 사람도 그 가운데 끼지 않았고 하루도 빠뜨리지 않고 곧바로 신의 성명을 쓴 것이 모두 얼마의 세월이었습니까? 신이 이 변고가 있기 전 등에 땀을 흘리면서 마음이 떨리지 않은 적이 없었던 것은 대개 관직의 체역遞易은 바로 한 사람만을 위해 설치한 것이 아니기 때문이었습니다.

이 변고가 있은 뒤에 이르러 조용히 생각하여 보니 3백 년 동안 은대를 설치한 이후 결단코 이러한 전례는 없었습니다. 천리에는 차고 빼앗기는 이치가 있고 인사에는 추천이 있는 법인데 만일 영탈과 추천이 없다면 그 걱정이 또 의당 어떠하겠습니까?

말하는 사람은 혹 '신이 이 직임을 맡지 않으면 대전 안의 중요한 사무를 관리할 수 없다'고 합니다만, 신의 숙위대장 직임은 바로 성상께서 옛것을 모방하여 지금에 새로 만든 법제이니 자신이 가깝고 은밀한 자리에 있으면서 국사에 참여하여 논할 수 있는 것은 진실로 아무런 변함이 없는 것입니다. 말하는 사람은 혹 '신이 약원의 직임을 맡지 않으면 전하의 거하고 일어나는 일을 받들어 보살필 수 없다'고 합니다만, 이제 신도 여러 신하 가운데 하나이므로 평상시 사사로이 만나 뵙는 방도는 또한 진실로 그대로 있는 것입니다.

찬선饌膳(음식)을 맛보는 책임은 제조 구윤옥이 있어 주야로 게을리 하지 않으면서 정성을 다하여 힘쓰고 있으니, 신은 이제야 일할 것이 없게 되었습니다."

홍국영의 사직 상소를 요약하면 원빈의 죽음 때문에 슬퍼하는 부모를 모시기 위해 도승지에서 물러나겠다는 얘기다. 또 자신이 맡은 일을 대신할 사람들이 다 있어 이제 자신이 할 일이 없으니 물러나는 것이 도리라는 내용이다. 이 사직 상소를 곧바로 받아들인 정조는 도승지 자리에 유언호를 임명했다.

그로부터 4개월 뒤인 9월 28일 정조는 시골로 떠나는 홍국영에게 작별을 고하며 이런 말을 했다.

"임금과 신하는 서로 미쁜 것이 귀중하니 내게 어찌 아름다움을 이룩하는 방도가 없겠는가? 진퇴하는 데는 넉넉히 여유가 있어야 하니 경은 당초의 뜻을 이룰 것을 결심하였다. 늘 떠날 마음을 품고 엄자릉이 부춘산으로 돌아간 것처럼 이미 말한 것이 있었다. 드디어 임금에게 충성하는 마음으로 문득 야인이 되어 고향으로 돌아가기를 결심하니 예전부터 공명功名에 대처하는 방도는 반드시 일찍 물러가는 것이 상책일 것인데, 이제 끝내 보전할 방도를 생각하면 어찌 진심에서 나온 말을 굽혀 따르지 않겠는가?"

이 말을 자세히 살펴보면 홍국영이 조정을 떠나는 것은 이미 예정된 일로 보인다. 홍국영의 낙향을 두고 정조는 '이미 말한 것이 있었다'고 표현하고 있다. 여기에다 정조는 홍국영을 붙잡지도 않는다. 이를테면 홍국영과 정조는 약조한 바가 있었다는 얘기다. 그 약조란 무엇일까? 어디까지나 추측이지만 정조가 왕위에 오른 뒤 정적들을 제거하고 조정의 안정을 도모한 다음 왕권이 안정되면 홍국영이 스스로 물러나는 것이 아닐까 싶다.

이 약조는 이별하는 자리에서 홍국영이 정조에게 한 말에서도 확인할 수 있다. 이별하는 날 정조는 홍국영에게 말했다.

"오늘 이 때문에 경을 보니 또한 뜻밖이다."

이는 이별하는 일로 만나는 것이 뜻밖이라는 의미인데, 이때 홍국영은 이렇게 말한다.

"천리天理 인사人事에는 시작이 있고 끝이 있는데, 그 시작을 잘 하면 드물게 또 끝도 잘할 것입니다. 신은 전하의 포의布衣의 사귐이 되어 지우知遇의 은혜가 천고千古에 다시없는 것이니, 신처럼 재주 없는 자가 어찌 감히 이것을 감당할 수 있겠습니까? 신은 5년 동안 나랏일을 맡았는데 전하께서 등극하신 뒤로는 모든 정령政令 시조施措에 신이 참여하여 들은 것이 많았습니다. 이것은 모두 신하가 감히 할 수 없는 일이었으니, 소열제昭烈帝(유비)와 제갈공명의 만남도 신보다 오히려 대수롭지 않다 하겠습니다.

신이 어린 나이에 일신一身이 성취한 것은 모두 전하의 은혜거니와 신이 병신년(1776년, 정조 즉위년) 이후 곧 벼슬에서 물러나 고향으로 돌아가려 하였으나 애써 명을 따라 오늘에 이르렀습니다. 오늘의 일은 임금에게 정사政事를 되돌리는 것이라 할 수 있는데, 신은 그동안 구구한 한마음이 대개 전하를 저버리지 않기로 속에서 맹세하였습니다. 신의 수년 동안을 돌이켜보면 탐오한 일이 별로 없었고 지금 나라의 일에도 실마리가 잡힐 수 있으니, 이 뒤로 어찌 다시 역변逆變의 일이 있겠습니까?

신은 신하의 자리에 있으면서 신하가 감히 할 수 없는 일을 많이 하고 오늘에야 성취할 수 있었으니, 신이 한 번 금문禁門 밖으로 나가면 신의 부모와 족속은 혹 신이 물러가기 때문에 슬퍼하는 생각이 있겠으나, 신은 지극히 기뻐서 참으로 일어나 춤추고 싶습니다. 신이 늘 이 때문에 남에게 말하기를 '내가 그대로 있어 물러가지 않으면 마침내 난역亂逆의 근본이 되지 않으리라는 것을 어찌 알겠는가? 이제는 내가 다행히 죄가 없이 돌아가니 축하해야 할 것이고 위문할 것이 못된다' 하였습니다. 신의 오늘의 일은 목석처럼 무정하여 불충하고 불효하다 할 수 있으나, 다시 생각하면 이것은 전하를 저버리는 것이 아니라 전하께 보답하기 위한 것입니다. 신이 이 뒤로 다시 시사時事에 관여한다면 천신天神이 죽일 뿐 아니라 전하께서 신을 죽이시더라도 신은 한이 없을 것입니다."

홍국영의 이 말에서 그와 정조 사이에 어떤 약조가 있었는지 실마리를 발견할 수 있다. 홍국영은 자신과 정조의 관계를 유비와 제갈공명의 관계보다 더 돈독한 사이라고 했다. 또 '오늘의 일은 임금에게 정사를 되돌리는 것이라 할 수 있다'고 말했다. 이는 그동안 홍국영이 정조를 대신해 정사를 주관했다는 뜻이다. 즉, 정조의 내락 아래 이뤄진 일이라는 의미다.

그뿐 아니라 홍국영은 자신이 지금 권력을 놓고 물러가는 심정을 '기뻐서 참으로 일어나 춤추고 싶다'고 표현했다. 이는 홍국영이 자신의 목표를 이뤘다는 말이다. 덧붙여 그는 정조 즉위년에 벼슬에서 물러나 고향으로 가려 했다고 말했다. 이는 홍국영이 본래 정조를 무사히 왕위에 앉힌 뒤 물러나고자 했음을 의미한다. 하지만 그렇게 하지 못한 것은 정조의 상황이 여전히 위태로웠기 때문이고 이제 그런 상황에서 벗어났으니 자신이 낙향해 은둔하는 것은 즐거운 일이라고 말한다.

홍국영의 이러한 표현을 살펴볼 때 그는 정조에게 내쫓긴 것이 아니라 스스로 권좌에서 물러난 것임을 알 수 있다. 그의 원래 목표는 정조가 무사히 왕위에 오르는 것이었는데, 왕위에 오른 뒤에도 위기가 닥치자 정적들을 제거하고 조정의 안정을 도모한 뒤 스스로 물러난 것이다. 그렇다면 홍국영의 세도는 정조와의 약조 아래 왕권 안정을 위해 벌인 일이고, 그 일을 마친 홍국영은 약조에 따라 스스로 낙향한 셈이다.

정조는 낙향하는 홍국영에게 국가의 원로로 대우하는 의미에서 봉조하 벼슬을 내리고 여러 귀중한 선물을 안겼다. 이제 갓 서른을 넘긴 사람에게 원로에게나 내리는 봉조하 벼슬을 내렸다는 말이다. 이처럼 정조는 파격적인 대우로 어떻게든 홍국영을 달래는 모양새를 취했다. 그러나 정조와 홍국영의 관계는 이것이 전부가 아니었다. 겉으로는 스스로 물러나는 모양새를 취했으나 그 내막은 알 수 없으니, 토사구팽이라는 의심을 완전히 내려놓기 어렵다.

홍국영의 죽음 뒤에 숨은 정조의 또 다른 얼굴

《한중록》은 원빈이 죽자 홍국영이 효의왕후 김씨를 의심해 내전 나인들을 함부로 국문했다고 기록하고 있다. 일설에는 홍국영이 효의왕후를 독살하려 했다는 말도 있다. 이는 홍국영의 낙향 배경에 알려지지 않은 무언가가 있다는 뜻이다. 즉, 정조와 홍국영 사이에 균열이 생겼을 가능성이 크다. 실제로 정조는 홍국영에게 의구심을 보인 것이 분명하다. 정조는 홍국영이 죽었다는 소식을 듣고 이런 말을 했다.

"이 사람이 이런 죄에 빠진 것은 참으로 사려가 올바르지 못한 탓이다. 그가 공을 세운 것이 어떠하였으며 내가 의지한 것이 어떠하였던가? 처음에 나라와 운명을 함께한다는 것으로 지위가 중하지 않으면 위엄이 서지 않기에 권병權柄을 임시로 맡긴 것인데, 그가 권병이 너무 중하고 지위가 너무 높다는 것으로 조심하고 두려워하며 스스로 삼가는 방도를 생각하지 않고 오로지 총애만 믿고 위복威福을 멋대로 사용하여 끝내는 극죄極罪를 저지른 것이다. 돌이켜 생각하건대 이는 내 허물이므로 이제 와서 스스로 반성하기에 겨를이 없으니 무슨 말을 할 수 있겠는가?"

이 말을 요약하면 홍국영이 권력을 함부로 휘두르다 극죄를 지었다는 것인데, 극죄란 도대체 무엇일까? 극죄는 반역이나 반역에 준하는 죄를 의미한다. 혹시 그가 왕위를 차지하려 했거나 아니면 정말로 효의왕후를 독살하려 한 것일까? 그것도 아니면 왕위 계승과 관련해 어떤 일이 벌어진 것일까?

실록은 이 부분과 관련된 내용을 싣고 있지 않다. 다만 원빈이 죽은 뒤 홍국영이 정조의 이복동생인 은언군의 아들 이담을 원빈 홍씨의 양자로 입적해 세자로 만들 계획을 세웠다는 흔적은 남아 있다. 이담은 원빈의 양자가 된 뒤 완풍군에 책봉되었고 홍국영은 노론계 인물 송덕상을 시켜 정조에게 왕세자 책봉을 요청하는 상소를 올리도록 했다. 그 후 정조는 홍국영을 의심하기 시작했다. 홍국영이 완풍군을 세자로 세워 자신을 허수아비로 만들려는 것은 아닐까 하는 의혹을 품은 것이다.

권좌에서 물러난 홍국영은 막후에서 권력을 행사했다. 홍국영의 백부 홍낙순이 좌의정이고 그 외에도 조정의 요직에 여전히 홍국영 세력이 버티고 있었기 때문이다. 그들은 1779년 12월 서명응을 탄핵해 내쫓고자 했다.

당시 대사헌을 맡은 이보행은 서명응이 역적 홍계능과 뜻을 같이했다며 역적으로 몰았다. 그러나 정조는 서명응의 처벌을 거부하고 오히려 그를 탄핵한 홍국영 세력을 내쳤다. 이보행에게 서명응을 탄핵하도록 조종한 인물은 좌의정 홍낙순이었다. 홍낙순은 홍국영의 뜻을 대변하는 인물로 정조는 서명응 탄핵 사건과 관련해 이듬해 4월 1일 그를 내쫓았다. 서명응을 보호하고 홍국영을 버리는 선택을 한 셈이다.

세손 시절 서명응은 정조의 스승이었고 규장각의 첫 번째 제학이기도 했다. 그는 홍국영 세력이 탄핵할 무렵에도 규장각을 이끌고 있었다. 또한 서명응은 서명선의 형이었다. 홍국영 세력이 서명응을 공격한 것은 곧 서명선을 제거하기 위한 서막이었다. 그때 영의정을 맡고 있던 서명선은 소론의 영수였다. 홍낙순의 힘을 빌려 그들을 내치려 한 홍국영의 뜻과 달리 정조는 그들 형제를 깊이 신뢰해 곁에 두고자 했다. 다시 말해 정조는 홍국영을 버리고 서명응, 서명선 형제를 택했다.

정조가 이보행의 탄핵을 받아들이지 않자 동덕회 4인방 중 하나인 김종수가 홍국영을 탄핵했다. 《한중록》은 김종수가 홍국영을 탄핵한 것은 정조의 뜻이었다고 기록하고 있다. 탄핵 요지는 세 가지였다. 세자를 얻기 위해 후궁을 간택하는 것을 반대한 점, 세자 자리를 자신의 의지대로 결정하려 한 점, 권좌에 있을 때 권력을 함부로 휘두른 점이 그것이다.

사실 김종수는 홍국영 일파라 그를 탄핵하는 상소를 올린 것은 납득하기 힘든 일이었다. 상소를 보고 정조는 이렇게 말했다.

"내가 이런 말을 듣게 되고 경이 이런 말을 하게 하였으니, 나는 말이 없고자 한다."

그리고 이렇게 덧붙였다.

"이 사람인데도 이런 말이 있구나. 이 사람으로서도 이런 일이 있는가? 말이 터무니없이 거짓을 꾸며댄 것이 아니면 일이 과연 참으로 그런 것이 있는가? 일이 참으로 그런 것이 있는 게 아니라면 말이 과연 터무니없이 거짓을 꾸며댄 것인가? 내가 어찌 말 많음을 용서하여 은정恩情이 적다는 한탄을 받겠으며 나쁜 소문의 비난을 얻겠는가? 두 가지 사이에서 그것은 옳고 그것은 그른데 내가 누구를 속이겠는가? 남을 속이겠는가? 대개 옳고 그른 것은 그만두고라도 내가 참으로 어질지 못하여 이런 말이 있게 하고 이런 일이 있게 하였으니, 자신을 돌아보면 부끄럽고 괴로워서 차라리 죽고 싶다. 어찌 스스로 재촉하였다 하겠는가? 모두 내가 어질지 못하기 때문인데 오히려 누구를 허물하겠는가? 아! 누구를 예전에 기대하였는데 오늘날 나라 사람들의 비방하는 말이 있으니, 이것을 어떻게 설명해야 하겠는가? 엎어지고 자빠짐이 이에 이르렀으니 다시 말할 만한 것이 없다. 다만 종시終始를 보전하려 하면 이 사람이 자취를 감추고 근신하여 이제까지의 화기和氣를 잃지 않게 해야 할 따름이다. 봉조하 홍국영을 전리에 돌려보내어 내 군신君臣의 처음과 끝을 보전하라."

말은 이렇게 했지만 실제로 김종수가 홍국영을 탄핵하도록 한 사람은 정조 자신이었다. 물론 공식 석상에서는 홍국영을 향한 안타까운 심정을 드러냈다. 하지만 속내는 전혀 달랐다. 이는 일종의 할리우드 액션이었다.

이후 홍국영을 유배 보내거나 죽여야 한다는 상소가 빗발쳤지만 정조는 받아들이지 않았다. 그러면서 홍국영을 횡성으로 내쫓았다가 다시 강릉으로 내려 보냈다. 이는 유배나 진배없는 조치였다. 그러던 중 1781년(정조 5년) 홍국영은 세상을 떠났다. 그의 나이가 불과 서른네 살로 자연사라고 하기엔 너무 젊다. 얼마 전까지만 해도 천하를 호령하던 그가 별다른 병명도 없이 급사한 것은 납득하기 어려운 일이다.

어쩌면 홍국영의 죽음 또한 정조의 뜻이었을지도 모른다. 정조는 이중 플레이에 능한 임금이었다. 앞으로는 싸우지만 뒤로는 타협하고, 앞에서는 신뢰하지만 뒤에서는 불신하는 행태를 보였다. 정조의 이중 플레이는 훗날 노론 벽파의 거두 심환지가 남긴 밀찰密札, 즉 은밀히 주고받은 서찰 속에 잘 드러나 있다. 실록이 보여주는 정조의 겉면은 혁신적인 도덕군자지만 밀찰이 보여주는 속면은 음흉하고 성질 사나운 정치꾼이었다. 그렇다면 앞에서는 홍국영을 자신을 보호하고 왕위를 지켜준 은인으로 치켜세우고, 뒤에서는 이용가치가 떨어진 홍국영을 내친 뒤 죽이는 다른 얼굴이 숨어 있을 수 있다. 그 이중성을 감안할 때 원빈과 홍국영은 정조의 손에 죽었을 가능성이 농후하다.

5장

채제공과 남인의 처절한 정치 투쟁

정조의 정치 혁신 3단계

정조는 왕위에 오르기 전부터 새로운 정치 체제 패러다임을 구상하고 있었다. 그 핵심은 노론과 소론 중심의 탕평책에서 벗어나는 것이었다. 영조의 탕평책은 근본적으로 서인 세력인 노론과 소론 두 당으로 조정을 구성하는 양당 체제였다. 이러한 양당 체제는 인재 선택에 한계가 따른다는 점과 정쟁을 가속화한다는 문제를 안고 있었다.

여기에다 영조는 노론과 외척 관계를 형성했고, 조정 권력은 노론 외척에게로 기울어졌다. 영조는 이 문제를 해결하기 위해 남인과 소북 세력을 조정으로 끌어들여 사색당파를 고루 기용함으로써 진정한 의미의 탕평책을 펼치려 했으나 조정을 장악한 노론의 강력한 견제로 실패하고 말았다. 정조는 세손 시절부터 이 문제를 해결하려면 반드시 조정을 다당제로 구축해야 한다고 판단했다.

그러나 소북 세력까지 키우는 것은 무리였다. 소북 세력은 이미 쇠할 대로 쇠해 하나의 붕당으로 성장할 만한 기반을 상실한 상태였다. 정조는 남인이 같은 동인 출신인 북인을 끌어안고, 서인 출신인 노·소론과 팽팽한 대립각을 세울 필요가 있다고 보았다. 노론, 소론, 남인 세 당이 삼각 축을 정립해 조정을 끌고 가길 바란 것이다. 이를 통해 극렬한 대립보다 타협으로 조정을 유지할 수 있다고 보았고 이것이 궁극적으로 왕권을 강화하리라는 것이 정조의 결론이었다.

정조는 이 새로운 정치 패러다임을 만들려면 3단계 정치 혁신이 필요하다고 판단했다.

첫 번째 단계는 노론 권력의 핵심인 외척의 힘을 약화하는 것이었다. 정조는 노론으로 노론의 힘을 약화하는 이이제이 전술을 썼다. 그 무렵 노론은 정조의 외조부 홍봉한과 정순왕후의 아버지 김한구가 주도하는 외척 세력, 김치인과 김종수가 중심인 청명당 그리고 홍국영 같이 아예 붕당에 몸담지 않은 비당파로 나뉘어 있었다. 그 와중에 외척 홍봉한과 김한구가 서로 남당과 북당이라는 이름으로 대립한 까닭에 노론은 사실상 네 파로 갈라져 있었었다. 정조는 이러한 파벌 대립을 이용해 노론의 힘을 약화하려 했다.

먼저 외척의 정치 관여를 반대하는 청명당과 비당파인 홍국영을 이용해 외척 홍봉한과 김한구 세력을 공격했다. 이때 정조는 홍국영에게 권력을 몰아줘 외척 세력을 궤멸하는 데 성공했다. 이후 정조는 다시 청명당의 김종수를 사주해 비당파 홍국영을 제거함으로써 노론의 힘을 크게 약화시켰다.

두 번째 단계는 조정을 남인에게 우호적인 소론 중심으로 꾸리는 동시에 남인을 보호하고 육성하는 일이었다. 남인을 육성하려면 젊은 남인 유생을 키워야 했고 이를 위해서는 남인의 영수 격인 채제공의 위상을 강화할 필요가 있었다. 정조는 채제공을 중심으로 남인 세력을 키우고 다시 남인을 소론과 노론에 맞먹는 붕당으로 육성해 조정을 3당 체제로 만들고자 했다. 노론과 소론, 남인의 삼각 축을 완성해 왕이 주도권을 행사하는 구도를 갖추겠다는 계산이었다.

정조에게 이런 정치관을 심어준 인물은 바로 채제공이었다. 영조 재위 시절 채제공은 여러 차례에 걸쳐 조정의 안정을 도모하는 요체는 탕평을 이루는 것이며, 탕평은 조정을 양당제가 아닌 다당제 구도로 바꿔야 가능하다고 주장했다. 이는 남인을 육성하지 않으면 불가능했고 그것은 남인 채제공의 평생 과업이기도 했다.

세 번째 단계는 왕이 붕당을 자신의 의지대로 움직이는 절대왕권을 형성하는 것이었다. 정조의 정치관에 따르면 근본적으로 모든 붕당의 스승은 왕이어야 했다. 이는 노론 청명당을 이끌던 김종수의 주장인데 정조는 그 의견을 받아들여 이를 정치 혁신 과업으로 설정했다. 그래서 왕은 누구보다 학문적으로 뛰어나 궁극적으로 붕당은 물론 모든 유생의 스승이자 어버이여야 한다고 생각했다.

이 3단계의 정치 혁신을 이루기 위해서는 무엇보다 삼각 축의 하나를 담당할 남인을 육성하는 것이 급선무였다. 그리고 남인을 육성하려면 영수 격인 채제공의 입지가 확고해야 했다. 그런 까닭에 정조는 채제공에게 남다른 애정을 보이며 그를 요직에 배치했다.

정치 혁신 파트너

정조의 3단계 정치 혁신은 즉위 이후 인사 정책에 명백히 드러났다. 즉위 직후인 1776년 3월 정조는 노론 김양택을 영의정으로 삼고 소론 김상철을 좌의정에 앉혔다. 김양택은 노론의 뿌리라 할 수 있는 김장생의 후손이고 김상철은 화완옹주의 시아버지였다. 노·소론을 결합한 탕평정부 형식을 갖추되 노론을 영의정에 앉혀 노론 중심 조정을 형성한 것이다. 이듬해인 1777년 김양택이 죽자 정조는 김상철을 영의정으로 올려 소론의 힘을 강화했다. 그 뒤 홍국영에게 권력을 몰아주면서 의정부 정승의 힘은 크게 약화했고 홍국영의 세도정치 시대가 열렸다.

이때 정조는 홍국영을 앞세워 홍봉한과 김한구를 중심으로 한 외척의 힘을 약화하고 자신의 즉위에 반대한 노론 세력을 대거 숙청했다. 그런 다음 홍국영의 쓸모가 다하자 그조차 밀어냈다. 홍국영을 밀어낸 정조는 즉위공신 중 하나인 서명선을 영의정으로 삼고 그의 형 서명응을 청요직 수장인 홍문관 대제학에 발탁했다. 홍국영은 자신의 백부인 좌의정 홍낙순을 비롯한 측근들을 총동원해 서명선과 서명응을 집중 공격했다.

이에 대응해 서명선 형제를 지지한 정조는 홍낙순을 내쫓는 한편 홍국영을 전리로 방출하고 그의 잔당을 축출했다. 이어 서명선을 잠시 중추부 영사로 보냈다가 다시 좌의정으로 기용했다. 당시 의정부 삼정승은 영의정 소론 김상철, 좌의정 소론 서명선, 우의정 노론 이휘지였다. 소론이 조정을 장악한 셈이었다.

조정을 소론에게 맡긴 정조는 1780년(정조 4년) 4월 규장각 제학으로 김종수와 채제공을 선택했다. 정조 즉위 초 규장각 제학을 지낸 채제공을 다시 임명한 것이다. 채제공은 규장각 제학 외에 병조판서와 예문관 제학을 겸직했다. 그는 정조 즉위 후 형조판서, 병조판서, 예조판서, 호조판서, 한성부 판윤 등의 벼슬을 두루 거쳤는데 그때는 병조판서와 규장각 제학을 겸한 것이었다. 정조 시절 규장각은 홍문관, 사헌부, 사간원 삼사보다 더 강력한 영향력을 발휘했다. 정조가 병조판서 채제공에게 규장각의 실질적 우두머리인 제학까지 겸하게 한 것은 그만큼 그를 깊이 신뢰했음을 의미한다. 또한 채제공과 김종수에게 규장각 제학 자리를 함께 맡긴 것은 두 사람이 소론 중심의 조정을 견제하라는 뜻이었다. 결국 소론의 서명선, 노론의 김종수, 남인의 채제공이 정조의 정치 혁신 파트너로서 삼각 축을 형성한 꼴이었다.

하지만 그들 세 사람으로 조정의 권력이 완전히 삼각 구도를 형성한 것은 아니었다. 김종수와 채제공은 모두 정조의 세손 시절 스승이지만 당색은 완전히 달랐다. 김종수는 노론의 핵심인 청명당의 실질적 영수고 채제공은 남인의 영수였다. 두 사람은 모두 정조가 아끼는 인물이었으나 개인 관계는 좋지 않았다. 김종수는 채제공을 발판으로 남인이 다시 일어날 것을 염려했고, 채제공은 김종수를 남인이 성장하는 데 가장 큰 걸림돌로 여겼다. 즉, 그들은 숙명적으로 서로 물어뜯고 싸워야 하는 관계였다.

반면 서명선과 김종수의 관계는 좀 달랐다. 그들은 공히 동덕회 출신으로 둘 다 남인의 부활을 극도로 경계했다. 비록 노론과 소론으로 갈라졌지만 뿌리는 서인으로 동일했기에 두 사람 모두 남인의 부활을 용납하지 않았던 것이다. 이에 따라 김종수와 서명선은 기회만 생기면 채제공을 쫓아낼 궁리를 했다. 정조도 그런 현실을 모르지 않았지만 채제공이 그들의 협공을 잘 방어하면서 버텨내길 바랄 뿐이었다.

노·소론의 채제공 죽이기

채제공이 노·소론의 협공을 이겨내는 것은 현실적으로 불가능한 일이었다. 그들은 밑에 떠받쳐줄 당인이 수두룩했지만 채제공은 거의 혼자나 다름없었기 때문이다. 홍문관과 사헌부에 몇 명의 남인 출신 관료가 있긴 했으나 그들은 대개 노론과 소론에 빌붙어 겨우 직책을 유지하는 처지였다. 그러니 그들이 채제공을 보호해줄 가능성은 거의 없었다.

이런 상황을 감안할 때 정조가 서명선과 김종수, 채제공을 소론·노론·남인을 대표하는 세력으로 삼아 삼각 축을 형성하려 한 것은 확실히 무리수였다. 그 와중에 노론 출신 우의정 이휘지가 정조에게 채제공이 규장각 제학을 맡는 것은 법에 어긋난다고 말했다.

"보국이 제학을 겸할 수 없는 것은 본디 고례인데 저번에 중신이 전례를 인용한 상소문에 따라 이미 시행하라고 윤허하셨습니다만, 내각(규장각)과 양관兩館(홍문관과 예문관)은 차이가 없을 듯합니다. 새로 창설하는 것이라 일정한 규례가 없습니다. 자헌이 직제학을 겸할 수 없도록 이제 막 규례로 정하고자 하니 이것도 한번 바로잡아주셔야 하겠습니다."

이 말은 품계가 보국, 즉 1품에 이른 자는 예문관이나 홍문관의 제학 벼슬에 있을 수 없으니 채제공이 보국 품계에 있으면서 규장각 제학을 겸하는 것은 법도에 어긋난다는 말이었다. 이 때문에 채제공은 자신이 직접 상소해 예문관 제학 벼슬에서 물러난 바 있었다. 그런데 규장각도 예문관이나 홍문관의 규정에 따라 보국 품계에 있는 자가 제학을 겸직할 수 없어야 하니, 채제공은 규장각 제학에서 물러나야 한다는 주장이었다.

이 말을 듣고 정조는 곤란하다는 듯한 표정을 지었다. 정조는 정치의 핵심 기구인 규장각에 꼭 채제공을 두고자 했다. 한데 이것이 규례에 어긋난다고 하니 심히 곤란한 일이었다. 그때 좌의정 서명선에게 어떻게 했으면 좋겠느냐고 묻자 서명선이 대답했다.

"관각館閣(홍문관, 예문관, 규장각을 통칭한 말)의 제학은 마찬가지니 다르지 않아야 하겠습니다."

서명선 역시 보국 품계에 있는 채제공이 규장각 제학에서 물러나야 한다고 대답한 것이다. 그러나 정조는 이를 쉽게 받아들이지 않았다.

"이 일은 규례를 정하는 것과 관계가 있으니 이조 신하가 모든 규례를 참조하여 다시 보고하도록 하라."

이조에서도《문헌비고》의 규정을 들어 보국 품계에 있는 채제공이 규장각 제학을 겸하면 안 된다는 의견을 올렸다. 고민 끝에 정조는 마지못해 채제공을 제학에서 물러나게 했다.

노·소론의 공세는 거기서 멈추지 않았다. 김종수와 서명선은 아예 노골적으로 채제공을 공격하기 시작했다. 이들의 사주를 받고 채제공을 탄핵한 인물은 대사헌 김문순이었다. 그는 1781년 7월 20일 탄핵 상소를 올려 채제공이 임금의 총애를 믿고 예의 없이 행동하며 권력을 쥔 간신에게 달라붙어 흉측한 짓을 일삼아왔으니 처단해야 한다고 말했다. 이들이 말하는 권력을 쥔 간신은 홍국영을 의미했다. 이를 보고 정조는 몹시 분개하며 말했다.

"이제 이 도헌都憲(대사헌)의 상소에서 중신의 일을 논하며 일필로 서술하여 낭자하게 늘어놓았으니, 근래 보지 못하던 수단이다. 반도 읽지 않아 놀랍고 의혹스러운 마음 견딜 수 없다. 또 생각건대 극심한 일을 일으킬 우려가 없을 수 있겠는가? 대사헌 김문순을 삭직하라."

그래도 노·소론은 움츠러들지 않았다. 사간 이현영은 즉각 김문순의 삭직 명령을 취소하고 채제공을 유배 보내 처단해야 한다고 상소했다. 사헌부에 이어 사간원까지 나서서 채제공을 공격하자 정조는 일단 상소는 다 살펴보았고 무슨 말인지 알았다는 비답을 내리며 말을 아꼈다. 혹시 채제공을 대변해줄 신하가 없는지 찾았던 것이다. 그때 이현영이 다시 상소해 홍국영에게 영합한 자들을 지목하며 벌줄 것을 청하자 오히려 정조는 이현영을 삭직했다.

이를 보고 사헌부 지평 오태현이 상소해 채제공을 탄핵하자 이번에는 아무 답변도 하지 않았다. 이쯤 되자 채제공도 상소해 변론하면서 자신은 홍국영과 정사를 논한 일이 없다고 하였다. 오히려 홍국영이 자신을 공격했다고 말했다. 그 변론 말미에 그는 선영 앞에서 자결할 수 있게 해달라는 극언을 했다. 이에 정조가 이런 비답을 내렸다.

"사람의 말을 깊이 협의할 필요가 뭐 있겠는가? 본심은 이미 환히 알고 있다."

이후로도 채제공을 향한 전방위적 공격이 이어졌으나 정조는 채제공을 여전히 신뢰했다. 그를 국조보감 교정 당상으로 삼아 곁에 두었고 이어 예조판서에 임명했다. 채제공이 상소해 치사했으나 정조는 받아들이지 않았다. 이에 채제공이 다시 물러나게 해달라고 청원하자 정조가 말했다.

"남의 비난을 받았다고 곧바로 결연히 떠나려 한다면 조정이 장차 텅 빌 것이니, 어찌 이런 일이 있을 수 있겠는가? 내가 등극한 이후 이 중신에게 지나치게 권장하고 발탁해 그를 미워하고 시기하는 사람이 세상에 가득하여 공격의 화살이 마구 가해진 것이다. 이제 여러 사람의 말이 마구 비난한다는 것 때문에 청한 것을 허락한다면, 이는 추천하고 장려하여 올려놓았다가 또 밀어내는 격이 된다. 승정원에서 대기하고 기다리라."

정조는 다시 채제공을 병조판서에 임명했다. 채제공이 결국 병조판서를 받아들이자 이번에는 영의정 서명선과 우의정 이휘지가 함께 채제공을 공격했다. 아예 소론과 노론의 수장이 노골적으로 나선 것이다. 먼저 서명선이 정조에게 말했다.

"신은 병조판서 채제공과 관련해 매우 놀랍고 통분하게 여기는 것이 있는데, 그 내용은 이미 다 여러 사람이 늘어놓았습니다. 상소를 올려 물러가 쉬게 해달라고 진달하여 청한 것이 또한 여러 번이었는데, 제수하는 명이 한 번 나오자 돌연히 나와 명에 응하였습니다. 전에는 한결같이 거절하면서 응하지 않다가 이번에는 염치를 무릅쓰고 받들었으니 그 뜻한 바가 전도되고 염치가 무너졌습니다. 세상에 어찌 이런 의리가 있을 수 있겠습니까?"

이어 우의정 이휘지가 덧붙였다.

"재작년 여름 홍국영이 죄를 받아 쫓겨난 뒤 말하기를 '채제공이 주장하는 의논이 매우 옳다. 내가 마땅히 힘을 합쳐 성취해야겠다' 했는데, 그 이야기가 도성에 파다하게 전파되어 그 집의 사람들 입에서 나오기에 이르렀습니다. 채제공이 이런 마음을 품고 이 의논을 주장한 것이 아니라면 어떻게 불량배들의 효시가 되었단 말입니까?"

정조는 여전히 채제공을 변호하며 말했다.

"이미 남김없이 쫓아내고 처리했는데 이제 와서 추후 거론할 필요가 뭐 있겠는가?"

그들 둘에 이어 새로운 대사헌 이갑이 다시 한 번 채제공을 삭출해야 한다는 말을 올렸다. 이쯤 되자 정조도 한 발 물러섰다.

"특별히 병조판서 채제공을 해직하겠다."

그렇지만 채제공을 향한 공격은 끝나지 않았다. 1782년(정조 6년) 1월 응교 박천행과 교리 이종섭, 부수찬 홍문영이 연명 차자를 올려 채제공의 죄를 논하고 섬에 유배할 것을 요청했다. 사헌부 사간원에 이어 홍문관까지 나서서 채제공을 공격한 것이다. 정조는 이들의 주장에 화를 내며 말했다.

"무엇 때문에 큰 시끄러움을 야기하는가?"

그 무렵 채제공은 모든 요직에서 물러나 한직인 중추부 지사로 있으면서 자신을 공격하는 상소에 대항하고 있었다. 우의정 이휘지는 지속적으로 채제공을 비난하며 유배 보낼 것을 요청해도 정조가 들어주지 않자 결국 사직서를 내고 조정에 나오지 않았다.

1782년 10월 정조는 채제공을 한성부 판윤으로 임명했다. 채제공을 다시 불러 쓰려는 의도였지만 채제공은 이를 받아들이지 않았다. 이에 정조는 의금부 판사로 임명했으나 채제공은 이번에도 출사하지 않았다.

1784년 윤3월 정조는 채제공을 공조판서에 임명했다. 여전히 채제공을 탄핵하는 말이 빗발쳤고 이번에도 채제공은 관직을 사양하고 나오지 않았다. 이후에도 정조는 누차에 걸쳐 채제공에게 벼슬을 내렸지만 채제공은 은거한 채 꼼짝도 하지 않았다. 그렇게 채제공은 무려 5년 동안 은거 생활을 했다. 그동안 노·소론은 지속적으로 채제공 탄핵을 외쳤으나 정조는 끝내 받아들이지 않았다.

재위 10년인 1786년 9월 7일 정조가 채제공을 평안도 병마절도사로 임명하자 조정 중신들이 지속적으로 명령을 거둬들일 것을 요청했다. 좌의정 이복원과 우의정 김익이 함께 요청하기도 했다. 심지어 평안도 지방관 중에는 채제공과 함께 일할 수 없다며 벼슬을 내놓고 떠나는 자도 있었다. 하지만 정조는 채제공에겐 죄가 없다며 직무를 받들지 않은 지방관을 처벌하고 대신들의 요청도 받아들이지 않았다. 그때 채제공은 평안도 병마사를 받아들여 평양에 머물고 있었다. 이후에도 채제공을 파직해야 한다는 주장이 계속되자 정조는 채제공을 파직해야 한다고 주장한 대신들을 파직했다. 채제공 처벌을 두고 왕과 대신들 간에 힘겨루기가 본격화한 것이다. 그러자 영의정 서명선이 나서서 말했다.

"신과 채제공은 의리상 같은 하늘 아래 살 수 없고 세상에 나란히 설 수 없습니다. 채제공이 역적이 될 경우 신의 말이 거짓이 아니고 채제공이 역적이 아닐 경우 신은 마땅히 반좌율을 받아야 합니다. 지금 이를 끝낼 방법은 오직 신을 의금부에 회부하여 채제공과 같이 하나하나 대질해서 판결이 나지 않은 이 사안을 판결하는 것밖에 없습니다. 그러면 거의 의리를 밝히고 징계 토벌을 엄중히 하는 방법에 합치할 것입니다."

이에 정조는 파직한 대신들이 복귀하는 데는 동의했으나 채제공을 처벌하는 것은 끝내 수용하지 않았다. 정조가 이렇듯 채제공 지키기에 전력을 쏟은 것은 그가 무너지면 남인이 무너지고, 남인이 무너지면 자신의 정치 혁신 계획이 무산되기 때문이었다. 노·소론이 채제공 죽이기에 혈안이 된 것도 역시 같은 이유였다. 채제공을 그대로 두면 남인이 부활할 것이고 남인이 부활하면 노·소론이 공히 기득권을 상실할 것이었다. 그러니 정조와 노·소론 간의 힘겨루기는 불가피한 일이었다.

채제공 구하기에 나선 김복인

노·소론 영수들까지 나서서 채제공을 내쫓으려 하자 몇 명에 불과한 젊은 남인이 단결해 채제공 지키기에 나섰다. 그들 중 총대를 멘 인물은 김복인이었다. 김복인은 남인 세력을 대표해 목숨을 걸고 채제공을 변론하는 상소를 올렸다.

김복인이 상소를 올린 때는 1786년(정조 10년) 10월 11일이었다. 그가 처음 올린 상소문은 승정원 승지들에게 막혀 정조에게 전달되지 않았다. 그러자 김복인은 막무가내로 대궐로 밀고 들어가 상소문을 올렸고 이와 관련해 승정원은 이런 표현을 남겼다.

"전 정랑 김복인이 대궐로 마구 들어와 상소 한 장을 바쳤는데 말이 매우 놀랍고 어긋나 물리칠 수 없기에 받아들였습니다."

정조는 김복인의 상소문을 읽어 내려갔다.

"이번에 채제공을 서쪽 변방 절도사에 보임한 것은 사실 성상께서 그에게 죄가 없음을 통촉하시고 남김없이 밝힌 데서 나온 것이었습니다. 중신에게 의심쩍은 흔적이 있을 경우 성상께서 봐줄 것이 뭐가 있기에 비호하시겠습니까? 해와 달 같은 밝으심이 비추지 않은 곳이 없어 충신과 역적의 한계를 꿰뚫어 의심이 없었습니다. 그런데 어찌하여 당금의 의논은 반드시 이와 배치되는 것입니까? 전하께서는 밝혀졌다고 말씀하시는데 당금의 의논은 밝혀지지 않았다 하고, 전하께서는 역적이 아니라고 분부하셨는데 당금의 의논은 흉악한 역적이라 합니다. 전하께서 분석해 시원스럽게 보여 다시는 남은 것이 없는데도 불구하고 뜻을 거스르며 기어코 이기려고 하니, 그와 같이 징계하여 토벌하는 의리가 신은 사실 이해가 가지 않습니다.

관직이 없을 때는 가만히 놔두고 벼슬을 하자 비로소 역적이라고 하였습니다. 전하께서 놔두면 여러 해가 가도록 묵묵히 말 한마디도 없다가 전하께서 언급하면 떼 지어 일어나 공격하여 마치 흉악한 음모를 이제야 캐낸 것처럼 하고 사변이 코앞에 닥친 듯 하고 있습니다. 그러다가 어떤 사람이 그의 죄상을 물어보면 서로 얼굴만 쳐다보며 웃는 빛을 띠고 말하기를 '나는 모르는데 당금의 의논이 그렇다고 한다'고 합니다.

당금의 의논이란 어느 곳에서 나왔는지 모르겠습니다만 온 세상을 채찍질하고 온 세상을 망라하여 제 몸과 마음을 지키지 못하게 함으로써 가까운 친족에게 화를 전가하여도 일부러 수수방관만 하고 있으며, 가까운 인척이 혐의를 피하여도 전혀 한마디도 변명하지 않고 있습니다. 대사헌의 징계하여 토벌하자는 말은 경재卿宰(판서와 재상)들의 상소가 죄를 얽어 짠 것보다 더 심하였고, 대각 신하들의 국문하자는 요청은 대신의 대질하자는 차자보다 더 무거웠습니다만 어찌 그의 본심에 참으로 그가 역적인 줄을 알겠습니까? 다만 위세가 가해지고 명리名利가 달려 있기에 성상의 하교를 무시하고 한결같이 당금의 의논을 따른 것이니, 사람의 기백을 빼앗는 당금의 의논이 두렵기만 합니다. 심지어 응당 시행해야 할 반첩反貼(공문에 의견을 붙여 돌려보내는 것)도 끝내 받들어 이행하지 않고 있습니다.

이른바 병조판서(이명식)가 오늘날 신하라고 한다면 임금의 영을 거역하고 임금의 명을 거슬렀으니, 이것이 참 역적입니다. 흉악한 역적, 사나운 역적이란 이름을 사람에게 억지로 뒤집어씌우려고 하였으나 자신이 흉악한 역적이자 사나운 역적이 되었다는 것을 모르고 있습니다. 일개 중신의 죽고 사는 것이 경중이 될 것은 없지만 이 중신 때문에 세도가 어긋나고 기강이 무너질 것입니다. 삼가 바라건대 전하께서는 형정刑政이 잘못된 것을 생각하시어 어긋난 당금의 의논을 엄격히 배척함으로써 확고한 단안을 내려 임금의 기강을 거두어 잡으소서."

정조는 김복인의 상소를 읽고 흡족해하며 이렇게 말했다.

"곁들어 말한 것은 시상時象을 그려내고 진실을 언급하였으니 어찌 귀만 트이게 하였겠는가? 기쁘게도 눈도 뜨게 하였다. 강경하고 분명한 말이 그대 같은 소원한 처지에서 나올 줄은 생각지 못하였으므로 읽으면서 나도 모르게 가려운 곳을 긁어주는 것 같았다."

이어 그의 상소문 마지막 구절은 내용이 지나치다며 이렇게 덧붙였다.

"그러나 아래 한 구절은 아주 살피지 못한 점이 있다. 사람을 억지로 몰아세운다고 논하면서 그대가 반대로 사람을 억지로 몰아세우고 있으니, 애석하게도 이를 제기하면서 관대하게 봐주는 것을 택하지 않았다. 그리하여 앞에서 중신을 위해 애써 구원한 것이 사적으로 좋아한 것이 되어버렸으므로 전편의 글이 쟁쟁하였다는 이유로 봐줄 수 없다. 그대는 잘 알라."

그러면서 이런 결론을 교지로 내렸다.

"김복인의 상소 가운데 '역적이 아닌 사람을 역적이라고 한 것은 무함이다'라고 한 것은 정말 확고한 의논이었으나, 다만 병조판서에게 반첩을 하지 않은 일은 반대로 억지로 말하였다. 여기에 선을 좋아하고 악을 미워하는 것을 분명히 보이지 않으면 중신 하나가 모호한 지경에서 벗어나자마자 또 중신 하나가 뜻하지 않은 재앙에 걸려들 것이니 이는 세도가 분열되는 조짐이 될 뿐 아니라 내 괴로워한 마음과 지극한 뜻을 뒷세상에 보일 수 없을 것이다. 전 정랑 김복인의 관직을 삭제하라."

비록 정조는 김복인의 관직을 삭제했지만 채제공의 무죄를 다시 한 번 선언했다. 이후 정조는 채제공을 정승으로 전격 임명해 남인을 중용하겠다는 자신의 의지를 분명히 드러냈다.

드디어 정승으로 발탁된 채제공

김복인이 상소를 올릴 무렵 의정부 삼정승에는 영의정 정존겸(노론), 좌의정 이복원(소론), 우의정 김익(노론)이 올라 있었다. 그런데 김복인 상소 이후 채제공의 무죄를 천명한 정조는 영의정에 노론 김치인을 앉혔다. 이로써 노론을 달래는 모양새를 취했으나 김치인은 조정에 나오지 않고 영의정 자리를 고사하는 상소를 올렸다. 김치인은 노론 벽파 김재로의 아들로 청명파 수장이었다. 정조는 그의 조카 김종수에게 김치인을 설득하게 해 채제공 공격을 그만두게 할 요량이었다. 정조의 속내를 알아챈 김치인은 영의정 자리를 받아들이지 않았으나 정조는 끈질기게 설득해 기어코 영의정 직분을 수행하게 만들었다. 김치인이 영의정이 된 뒤 조정에서 노론의 힘은 한껏 강해졌다.

1788년(정조 12년) 1월 정조는 다시 정승을 바꿨는데 김치인을 영의정에 그대로 두고 이재협과 유언호를 좌의정과 우의정에 임명했다. 그들은 모두 노론이었고 노론이 의정부를 장악한 셈이었다. 이 때문에 탕평인사는 사라졌으며 노론이 요직을 독차지하는 경향이 나타났다.

홍국영이 물러난 뒤 노론은 정조의 탕평책을 지지하는 시파와 반대하는 벽파로 나뉘었는데, 벽파의 영수는 김치인이고 핵심 인물은 김종수와 심환지였다. 시파의 핵심은 이명식과 이유린이었다. 이렇듯 노론은 시파와 벽파로 나뉘어져 있었지만 공히 소론을 공격하고 남인의 정계 진출을 막고 있었다. 특히 채제공을 공격하는 일에는 시벽의 구분이 없었다. 이에 소론 출신 사헌부 장령 오익환과 홍문관 교리 정만시가 노론이 탕평을 무력화한다고 비판하는 상소를 올리자 정조는 그해 2월 11일 의정부 정승을 교체했다. 노론 좌의정 이재협과 우의정 유언호를 전격 해임한 뒤 소론 이성원을 좌의정에 임명하고, 남인 채제공을 우의정에 발탁한 것이다. 이때 채제공에게는 별도의 글을 내렸다.

"지금 경을 정승 직에 제수하는 것이 내가 어찌 경을 개인적으로 좋아하여 이런 거조가 있는 것이겠는가. 평소부터 말이 충성스럽고 행실이 독실하였으니 또한 늦었다고 하겠다. 경은 모름지기 내 허지虛佇(마음을 비우고 신하의 말을 받아들임)의 뜻을 본받아 즉시 숙배하여 부족하고 어두운 나를 도와 널리 시사時事를 구제하라."

정조는 사관에게 명해 이 어필을 용정에 싣고 북을 치고 피리를 부는 무리를 앞세워 그의 집에 가서 이 하유를 전하라고 하였다.

그간 노·소론에서 극렬하게 반대하며 역적으로 처단할 것을 주장한 남인의 영수 채제공이 의정부 정승이 되자 노·소론 벽파들이 거세게 반발했다. 입직 승지 조윤대와 홍인호가 정승을 임명한 전교를 되돌린 뒤 합문에 나아가 정조에게 입대를 청했지만 정조는 그들을 의금부에 가두고 교지를 되돌린 죄를 물어 심문하라고 했다. 곧이어 그들을 삭직하고 오위 장군 안대진을 임시 승지로 임명하였다. 또 도승지 심풍지, 우승지 윤행원, 동부승지 남학문이 입대를 청하자 모두 파직하라고 명하였다. 심풍지 등이 합문 밖에 앉아 물러가려 하지 않으니 형벌을 내리라고 했다. 교리 신대윤, 부교리 이우진, 수찬 김희채 등이 다시 입대를 청하니 모두 물러가라고 명했다. 마침내 심풍지 등이 물러나 정원으로 가서 연명 상소해 뜻을 굽히지 않고 간쟁하니 정조가 이런 교지를 내렸다.

"이렇게 강력히 간쟁하는 것은 해괴하고 패악스러운 거조다. 재작년 9월 12일 빈대한 자리에서 채제공의 죄가 없음을 입증한 이후, 다시 그의 죄를 제기하는 것은 임금의 말을 믿지 않는 것이라고 전교한 뒤로는 다시 제기하는 자가 없었다. 대체로 생살生殺과 위복威福이 임금에 달렸으니 비록 용서할 수도 있고 용서하지 않을 수도 있는 일에 용서해서 등용하더라도 오히려 지나친 거조라 할 수 없는데, 하물며 죄명을 벗은 것이 이미 이와 같고 확실한 증거도 있는 일은 말할 것도 없다. 그런데도 당연히 다투어야 할 일로 보아 이처럼 시끄럽게 구니 이는 신하의 분수가 없는 행동이다. 귀양을 보내는 것은 한갓 사람을 버리는 것일 뿐 또한 근본을 바르게 하는 정사가 아니니, 이 상소를 태워 없애고 이후로는 이 일로 금령을 어기고 상소를 올리는 자는 임금의 말을 믿지 않는 율律로 논죄論罪하고 그런 소를 받아들인 승지도 같은 율로 논죄할 것임을 아울러 자세히 알게 하라."

이런 교지를 내렸어도 이조판서 오재순은 정조의 임명서를 받아들이지 않았다. 이에 정조가 누차에 걸쳐 그에게 채제공의 임명을 되돌릴 수 없다고 못을 박자 별 수 없이 받아들였다. 결국 정조는 오재순을 파직했다. 채제공을 정승으로 삼겠다는 의지를 분명히 드러낸 것이었다.

3당 체제의 토대를 마련하다

채제공을 우의정에 임명한다는 정조의 교서를 전달한 인물은 기사관 이종렬이었다. 임명 교서를 받은 채제공은 일단 우의정을 고사하며 이런 말을 전해왔다.

"변변찮은 신 때문에 조정에 또다시 시비를 야기했으니 오직 속히 국법이 정한 대로 처벌받기만을 바랄 뿐입니다."

채제공 입장에서는 조정이 아직 자신이 정승이 될 만한 상황이 아니라고 판단한 것이다. 또한 정조의 속내도 다시 한 번 확인할 필요가 있었다. 이에 정조는 이런 글을 내렸다.

"정승을 임명하는 것이 얼마나 중한 일인데 어찌 일호인들 허술하게 헤아렸겠는가. 오늘의 거조는 이미 여러 해 전부터 마음속으로 등용하기로 결정했던 일이다."

이후 정조는 채제공 임명과 관련해 삭직한 관리들을 모두 복귀하게 했다. 채제공이 여전히 우의정 자리를 받아들이지 않자 정조는 채제공과 관련된 모든 일에 혐의가 없음을 다시 명확히 천명했다. 채제공이 이 일로 인해 정승 자리를 꺼리고 있음을 알고 있었기 때문이다.

당시 노·소론이 채제공을 공격한 혐의는 세 가지였는데 그것은 국초鞫招, 흉언凶言, 가인家人의 설이었다.

먼저 국초는 1777년(정조 1년) 3월 사도세자의 일로 영조를 비난한 사건이 있었는데, 이때 열린 국문鞫問에서 환관 김수현이 채제공도 동조자라고 말한 공초를 일컫는다. 당시 정조는 채제공의 이름을 그 공초에서 삭제하도록 명했다. 이 사건으로 이덕사, 박상로, 조재한, 이일화 등이 주살되고 환관 김수현·이홍록 등이 귀양을 갔는데 노·소론은 채제공도 마땅히 벌을 받아야 한다고 주장했다. 이 일과 관련해 정조는 이렇게 말했다.

"국초로 말할 것 같으면 김수현·이만식의 공사供辭에 모두 저들이 스스로 서로 주고받은 말일 뿐 우상(채제공)은 애당초 관여한 바가 아니라고 하였다. 만식은 우상과 가까워 저에게 유리하게 하고자 우상을 판 것이고 수현은 만식에게 들은 것을 부풀려 허풍을 친 것이니, 이것이 어찌 까닭 없이 무함을 입어 점점 모호해진 것이 아닌가. 사실이 이러한데도 불구하고 우상 외에 거명한 자가 몇 사람 있었으나 그들의 심적心跡을 논해보건대 일은 함께하였으되 생각이 서로 달랐기에 모두 국안鞫案에 기록하지 말라고 명한 것이다. 사실이 이렇고 보면 국초에 관한 한 건件은 절로 거짓으로 귀착된다."

두 번째 혐의인 흉언은 채제공이 정조에게 했다는 욕설을 일컫는다. 그런데 그 욕설 내용을 구체적으로 언급하지 않고 다만 '감히 말할 수 없고 차마 들을 수 없다不敢言不忍聞'는 말로 표현하고 있을 뿐이다. 이는 당시 풍문으로 떠돌아다닌 말에 불과했다. 이를 두고 정조는 다음과 같이 말했다.

"흉언으로 말할 것 같으면 을미년에 갑자기 근거 없는 말이 홍국영 입에서 전해져 평소 관계가 좋지 않던 사람들을 의심했는데, 국영은 끝내 누구에게 듣고 누가 전했다는 것을 분명히 말하지 않고 말의 뿌리를 죽은 사람에게로 돌렸다. 결국 간악한 형상이 숨김없이 다 드러났기에 내가 이를 엄히 배척하고 깊이 분변했고 또 우상을 입대하게 해 이 일로 이야기를 나눈 적이 있다. 만약 흉언이 조금이라도 신빙성이 있었다면 내 몸과 관계된 일일 것인데 어찌 우상 한 사람을 위해 법을 굽혀 보호하고 사사로이 비호하여 전장을 무너뜨리고 윤강倫綱(삼강오륜)을 무시하였겠는가. 그 뒤 흉언이란 두 글자가 온 세상에 전파되면서 와전에 와전을 거듭해 사람들의 의심이 점점 격렬해졌으니, 만약 내가 말하지 않는다면 누가 해명할 수 있겠는가. 때문에 내가 빈대에서 진실을 말해 증거로 삼지 않을 수 없었다. 왕의 말을 믿을 수 없다고 한다면 그만이지만 그렇지 않다면 이 한 건도 거짓으로 귀착된다."

채제공의 세 번째 혐의인 '가인의 설'이란 채제공이 홍낙빈과 흉한 일을 꾀하기 위해 내통했다고 낙빈의 가인이 말했다는 것을 일컫는다. 하지만 낙빈의 가인이 누구인지 구체적으로 거론되지 않았다. 정조는 이것도 해명했다.

"가인의 설로 말할 것 같으면 당시 우의정이던 이판부(이휘지)에게서 나왔는데, 그 차자에 '길가에서 들은 떠돌아다니는 말을 아뢰었다' 하였으니 이는 판부사도 이를 거짓으로 여긴 것이다. 그렇다면 이는 많은 말을 기다리지 않고도 변별할 수 있다. 더구나 홍낙빈은 이때 먼 변방으로 귀양을 가서 낙빈의 집에는 단지 부녀와 노복만 있었을 뿐이니 이른바 가인은 부녀자가 아니면 노복이었을 것이다. 이것이 얼마나 큰일인데 부녀자나 노복과 상의하였겠는가. 이 한 건도 거짓으로 귀착된다."

채제공에게 죄를 뒤집어씌운 세 가지에 모두 혐의가 없음을 천명한 정조는 이렇게 덧붙였다.

"대개 이 세 사안 가운데 국초는 차마 말할 수 없는 것에 속하고, 흉언도 감히 말할 수 없는 것에 속하여 신하들이 언급하는 경우가 없었다. 경자년 봄에 이르러 홍국영이 쫓겨나자 가인의 설이 신하들 사이에 퍼져 우상의 일이 비로소 공거문자公車文字(상소문)에 실렸다. 이로 인해 구실을 삼기도 하고 공격하기도 하여 거짓을 가지고 진실을 만들고 없는 일을 있는 것으로 여겨 온 세상이 소란하고 인심이 더욱 현혹되어 사람을 귀신도 아니고 사람도 아니며 나지도 않고 죽지도 않는 무리로 몰아붙였다. 이는 단지 우상 한 사람에게만 눈을 감을 수 없는 원한이 될 뿐 아니라 장차 후세에 무궁한 폐단의 길을 열어놓는 것이다. 공격하는 자는 허실을 정확히 모르고, 공격받는 자는 본건의 일이 있는지를 모르니 고금 천하에 어찌 이런 일이 있는가. 그래서 이번에 비상한 거조를 하기 위해 사실을 분명하게 말하지 않을 수 없었다. 이렇게 하였는데도 조정의 신하들이 의혹을 털어버리지 못하고 다시 시비를 야기한다면 역적으로 다루겠다. 나는 두 번 다시 말하지 않겠다."

앞으로 채제공에게 혐의를 씌우는 자는 역적으로 다스리겠다는 의미였다. 정조는 이 글을 모든 신하에게 반포하도록 조치했다. 더 이상 채제공이 조정 출사를 꺼릴 이유가 없도록 확실한 태도를 보여준 것이다.

그때 다시 소론의 거두 서명선이 나섰다. 당시 한직인 중추부 판사로 있던 서명선은 채제공이 정승에 임명되었으니 자신은 조정에 나오지 않겠다고 했다. 그를 따로 부른 정조는 간곡히 타일러 마음을 돌려놓았다. 기실 서명선은 일전에 자신과 채제공은 같은 하늘 아래 살 수 없다고 말하며 채제공이 역적이 아니면 자신이 역적이라는 말까지 했던 터라 차마 조정에 나올 수 없었던 것이다. 정조는 그런 서명선의 내면을 읽고 여러 말로 타일러 마음을 열게 했다.

서명선에 이어 노론의 거두인 영의정 김치인도 강력하게 반발했다. 그러자 정조는 3월 13일 영의정 김치인을 면직하고 영의정 자리를 비워두는 강수를 뒀다. 일이 여기에 이르자 채제공은 우의정 자리를 받아들여 의정부로 출근했다. 4월 13일 정조는 김치인을 영의정으로 불러들이며 달래는 모양새를 취했다. 이어 그의 조카이자 노론 청명파의 실질적 영수인 김종수를 불러 김치인을 잘 보좌해 탕평을 도울 것을 간곡히 부탁해 동의를 이끌어냈다. 덕분에 조정은 정조의 뜻대로 노론, 소론, 남인 세 붕당을 정립했다. 재위 12년 만에 비로소 즉위 이전부터 구상한 3당의 탕평정부 토대를 마련한 셈이었다.

정계에 진출한 정약용

채제공이 우의정에 오르면서 남인은 기를 펴기 시작했다. 남인 출신 청년도 당당히 대과에 합격해 관리로 진출했고 이미 관리 생활을 하고 있던 남인은 요직에 배치되었다. 남인의 신세대 대표주자 정약용도 스물여덟 살 때인 1789년(정조 13년) 1월 26일 춘당대 과거에서 제술 부문 1등을 차지해 전시殿試(문과 복시에 합격한 서른세 명이 대궐에서 임금이 지켜보는 가운데 치르는 과거)에 응시할 자격을 부여받았다. 정약용은 전시에서 갑과 2등을 차지해 종7품 희릉 직장의 벼슬을 얻었다.

희릉은 중종의 제1비 장경왕후의 능으로 그곳을 관리하는 직장은 한직이라 시간적 여유가 있었다. 그 사정을 잘 아는 정조는 정약용에게 다른 일들을 맡겼다. 초계문신들이 《대학》을 강의한 내용을 정리해 《희정당 대학강의》라는 책을 만들게 한 것이다. 또한 정약용은 대신들의 추천으로 초계문신으로도 뽑혔다. 정조는 초계문신 제도로 젊은 관료들의 의견을 청취하고 정책에 반영했는데, 이제 막 벼슬길에 나선 정약용이 초계문신이 되었다는 것은 임금과 직접 소통이 가능한 신하가 되었음을 의미한다.

이듬해인 1790년 2월 정약용은 한림회권 권점圈點(관원 후보에게 낙점하는 행위)에서 뽑혔다. 권점은 이조와 예조를 맡은 좌의정이 주관했는데 당시 좌의정은 채제공이었다. 그해 1월 의정부 정승을 개편한 정조는 영의정에 소론 김익, 좌의정에 남인 채제공, 우의정에 노론 김종수를 배치했다.

한림회권 권점에서 뽑히면 한림소시에 응시할 자격이 주어졌고, 소시에 합격할 경우 예문관 관원이 될 수 있었다. 예문관은 임금의 교지를 짓는 관청으로 관원 중 하급관원 여덟 명을 한림이라 하였다. 이들 8한림은 비록 품계는 낮으나 임금의 일거수일투족을 기록하는 사관의 임무를 수행하는 동시에 임금과 직접 대화를 나눌 수 있는 자리라 매우 중요한 직책이었다. 이에 따라 각 당파마다 자기 당원을 한림에 넣으려고 안간힘을 썼고, 한편으로는 다른 당파에서 한림을 배출하는 것을 극도로 경계했다. 특히 함께 서인에 뿌리를 둔 노·소론의 벽파는 남인이 한림이 되는 것을 막기 위해 혈안이 되어 있었다.

그런데 채제공이 주관한 권점에서 심능직, 김이교, 정약용, 정문시, 홍낙유, 윤지눌 여섯 명이 뽑혔다. 이 여섯 명 중 정약용과 윤지눌이 남인이었다. 윤지눌은 해남 윤씨로 윤두서의 후손이었다. 윤두서는 정약용의 외조부로 결국 정약용과 윤지눌은 친인척 관계였다. 또한 채제공은 정약용 누나의 시아버지였으니 결과적으로 채제공이 인척들을 뽑은 꼴이 되었다. 남인을 극도로 경계한 노론에서 이를 문제 삼자 총대를 멘 사헌부 장령 최경악이 그해 2월 28일 채제공의 권점이 개인 관계에 따라 이뤄졌다고 비판하는 상소를 올렸다.

"신은 최근의 일에 놀랍고 분한 것이 있습니다. 예원藝苑(예문관) 선발은 예로부터 참하관으로서 극선極選(가장 중요한 선출)이라 일컬어온 만큼 반드시 인망과 재주가 공의에 맞아야 의미가 있습니다. 한데 이번 도당 회권會圈에서는 더러 사정私情(개인의 인정)에 끌려 규례를 위반하기까지 하였으므로 뭇사람이 대단히 놀라워하고 있습니다. 이 회권을 주관한 대신(채제공을 지칭)은 자격을 가진 점에 구애되어 비록 처벌하기를 청할 수 없지만 회권 자리에 참석한 여러 당상은 모두 파직하는 법을 적용하고, 한시바삐 회권을 다시 개정하도록 명함으로써 한림 선발을 중하게 하소서."

이 상소를 접한 정조는 오히려 장령 최경악을 내치는 비답을 내렸다.

"한림 추천의 권점은 사정에 치우치는 것을 없애기 위한 거룩한 의미에서 나온 것인데, 권점에 따른 선발을 이와 같이 운운하니 이제는 권점을 삼망三望(관리 후보로 세 명을 올리는 제도)으로 고쳐야만 네 마음에 맞겠는가. 사정에 끌렸다고 하고 또 규례를 위반하였다고 하였는데 모든 일에서 갑甲이 공정하다고 하는 것을 을乙은 사정을 썼다고 하는 법이다. 이 한 가지는 본래 따질 것조차 없지만 이른바 규례를 위반하였다는 말은 또 무엇을 가리켜 한 것인가. 여러 대간을 파면하자는 말은 우선 놓아두더라도 스스럼없이 대신을 깎아내리는 공격을 하고 나선 네 행동은 매우 해괴하므로 관작을 삭탈하는 법을 적용하는 바이다. 청한 일은 윤허하지 않는다."

정조는 장령 최경악의 상소를 배척하고 빨리 권점으로 뽑힌 자들을 대상으로 소시를 행하라고 명했다. 이때 한림소시를 주관해야 할 좌의정이자 춘추관 감사인 채제공은 물론 예문관 당상관들도 모두 나오지 않았다. 정조는 패를 내려 채제공을 부르고 한림소시를 행하라고 강력히 주문해 성사시켰다. 정조는 한림소시의 제목을 이렇게 내렸다.

"본조의 경연관이 한림 선발을 추천 방식에서 권점 방식으로 고침으로써 붕당을 지어 자기편을 두둔하고 남과 알력을 일으키는 풍조를 막아버릴 것을 청하였던 것에 관해 논의하라."

우여곡절을 겪은 끝에 시험을 치르게 되었지만 정작 권점에 뽑힌 관리들이 시험에 응하지 않았다. 권점에 문제가 있다는 비판을 받은 데다 소시의 주제가 권점과 관련된 것이라 민감할 수밖에 없었던 것이다. 더구나 노론 출신 장령이 권점의 부당성을 거론한 터라 노론 출신인 김이교, 심능직, 정문시는 시험에 응할 수가 없었다. 정조는 소시 강행 의지가 확고했고 소시 대상자들에게 강력하게 명령했다.

"이 글제에는 중요한 뜻이 담겨 있다. 선대왕(영조)의 50년 성대한 덕업이 오직 붕당을 제거하고 삿된 것을 없앤 데 있으므로 한림의 추천 방식을 없앤 일도 균역법 시행과 함께 동일한 대의의 정치다. 응시하는 사람들이 만약 지어 바치지 않는다면 그 죄가 어떻게 되겠는가. 너희는 즉시 지어 올리도록 하라. 그렇게 하지 않고 그냥 물러가 명령을 어긴 죄를 받은 다음에야 안심할 수 있겠는가. 승지와 시관은 이 내용을 엄하게 신칙하라."

그러나 해가 질 무렵까지도 답안을 제출하는 사람은 없었다. 정조가 누차 엄격한 하교를 내렸지만 소용이 없었다. 그때 규장각 제학 정민시가 글을 올렸다.

"한림권점은 곧 신진들의 극선極選이므로 원래 남의 구설에 오르고도 시험에 참여하는 일은 없었습니다. 신이 일찍이 한림권점에 참가하였을 때 '인재를 놓쳐버린다'고 말을 꺼낸 사람이 있었습니다. 이 말은 비록 규탄받은 것과는 차이가 있다고 하더라도 이미 사람들의 말이 있었기 때문에 이것으로 문제를 삼아 권점을 고치는 조치까지 있었습니다. 이번에 권점의 일로 받은 규탄은 예사롭게 나온 문제가 아니므로 선불리 참여하고 싶어 하지 않는 것은 애당초 이상할 것 없는 일입니다. 그런데 전하께서 너무 지나치게 독촉하시어 민망하고 난처하여 어찌해야 좋을지 모르게 만드시니, 신은 삼가 이것이 즉위하신 이후 처음 있는 잘못된 거조라고 봅니다."

정조는 정민시를 파직하고 이런 명령을 내렸다.

"정문시, 김이교, 심능직을 내가 직접 심문하겠으니 격식을 갖추어 대령토록 하라."

정조가 불같이 화를 내며 그들을 심문하겠다는 말까지 하자 그들은 한 발 물러서서 답안을 제출했다. 결국 여섯 명 중 정약용이 김이교와 함께 뽑혀 예문관 검열이 되었다. 하지만 그들이 뽑힌 뒤에도 권점을 비판하는 일이 가라앉지 않자 정약용은 예문관에 출근하지 않았다. 정조는 여러 차례에 걸쳐 등청할 것을 명령했으나 정약용이 끝내 등청하지 않자 귀양을 보내버렸다. 정약용의 귀양지는 충청도 서산의 해미였다. 정조는 정약용을 해미에서 열흘간 짧게 귀양 생활을 하게 한 뒤 풀어주었다. 권점을 비판하는 여론이 있는 상황에서 예문관 검열 생활을 하는 것이 불가능한 일임을 정조도 익히 알고 있었기 때문이다. 정약용이 돌아오자 정조는 그를 사간원 정언으로 임명했다. 한림이 안 된다면 사간원에 배치해 언관으로 쓸 요량이었다.

남인의 본고장 영남

채제공이 남인으로서는 80년 만에 정승이 되었다는 소식이 전해지자 남인의 본고장 영남이 들썩거렸다. 경상도는 안동을 중심으로 퇴계 이황의 학문이 우세하고 산청을 중심으로는 남명 조식의 학문이 강세였다. 퇴계학파는 남인을 형성하고 조식학파는 북인을 형성했는데, 1728년 이인좌의 난 때 영남 유생들이 난에 가담했다는 이유로 노론과 소론은 영남을 역적의 소굴로 취급했다. 특히 남인의 뿌리인 안동 지역을 심하게 배타적으로 대했다.

남인의 영수 채제공이 정승에 임명되자 안동의 유생들은 이인좌의 난 60년을 맞이해 연명으로 글을 올렸다. 이인좌의 난이 영남에서 일어난 것은 사실이지만 영남이 역적의 소굴은 아니며 오히려 당시 역적을 치려고 헌신한 인물들이 있었다는 내용이었다. 그리고 그 명부인 '창의록'을 만들어 올렸다. 이들을 대표한 인물은 이진동인데 그와 몇몇 유생이 직접 상소문과 창의록을 가지고 1788년 상경했다. 상소문에서 이진동은 이렇게 말했다.

"지난 무신년에 역적 정희량이 영남에서 반란을 일으켰을 때, 영남 인사들은 죽고 싶도록 부끄러워하고 분해하면서 편지로 서로 깨우치고 격문으로 고하여 집집마다 창의하였습니다. 금년 봄 그런 사람들을 찾던 때에 전부가 누락되었으니 억울하기 그지없습니다. 그래서 책자로 안동 등 열세 고을에서 창의한 사적을 하나하나 서술해서 아뢰옵니다."

안동 유생들의 상소문과 창의록을 읽은 정조는 1788년 11월

8일 좌상 이성원과 우상 채제공, 예조판서 이재간을 불렀다. 먼저 채제공에게 말했다.

"영남은 바로 선비의 고장이다. 그때 영남 사람 중에 속임과 유혹을 받아 역적이 된 자가 간혹 있었으나 어찌 이 때문에 전체 영남 사람의 앞길을 막아서야 되겠는가. 내가 영남 유생이 올린 책자를 보건대 여러 사람의 충의가 참으로 거룩한데 도신의 장계에 누락된 것은 자못 괴이하다. 임금의 정사에는 인재를 수습하는 것보다 앞서는 것이 없고 대신의 사업은 인재를 천거해 임금을 섬기는 데 있으니, 영남 사람 중에서 명성을 들어 알고 있는 사람 한둘을 우선 천거하는 것이 좋겠다. 경은 응당 들어서 알고 있는 사람이 있을 것이다."

정조는 영남의 남인 중에서 뛰어난 자를 뽑으려 했지만 채제공은 이렇게 말했다.

"인재를 천거하여 임금을 섬기는 일을 신이 어찌 감히 감당하겠습니까. 영남 유생의 이번 상언은 단지 조정에서 영남에도 충의의 선비가 있음을 알아주기를 바란 것뿐입니다."

굳이 영남 유생에게 벼슬을 내릴 것까지는 없고 그들의 억울한 심정과 충심을 알아주는 것으로 족하다는 얘기다. 남인의 영수로서 차마 영남의 남인을 뽑아야 한다고 말하지 못한 셈이다.

그러자 소론 좌의정 이성원이 오히려 정조의 말에 동조하며 말했다.

"한 도를 위로하는 도리로 볼 때 덮어두기가 어렵습니다."

말하자면 단순히 충의를 알아주는 차원이 아니라 그들 중 명성이 있는 자를 뽑아 관리로 발탁함으로써 영남의 충정에 보답해야 한다는 의미였다. 이성원은 영남 유생들이 올린 창의록을 영남에 다시 내려 보내 책자로 만들어 배포하도록 하자고 했다.

이 말을 들은 노론 영의정 김치인은 강력하게 반대했다. 그는 상소를 올려 터무니없는 인물까지 창의록에 끼워 넣은 이진동을 형벌로 다스려야 한다고 주장했다. 그렇지만 정조는 상소문을 가지고 상경한 영남 유생들을 불러 접견하며 말했다.

"무신란 60주년을 맞아 충절을 포장하고 공적을 기록하는 날을 당하여, 책자 가운데 실린 여러 사람을 모두 명현의 후예로 창의하는 일을 주도하였으니 내 진실로 찬탄하는 바이다. 그러나 당파가 한번 생겨난 뒤 취미가 각기 달라져 근래에는 조정에서 영남을 거의 다른 나라처럼 보니 진실로 개탄스럽다. 인재가 부족한 이때를 당하여 영남의 허다한 인사 중에는 반드시 등용할 만한 사람이 많을 것이니, 만약 수용해서 함께 조정에 늘어서게 한다면 어느 쪽에도 치우치지 않고 공평하게 하는 도에 부합할 것이다."

정조가 그간 역적의 고장으로 치부하던 영남을 더 이상 차별하지 않겠다고 공언하며 영남 유생을 뽑아 관리로 쓰겠다고 약조한 것이었다. 나아가 정조는 그런 내용을 담은 교지를 써서 내리고 안동 향교에 봉안하도록 했다.

이때 노론이 대대적으로 반발하고 나섰다. 그 과정에서 노론은 안동부사에게 당명을 내려 이진동을 죽이려고까지 하였다. 하지만 정조는 강력한 의지로 노론의 반대를 이겨냈다.

정조는 영남 유생과의 약속을 지키기 위해 특별히 영남 유림의 상징인 도산서원에서 과거를 치러 인재를 뽑았다. 도산별과로 불리는 이 과거는 1792년(정조 16년) 3월 시행했는데 여기에 응시한 유생이 7천 명을 넘었고 답안지로 제출한 시권도 5천 장이 넘었다. 그 7천 명이 넘는 유생 중 강세백과 김희락 두 명이 문과에 합격해 발탁되었다. 이 별과를 주관한 인물은 남인의 영수 채제공이었고 도산별과는 남인을 위한 잔칫상이나 다름없었다. 이 잔칫상을 왕이 직접 차려줬다는 것은 오랫동안 핍박받던 남인의 정치적 부활을 의미했다.

채제공 독상 체제

정약용이 사간원 관원으로 돌아왔을 때 조정은 채제공이 홀로 이끌어가고 있었다. 삼정승이 주도해야 할 조정을 좌의정 채제공 홀로 지키고 있었던 것이다. 원래 영의정은 노론 김익이 맡았으나 그는 1790년 9월 예순여덟의 나이로 죽었다. 어찌된 일인지 정조는 김익의 후임을 선정하지 않았다. 또 우의정은 노론 김종수였는데 1790년 1월 정조와 마찰을 일으켜 삭직했다. 정조는 우의정도 선정하지 않았다. 이에 따라 김익이 병상에 누워 등청하지 못한 1790년 3월 이후 좌의정 채제공만 자리를 지켰고, 영의정과 우의정은 공석인 상태로 국정을 운영하고 있었다. 말하자면 채제공 독상 체제였다.

사실 정조가 가장 믿고 의지할 만한 원로 정치인은 채제공뿐이었다. 정조 즉위공신 중 한 명인 소론의 영수 서명선은 중병으로 누워 있었고(서명선은 1791년 9월 사망한다), 그의 형 서명응은 이미 4년 전에 죽었다. 또 다른 공신 중 한 명인 노론의 영수 김종수는 정조와 자주 의견이 충돌해 내쫓기기를 반복했다. 동덕회 4인방 중 한 명인 정민시는 아직 원로 반열에 오르지 못한 상태라 정조는 채제공에게 의지할 수밖에 없었다.

이처럼 정조는 채제공 독상 체제를 유지하면서 육조 판서들에게 국정 관련 일은 모두 반드시 채제공의 의견을 물어 보고하라고 엄명을 내렸다. 가령 진산 사건(정조 15년 전라도 진산의 천주교 신자 윤지충과 권상연이 조상의 신주를 불태운 사건)의 경우 원래는 형조와 관련된 일이라 우의정이 관여할 사항이었지만 정승이 채제공뿐인 관계로 형조에서 채제공의 의견을 물어 처리 방침을 올린 것도 그런 이유 때문이었다.

채제공의 독상 체제는 남인의 힘을 크게 강화했다. 육조는 물론 사헌부, 사간원, 홍문관의 언관직에도 남인이 많이 배치됐고 모든 권력의 중심인 규장각에도 남인이 다수 포진했다. 정약용을 사간원에 배치한 것도 알고 보면 채제공의 힘이 작용한 결과였다.

정조가 가장 아끼던 신하들로 구성한 초계문신 선발 명단에서도 남인의 힘이 크게 강화되었음을 엿볼 수 있다.

1790년 9월 30일 제7차 초계문신 열아홉 명을 발탁했는데 노론 여섯 명, 소론 세 명, 남인 두 명에 붕당과 관계없는 나머지 여덟 명이 뽑혔다. 언뜻 노론이 가장 많은 자리를 차지한 것으로 보이지만 당시 청요직의 60퍼센트 이상이 노론이었던 점을 감안하면 그렇지도 않다. 붕당과 관계없는 여덟 명은 대부분 한미한 집안 출신이거나 왕가와 관련된 인물이었는데, 당색이 없는 이들이 뽑힌 것은 상대적으로 노론의 영향력이 약해졌음을 의미했다.

남인 중에 발탁된 두 명은 정약전과 윤지눌로 이들은 남인의 핵심 가문 출신이었다. 정약전은 정약용의 형으로 채제공과는 사돈 관계였고, 윤지눌 역시 남인의 거두인 윤선도의 후손이자 정약용의 외가붙이였다. 즉, 두 명의 남인 모두 채제공과 인척 관계로 묶여 있어 측근으로 분류할 수 있는 인물이었다. 채제공은 이들을 초계문신으로 발탁하는 대신 남인의 숫자를 줄이는 한편 한미한 가문 출신을 다수 발탁해 간접적으로 남인의 영향력을 강화한 것이다.

채제공 독상 체제가 끝나고 조정을 채제공과 노론 출신 우의정 박종악이 함께 이끈 1792년의 제8차 초계문신 선발에서도 남인의 성장을 엿볼 수 있다. 그해 3월 23일 발탁한 초계문신은 열 명인데 이들은 노론 네 명, 소론 두 명, 남인 두 명, 당색이 없는 인물 두 명으로 이뤄졌다. 선발 인원수로 보면 소론과 남인이 같고, 소론과 남인의 합이 노론과 같다. 당색이 없는 두 명은 노론 측이 아니므로 결과적으로 남인의 영향력이 확대되었음을 알 수 있다.

정조가 이렇듯 채제공을 중심으로 남인 세력을 키운 것은 정치 혁신을 단행하기 위한 조치였다. 정조가 구상한 정치 혁신의 골자는 조정을 노·소론과 남인이 정립하는 삼각 구도를 구축하는 데 있었고, 이를 위해서는 남인의 힘을 강화해야 했다.

윤구종 사건과 영남 유생들의 만인소

도산별과 직후인 1792년 4월 '윤구종 불경 사건'이 발생했다. 이는 노론 윤구종이 경종의 왕비 단의왕후 심씨의 능인 혜릉을 지나면서 말에서 내리지 않은 사건이다. 심지어 그는 노론은 경종에게 신하의 의리가 없다는 말까지 했다. 이 말은 경종을 왕으로 생각하지 않는다는 뜻으로 역적 행위나 다름없는 것이었다. 경종을 인정하지 않으면 경종을 이은 영조도 인정하지 않는 셈이고 영조를 이은 정조는 말할 것도 없었다. 신하가 자신의 뜻과 다르다고 해서 왕을 인정하지 않으면 그것이 곧 역적 행위다.

이 사건은 조정에 엄청난 파장을 불러일으켰다. 그 무렵 노론은 도산별과에 불만을 품고 정조와 대치하던 상황이었다. 노론 출신 사간원 정언 유성한은 왕이 궁궐에서 여악을 즐기고 학문을 소홀히 한다는 상소를 올리며 직접 공격을 감행했다. 이에 장령 유숙은 유성한의 상소가 불손하다며 삭탈관직을 요구했다. 그 와중에 윤구종 사건이 벌어진 것이다. 정조는 곧장 윤구종을 친국했고 국문 중에 고문을 견디지 못한 윤구종은 사망했다.

노론이 사건을 여기에서 마무리하려 하자 채제공이 나서서 유성한 무리를 조사해야 한다고 주장했다. 유성한 무리란 곧 노론을 의미했다. 말하자면 노론과의 전면 전쟁을 선언한 셈이었다.

채제공의 상소에 이어 1792년 4월 27일 영남 유생들이 만인소를 올렸다. 여기에 참여한 유생의 수는 1만 57명이었다. 그들은 만인소에 유성한의 소굴, 즉 노론을 비판하며 노론에게 희생당한 장헌세자의 명예를 회복해달라는 내용을 담았다.

만인소를 받아든 정조는 영남 유생의 대표자 이우를 궁궐로 불러 그동안 자신이 아버지 장헌세자의 명예를 회복하기 위해 단행한 조치를 열거하며 다독였다. 비록 직접적으로 아버지 문제에 복수한 것이라고 하지는 않았지만 그를 죽음으로 내몬 김상로를 비롯한 원수들을 모두 처벌했으니 장헌세자의 명예를 어느 정도 회복한 것이나 진배없다고 설명하며 더 이상의 요구는 하지 않는 것이 좋겠다고 했다.

그러나 영남 유생들은 2차 만인소를 올려 장헌세자의 죽음을 철저히 조사할 것을 요구했다. 이번에도 정조는 거부했다. 하지 않는 게 아니라 차마 하지 못한다는 말도 덧붙였다. 장헌세자 사건을 재조사하는 것은 노론과의 전쟁을 의미했다. 정조는 그 전면전이 불러올 참화를 염려해 더는 장헌세자 사건과 관련된 상소를 올리지 말라며 상소 금지령까지 내렸다. 그 전면전이 결국 남인의 엄청난 피해로 끝날 것을 알고 있었기 때문이다.

정조의 상소 금지령에도 불구하고 장헌세자 사건을 전면 재조사해야 한다는 요구는 이어졌다. 이에 정조는 아예 업무를 거부하고 편전에 나오지 않았다. 그렇게 열흘이 흐른 5월 22일 정조는 갑자기 중신들을 소집해 자신이 장헌세자 사건을 재조사하지 않는 이유는 영조의 유훈 때문이라고 했다. 죽기 전 영조는 장헌세자 사건을 다시 거론하는 자는 역률로 다스려야 한다는 말을 남겼다. 정조는 이 말을 지키겠다는 뜻을 전달했다.

정조의 말을 들은 채제공은 지지 의사를 담은 상소를 올렸다.

정조는 그 상소를 등사해 전국의 모든 사대부와 관리에게 알리라고 명했다. 이로써 장헌세자 사건을 재조사하라는 요구는 일단 수면 아래로 내려갔지만 불씨는 여전히 남아 있었다. 이듬해 채제공은 이 문제를 다시 거론했다.

남인의 리더로 부상한 이가환

채제공이 독상으로 있을 무렵 그는 이미 일흔을 넘긴 나이였다. 그를 이어 남인을 이끌 차세대 지도자가 절실했는데 그때 물망에 오른 인물 중 으뜸이 이가환이다.

이가환을 소개하려면 성호 이익을 거론하지 않을 수 없다. 이익은 영·정조 시대 모든 남인이 스승으로 섬긴 인물로 단순히 남인 출신 학자가 아니라 실사구시 학문을 추구한 실학의 중조였다. 그의 학문은 이미 영조 시절부터 세간에 명성이 자자했고 그는 안정복과 이중환을 비롯한 여러 실학자를 배출했다. 채제공은 이익에게 직접 학문을 배우지는 않았으나 그를 스승으로 섬기며 사숙했다. 정약용의 아버지 정재원 역시 이익을 스승으로 섬겼다. 이익은 당시 모든 남인의 스승이라 해도 과언이 아니었다. 정약용도 '성호 선생이 남긴 글을 얻어 읽고 학문을 해야겠다는 마음을 먹었다'고 했다. 남인을 이끌 차세대 리더로 부상한 인물들도 모두 이익의 제자였다. 그들 중 가장 눈에 띈 인물이 바로 이가환이었다.

이가환은 이익의 형 이침의 손자로 이익에게 직접 학문을 익혔다. 1742년에 태어난 그는 채제공보다 스물두 살 아래고 정약용보다 스무 살 위다. 채제공보다는 한 세대 뒤, 정약용보다는 한 세대 앞선 인물인 셈이다. 정약용의 표현을 빌리면 그는 당대 가장 박식한 천재였다. 정약용은 〈정헌 이가환 묘지명〉에서 그를 다음과 같이 묘사하고 있다.

> 공은 여러 종형제 사이에서 가장 나이가 어렸으나 학문이 가장 깊었다. 더구나 그의 기억력은 고금에 뛰어나 눈으로 한 차례 보기만 한 것도 죽을 때까지 잊지 않고 우연히 자극만 받으면 한 번에 수천백 마디를 외워 마치 술통에서 술이 쏟아지듯 유탄이 퍼부어 널빤지를 뒤엎듯 하였다. 구경 · 사서 · 23사에서 제자백가 · 시 · 부 · 잡문총서 · 패관 · 상역象譯(통역) · 산율算律 등의 학문, 우의마무牛醫馬巫(수의학)의 설, 악성종양과 치질 치료법에 이르기까지 무릇 글자로 지은 것은 한번 건드리기만 해도 물 쏟아지듯 막힌 데가 없었다. 또 모두 정밀히 연구하고 알맹이를 파내 한결같이 전문적으로 공부한 사람 같았다. 질문한 사람마다 깜짝 놀라 귀신이 아닌가 의심할 정도였다.

18세기 최고의 천재 정약용이 이 정도로 묘사했다면 이가환의 천재성은 의심할 여지가 없다. 그의 천재성은 온 나라에 소문이 났고 왕의 귀에까지 들어갔다. 물론 그를 정조에게 소개한 인물은 채제공이었다. 이가환의 천재성을 일찍부터 알아본 채제공은 이미 그를 다음 리더로 점찍은 상태였다.

1778년 2월 정조는 승문원 정자 벼슬에 있던 이가환을 불러 직접 천재성을 시험했는데, 과연 그는 기대에 어긋나지 않았다. 정조는 이가환에게 중국 상고대 하·은·주의 역사, 인물, 영토, 국경, 풍토, 변경의 족속부터 한·당·송·명·청의 정치, 문물, 제도, 인물에 이르기까지 수십 가지 질문을 마구 던졌다. 이가환은 그 많은 물음에 단 하나도 빼놓지 않고 대답했고 어떤 문제에도 막힘이 없었다. 심지어 역법과 수학, 과학까지 답을 술술 이어갔다. 그의 뛰어난 학문에 감탄한 정조가 말했다.

"이 사람은 해박하여 바로 질문하고 논하기에 아주 좋은 상대다."

이가환을 채제공을 이을 차세대 남인 리더로 판단한 정조는 그를 가급적 옆에 두려 애썼다. 1781년 그를 사헌부 지평으로 발령한 뒤 규장각 초계문신으로 삼아 서적 편찬에 투입했고 승지로 발탁하기도 했다. 이후 정주목사로 임명해 잠시 외직에 뒀는데 이 기회를 틈타 노·소론에서 그를 탄핵하는 바람에 유배를 보내기도 했다.

유배에서 풀려 돌아온 이가환은 부친상을 당했고 이때 채제공을 향한 노·소론의 반격이 극에 달했다. 이 일을 두고 정약용은 〈정헌 이가환 묘지명〉에 다음과 같은 기록을 남겼다.

> 귀양에서 풀려 돌아온 다음 아버지 상을 당해 포천에 머물고 있었다. 그때 친구들 중 번옹(채제공)에게 두 마음을 먹는 자들이 날로 늘고 달로 더해감을 듣고 '일이 급박하게 되었구나'라며 상복을 입은 채 상경하여 유항주와 상의했는데, 마침 김복인이 개연히 상소하여 번옹의 억울함을 밝히고 마침내 여러 배반자를 공격하였다. 임금이 아주 기뻐하며 비답을 내리기를 '가려운 곳을 긁어주는 것 같다'고 하였으니, 이때

임금도 번옹이 모든 동지들의 마음을 잃고 마침내 우익이 없어진 것으로 생각하다가 김복인 공의 상소를 읽어보고 비로소 밝은 논의가 아직도 많음을 알게 되신 것이었다.

이가환이 부친상을 당한 와중에도 김복인을 통해 채제공을 구명하려 했다는 얘기다. 정조는 당시 채제공이 완전히 지지 세력을 잃은 줄 알았는데, 김복인의 상소를 보고 아직 채제공을 위한 '밝은 논의'가 있다는 사실을 알게 되었다. 그 밝은 논의의 중심에 이가환이 있었다.

이가환을 경계하는 노론

이가환을 채제공의 후계자로 낙점한 정조는 그를 다시 불러 기용했다. 채제공의 독상 체제가 끝난 직후인 1792년 9월 정조는 이가환을 사간원 수장인 대사간으로 전격 발탁했다. 이 일로 노론은 극도로 긴장했다.

이가환은 남인 청류의 종가라고 할 수 있는 성호 이익의 종손으로 숙종 때 노론이 역적으로 내몬 이잠의 후손이었다. 그 정도 배경을 갖춘 이가환이 대사간에 이어 대사헌과 판서를 거쳐 정승에 오르면 남인 세력이 노론을 능가하는 거대 세력으로 성장할 우려가 있었다.

노론은 당장 사헌부 지평 김희순을 앞세워 잘못된 인사라며 이가환의 대사간 임명을 철회할 것을 주장했다.

"생각하건대 간장諫長(대사간)은 청선淸選(흠 없이 깨끗한 인물을 선택하는 것)이라 더욱 어렵고 신중하므로 초사初仕(처음 벼슬길에 오르는 것)를 차출하는 것과 같이 비교할 수 없는 일입니다. 전하께서는 장관 회의를 거치지 않고 아당亞堂(참판)이 거행하게 하셨으니 이는 그 선발을 소중히 여기는 도리가 아닐 것이며, 그 일을 거행한 전관銓官(인사를 맡은 이조 또는 병조 관리) 또한 외람됨을 면할 수 없습니다. 관방官方(관리가 지켜야 할 규율과 고유 업무. 곧 이조의 인사 행정을 일컬음)을 무너뜨리고 명기名器(사간원을 일컬음)를 더럽힌 것이 어떠합니까. 이가환 발탁은 더더욱 놀라운 점이 있습니다. 가환을 청관淸官에 의망하는 것은 합당치 못하다는 것은 본래 엄정한 공론이 있습니다. 지금까지 거쳐 온 경력만 해도 너무 지나치다 할 수 있는데 하물며 한 원院의 장관을 어찌 이 사람이 더럽히게 할 수 있겠습니까. 그 세도에 따른 근심이 진실로 적지 않다 하겠습니다. 신의 현직을 언책言責(언관)으로 자처하는 것은 아닙니다만 일이 눈앞에 있는 것이라 외람되이 몇 말씀 진달하는 바이니 삼가 살펴주시기 바랍니다."

김희순은 정조가 이가환을 사간원 대사간에 임명한 것은 여러 면에서 부당한 인사라고 지적하고 있다. 사실 김희순의 지적에 전혀 근거가 없는 것은 아니었다. 그 무렵 정조는 남한산성으로 행차했다가 돌아오면서 갑자기 사헌부와 사간원 수장을 교체하겠다고 선언했다. 이조에 빨리 발탁해 올리라고 재촉하기까지 했다. 공교롭게도 그때 정조는 수어사를 겸한 이조판서 오재순에게 남한산성을 자세히 살펴보도록 조치한 상태였다. 즉, 이조의 장관이 자리를 비운 상태에서 양사 수장을 교체하라고 명령한 것이다. 결국 대사헌과 대사간 선발을 참판 이병정과 참의 서매수가 맡았는데 그들은 대사간에 윤행임, 대사헌에 서영보를 확정해 정조에게 올렸다.

정조는 윤행임을 낙점했다가 이내 다시 뽑으라고 명했다. 다시 올리라고 하자 이병정과 서매수는 임제원, 이가환, 이문회 세 사람을 올렸다. 이에 정조는 이가환을 선택했고 김희순은 이를 옳은 인사가 아니라고 지적했다. 우선 이조판서가 자리를 비운 가운데 후보자를 추천한 것이 문제고, 다음으로 윤행임을 낙점했다가 곧 바꾼 것도 문제라는 것이었다. 게다가 김희순이 더 큰 문제로 지적한 것은 따로 있었다.

김희순은 이가환의 경력만 따져 봐도 대사간에 발탁할 수 없다며 그 인사 조치는 사간원을 더럽히는 일이라고 표현했다. 거기다 세도까지 운운했다. 대놓고 말하지는 않았지만 이가환이 이잠의 후손이라는 출신 문제를 거론하는 동시에 세도를 들먹여 채제공을 공격한 셈이었다. 간단히 말해 이가환은 역적 이잠의 후손이라 애초에 대사간 발탁이 불가능한데 권신 채제공이 뒤에서 힘을 쓴 것이 아니냐는 얘기였다. 이잠은 성호 이익의 형이자 이가환의 증조부로 숙종대에 장희빈을 두둔하는 상소를 올렸다가 의금부에 붙잡혀 심한 형벌을 받던 중에 죽었다. 그 때문에 죄인 취급을 받았는데 그 후손인 이가환이 어찌 청요직인 사간원의 수장이 될 수 있느냐는 항변이었다.

김희순의 글을 읽은 정조는 무섭게 화를 냈다.

"이것이 협잡이 아니고 무엇인가?"

처음부터 일갈한 정조는 이렇게 덧붙였다.

“이번 양사(사헌부와 사간원) 장관을 통청하는 데 어찌하여 감히 장관 회의를 거치지 않았다고 말하는 것인가? 설혹 격례에 익숙하지 못하여 이 두 편의 상소가 있었다 할지라도 양사 장관을 아울러 언급했다면 그래도 괜찮을 것이다. 유독 신통新通(새롭게 발탁함) 중인 간장만 제기하고 또 유독 이가환 한 사람만 제기하였으니, 여기에서 그 정신이 이가환 한 사람에게 있음을 알 수 있다. 이는 당파에 사정을 둔 것이 아닌가. 전으로 보나 후로 보나 세도를 운운한 것은 바로 그 자신의 얘기다.”

정조는 지평 김희순을 삭직토록 했다. 이 일을 기록한 사관은 다음과 같은 평을 달고 있다.

“이가환은 흉인 이잠의 종손으로 사람됨이 음흉하고 난폭하였으나 문명文名이 있었으며 채제공과 더불어 당을 위해 몸을 바쳤다.”

순조 때 만든《정조실록》의 이 사론은 노론 벽파 측 평가다. 이 내용은 당시 노론 측이 이가환을 채제공과 함께 남인을 이끈 핵심 인물로 보았음을 시사한다.

김희순을 삭직한 정조는 다시 이가환을 성균관 수장인 대사성으로 삼았다. 그를 대사간으로 발탁한 지 겨우 보름이 지난 때였다. 이가환이 사간원으로 등청하지 않았을 뿐 아니라 언관의 수장인 대사간이 탄핵을 당했으니 그 자리에 계속 둘 수 없었던 것이다.

이번에도 노론은 이를 지켜만 보고 있지 않았다. 그날 사간원 정언 한상신과 이명연이 연명으로 상소해 말했다.

“대사성 이가환은 지친에게 허물이 있으니 화현華顯(학관) 대열에 두어서는 안 될 것입니다. 더구나 대사간으로 천망했으니 사람들의 말만 무성해질 것입니다. 전하의 이번 명은 혹여 격한 마음에 행한 일이 아니십니까? 격한 행동은 중용의 도가 아니니 밝으신 전하께서 어찌 이처럼 중용을 벗어나는 일을 하시겠습니까마는, 일과 때가 서로 가까워 그런 혐의가 없지 않습니다."

정조는 기분 나쁜 기색을 드러내며 대답했다.

"이가환에게 벼슬을 내리자마자 너희가 연명으로 올린 상소가 뒤따라 이르렀는데 한 명의 이가환을 임금의 특지로 대사성을 삼은 것이 당장의 큰 문제인가? 마치 서로 뒤질세라 서둘러 언덕에 오르듯 하고 있는데 너희는 번거롭게 하지 말라."

같은 날 중추원 판사 박종악이 나서서 이가환에게 내린 특지는 잘못된 것이라고 지적했다. 젊은 당인들의 힘으로 되지 않자 중진이 직접 나선 격이었다. 박종악 역시 한상신과 마찬가지로 정조에게 중용의 도를 유지하라고 말했다. 이에 정조는 자신이 《중용》을 가장 많이 공부한 사람이라며 더 이상 거론하지 말라고 대답했다.

이때 이가환은 성균관에도 등청하지 않았다. 결국 정조는 1792년 9월 18일 이가환을 개성유수로 특보했다. 하지만 정조는 이가환을 곁에 두지 못해 무척 마음이 상했던 모양이다. 9월 19일 정조는 채제공을 불러 속마음을 드러냈다.

"개성유수 이가환의 일 때문에 이틀 밤을 못 잤으니 도리어 한번의 웃음거리도 못된다. 선대왕의 탕평 사업을 계승하는 것이 곧 내 고심이다. 근래의 일도 당에 치우치지 않고자 하는 내 뜻으로 대략 임금의 권한을 사용한 것이다."

정조는 이가환 대신 다른 남인을 발탁하려는 마음을 드러냈다.

"승지 김한동은 비록 영남 사람이긴 해도 자못 영민하여 서울 사람과도 같으며, 지난번에 이헌유를 보았는데 인상이 꽤 좋고 영민해 보였다."

채제공은 정조를 만류했다.

"이헌유는 업무를 배우느라 다년간 서울에 머물러 있어서 그러하겠습니다만 신의 생각으로는 영남 사람에게서 취할 점은 질박하고 진실한 것인데, 요즘 같은 상황에서는 반드시 가까운 자들을 쓸 필요는 없을 듯합니다."

채제공은 혹 정조가 지나치게 남인만 발탁하면 노·소론이 함께 반발할 것을 우려한 것이었다. 사실 노론은 이가환을 개성유수로 삼은 것도 잘못된 인사라고 비판했다. 김종수와 함께 노론 벽파를 이끌던 심환지는 당시 승정원 승지였는데, 그는 정조에게 이가환의 출생에 문제가 있다고 말한 뒤 이렇게 덧붙였다.

"전하께서는 대사간에 격해지면 대사성 자리에 제수하시고 대사성에 격해지면 또 유수의 중임에 발탁하시어 마치 여론을 억제하는 듯이 하셨지만 실제로는 모두 전하의 뜻을 시원히 푸신 것일 뿐입니다. 어리석은 신은 죽음을 무릅쓰고 전하를 위해 진실로 이 조치를 애석히 여기는 바입니다."

말은 자못 부드럽게 하고 있지만 심환지는 정조가 인사권을 마음대로 행사한다고 지적하고 있다. 이가환을 대사간에 앉힌 것을 비판하자 성균관 대사성에 임명하고 또 그것을 비판하자 오히려 벼슬을 올려 종2품 개성유수로 임명한 것은 성질을 이기지 못한 행동이라는 것이다.

그 말에 정조는 이런 반응을 보였다.

“이가환의 종조는 나도 그 이름을 익히 듣고 있으나 종조는 종조고 종손은 종손이다. 재능을 헤아려 임무를 맡겼는데 이가환이 문사文士가 아니라는 말인가. 경 또한 옛 습관을 면하지 못하고 구습에 젖어 이렇게 뭇사람을 따라 하고 있으니 매우 놀라운 일이다.”

이렇듯 정조는 이가환을 아끼는 마음을 노골적으로 드러내며 노론의 공격을 막아냈다.

영의정에 오르는 채제공

정조가 채제공에 이어 이가환을 남인의 영수로 생각하고 그를 키우려 하자 노론은 채제공과 이가환을 동시에 공격했다. 이에 채제공이 나서서 김희순의 상소를 언급하며 자신을 문책해달라는 상소를 올렸다. 김희순이 상소에서 세도를 언급했는데 이는 곧 이가환이 채제공의 세도를 등에 업었다는 말이었고, 채제공이 이를 문제 삼아 상소를 올린 것이다. 정조는 채제공을 다독이며 신경 쓰지 말라고 했다.

다시 판부사 박종악이 상소를 올려 이가환 문제를 거론하자 채제공은 사직 상소를 올렸다. 곧이어 이조판서 이문원도 이가환 문제로 채제공을 공격했고 채제공은 다시 사직 상소를 올렸다. 이에 정조는 이조판서 이문원을 삭직해 전리로 방출해버렸다. 그리고 채제공을 비난한 대사헌 정존중을 잡아다 추국하라고 명했다.

이처럼 이가환의 대사간 임명 문제는 점점 정조와 노론의 대립 양상으로 번져갔다. 채제공 역시 물러서지 않았다. 채제공은 도성 밖으로 나가 엄한 벌을 받기를 청했고 그 보고를 받은 정조는 화를 내며 채제공을 삭탈관직해 도성 밖으로 내쫓으라는 명을 내렸다.

이후 삼사에서 채제공을 유배 보낼 것을 청했고 부교리 이동직은 채제공과 이가환, 신기현, 윤영희 등 남인을 대거 죄주어야 한다고 주장했다. 물론 주목표는 채제공이었다. 채제공만 무너뜨리면 나머지 남인은 일거에 쓸어버릴 수 있다고 판단한 노론은 상소에 이렇게 말했다.

"저 채제공이 군주를 저버리고 나라를 등졌으며 역적을 두호하고 악당과 무리를 이룬 죄를 어찌 다 처벌하겠습니까. 지엄한 자리를 지척에 두고도 조금도 주저하거나 꺼리는 기색 없이 오직 제 가진 마음이 드러나지 아니할까 제 입지가 행여 흔들릴까 그것만 두려워하면서 마치 역적을 위해 절의라도 세우려는 사람 같으니 그야말로 흉측하고 끔찍합니다."

또 이가환을 두고 다음과 같이 말했다.

"이가환 같은 자는 채제공에게 빌붙어 그의 후원을 받아왔습니다. 역모의 진상이 낭자하게 드러난 오늘까지 그는 그의 당여黨與로서의 처벌에서 빠져 있으니 그에게 있어서는 행운이라 할 것입니다. 그런데도 그는 외람되이 벼슬자리에 머물러 있으면서 대각의 바른 논박도 무시하고 대신들이 소를 올려 배척하는 데도 아랑곳하지 않고 의기양양하게 염치 불고하고 부임하여 갔으니, 그 방자

하고 기탄없는 것이 비록 그들이 늘 하는 버릇이라고는 하지만 도대체 인간의 수치스러운 일을 모르는 자들이라 하겠습니다."

그렇지만 정조는 노론이 채제공과 이가환을 쫓아내고 이어 남인을 궤멸하려는 수작을 훤히 꿰고 있었다. 정조는 이동직을 질타했다.

"한미한 집안의 누더기를 걸친 자들을 초야에서 뽑아 올렸는데 가환은 그 가운데 한 사람이다. 그대는 가환을 두고 말하지 말라. 가환은 지금 골짜기에서 교목喬木으로 날아오른 것이고 썩은 두엄에서 새롭게 변화한 것이다. 그의 심중에서 나오는 소리가 왜 점차 훌륭한 경지로 들어가지 못할 것이라고 근심하는가. 설사 가환이 재주가 둔하여 사흘 동안 괄목할 만한 성장이 없다손 치더라도 그의 아들이나 손자가 또 어찌 번번이 양보만 하고 스스로 자신의 목소리를 훌륭하게 내지 않겠는가."

정조는 이가환 한 사람을 두둔했지만 실제로는 남인 세력 전체를 옹호한 것이었다. 오랫동안 조정에 쓰이지 못한 남인이 골짜기에 처박혀 뜻을 펼치지 못하고 있지만 이제 썩은 두엄에서 새롭게 변해 재주를 드러내고 있으며 그들의 자손은 훌륭하게 성장하리라는 예고였다. 정조의 이 말에 노론은 극도로 긴장했다. 남인이 훌륭하게 성장해 조정의 중심을 차지하면 자연히 노론의 입지는 약화될 수밖에 없기 때문이다.

1792년(정조 16년) 11월 9일 정조는 장단부에 유배한 채제공을 전격 석방했다. 유배 조치를 취한 지 불과 한 달 만이었다. 노론은 채제공의 석방 명령을 취소해야 한다고 주장했지만 정조는 오히려 채제공의 직첩을 돌려주고 그를 공격한 자들을 모두 삭직해 쫓아냈다. 그리고 1793년 1월 채제공을 수원부 유수로 임명해 수원 화성 축성을 총괄하게 했다. 4개월 뒤인 5월에는 그를 다시 영의정으로 삼아 조정을 이끌도록 했다.

이렇게 남인 보호 정책을 변함없이 유지한 정조는 자신의 바람대로 조정을 3당 체제로 구축했다. 이는 정조의 3단계 정치 혁신 중 두 번째 단계의 완성이고 채제공의 입장에서는 눈물겨운 남인 부활의 소망을 이뤘음을 의미했다.

이제 정조에게 남은 것은 정치 혁신의 마지막 단계인 절대왕권 확보였다. 물론 이를 실현하려면 아직 넘어야 할 산이 많았다.

6장

정치 혁신의 새로운 암초, 천주교

천주교에 빠져든 남인 유학자들

정조가 남인의 영수 채제공을 정승으로 발탁하고 영남 유생들을 포용해 남인을 노·소론과 더불어 조정의 한 축으로 만드는 동안 정조의 정치 혁신을 위협하는 의외의 복병이 등장했다. 그것은 바로 천주교였다. 조선의 천주교는 특이하게도 자생적 집단이 확산했는데 그 중심에는 남인 학자들이 있었다.

천주교는 17세기 초 서학西學, 즉 '서양 학문'이라는 이름으로 조선에 알려졌다. 조선 학자들은 중국 선교사가 한문으로 저술한 한역 서학서를 접했고 특히 정계에서 밀려난 남인 학자들이 널리 읽었다. 그중 서학 입문서로 알려진 《천주실의》가 가장 인기 있는 책이었다. 이 책은 중국에서 리마두利瑪竇로 불린 이탈리아 예수회 선교사 마테오 리치Matteo Ricci가 1603년 저술한 한역 서학서다.

《천주실의》는 중국인에게 천주교를 전파할 목적으로 서술한 책이라 중국 고유문화를 수용하는 입장을 취하고 있다. 가령 유학의 경우 윤리와 도덕의 실천을 강조한다는 측면에서 찬양하기까지 했다. 반면 종교성이 강한 불교와 도교는 우상을 숭배한다며 강하게 비판했다. 한문 실력이 대단했던 마테오 리치는《천주실의》에서 단순히 천주교 교리만 설파한 게 아니라 중국 고대 문헌을 적절히 인용해 청나라 지식인을 설복하기까지 했다. 이에 따라《천주실의》는 청나라 유학계에 엄청난 파문을 일으켰고 찬반양론이 분분했다. 나아가 이 책은 조선 유학계에도 커다란 파장을 불러일으켰고 일본에까지 전파되었다.

조선에서《천주실의》가 유행하자 유학자들이 자신의 저서에 이 책을 소개하기 시작했다. 이것을 처음 소개한 책은 유몽인의《어우야담》이다. 이 책에서 유몽인은《천주실의》 상·하 8편의 편목을 소개했다. 이수광도《지봉유설》에서《천주실의》를 대략 소개했다. 이후에도 조선 유학자들의 관심은 이어졌고 성호 이익이 안내서《천주실의발》을 발표하면서《천주실의》가 그의 제자들 사이에서도 널리 읽혔다. 이익은 유학을 보호하려는 입장에서 천주교를 분석한 차원이었지만 그의 제자들에게 이르자 양상이 크게 달라졌다.《천주실의》로 천주교 이론을 접한 성호의 제자들은 다른 서학 서적까지 수입해 탐독하기 시작했다. 그 뒤 그들은 유학적 관점에서 천주교를 분석하고 비판하는 집단과 천주교를 수용해 종교적 신념으로 승화한 세력으로 나뉘었다.

천주교에 비판적 입장을 견지한 대표적인 인물은 이익의 수제자 안정복, 신후담, 이헌경 등이었다. 반대로 이익의 또 다른 제자 홍유한, 권철신, 권일신 등은 천주교의 가르침이 옳다고 믿고 이를 적극 수용했다. 이 중 권일신은 안정복의 사위였으나 장인과 전혀 다른 길을 걸었다. 권철신·권일신 형제와 홍유한 외에도 청년층인 이벽, 이승훈, 정약전 등이 천주교에 적극적이었다. 이들은 모두 정약용과 밀접한 인물이었다. 정약전은 정약용의 친형이고 권철신은 정약전의 스승이며 이벽은 큰형 정약현의 처남이었다. 그리고 이승훈은 누나의 남편, 즉 매형이었다. 이렇듯 정약용은 천주교에 몰두한 인물들에게 둘러싸여 있었기에 그가 천주교를 접하는 것은 필연이었다.

정약용이 서학이라는 이름으로 천주교의 존재를 처음 안 것은 열다섯 살 때인 1776년이었다. 정조 즉위년인 이때 정약용은 한양으로 올라왔다. 아버지 정재원이 채제공의 추천으로 호조정랑이 되어 한성으로 이사하자 정약용도 함께 상경한 것이다.

그 무렵 정약용은 서학의 기초 정보는 알고 있었으나 천주교를 제대로 접하지는 못했다. 정약용이 천주교를 본격 접한 것은 상경한 때로부터 8년이 지난 후였다. 아버지 정재원이 상경 1년 만인 1777년 화순현감으로 나가면서 정약용도 함께 갔기 때문이다. 정약용은 화순의 동림사라는 절에서 과거 공부에 몰두했다. 1780년 봄 아버지가 예천군수가 되자 역시 따라가 공부에 집중했다. 1782년 다시 봉은사로 자리를 옮겨 공부한 끝에 그는 1783년에야 비로소 진사시험에 합격했고 성균관에 입학하면서 한성으로 돌아왔다.

그가 성균관에 입학했을 때 매형 이승훈은 천주교에 몰두하고 있었다. 이승훈은 1756년생으로 정약용보다 여섯 살이 많았는데 스물다섯 살 때인 1780년 사마시에 합격해 진사가 된 후 성균관에 입학한 상태였다. 정약용이 성균관에 입학한 1783년 그는 서학에 깊이 심취한 나머지 자생적인 교인이 되어 있었다. 이때 이미 이승훈은 직접 베이징으로 가서 영세를 받고 천주교인이 되려는 결단을 내렸다. 결국 그해 겨울 이 일을 결행했다. 이승훈의 아버지 이동욱이 동지사 겸 사은사 황인점의 서장관으로서 베이징에 가게 되자 이승훈이 동행한 것이다.

베이징에 도착한 이승훈은 그곳의 북천주당을 찾아갔다. 베이징에는 동서남북에 성당이 하나씩 있었는데 그중 북쪽 성당을 찾아갔다는 말이다. 그가 북천주당에서 만난 인물은 그라몽Grammont 신부였다. 그라몽에게 천주교 교리를 배운 이승훈은 이듬해 2월 영세를 받았고 영세명은 베드로라 했다.

귀국하면서 그는 여러 천주교 서적과 십자가, 성화 등을 가져왔다. 그가 가져온 대표적인 책은 《천주실의》, 《성세추요》였으며 정약용도 이승훈에게 그 책들을 빌려 읽었다. 책을 읽기 전에 그는 이미 이벽에게 천주교를 배운 터였다. 그 시절 조선에는 자생적인 천주교 조직이 있었고 이벽은 그 조직의 핵심이었다. 그는 이승훈을 베이징으로 보내 영세를 받게 한 인물이기도 했다.

이들 자생 천주교도는 이른바 '강학회'라는 정기적인 모임을 열었는데 여기에 남인의 젊은 유생들이 대거 참여했다. 이 강학회를 이끈 인물은 그들 중 나이가 가장 많은 권철신이었다. 강학회를 연 곳은 경기도 광주 퇴촌면에 있는 천진암 주어사였다. 이와 관련해 정약용은 〈녹암 권철신 묘지명〉에 다음과 같이 쓰고 있다.

돌아가신 우리 형님 약전이 제자가 되어 공(권철신)을 섬겼다. 지난 기해년(1779년) 겨울 천진암 주어사에서 강학회를 열었을 때, 눈 내리는 밤 이벽이 찾아와 촛불을 켜놓고 밤새우며 경전을 토론했다.

이 토론회에 참석한 인물은 권철신을 비롯해 이벽, 정약전, 김원성, 권상학, 이총억 등 당대 남인의 수재들이었다. 모임은 계속 이어졌고 1784년 4월 15일 정약용도 이벽을 따라가 처음 참석했다. 그렇지만 정약용은 형 약전처럼 천주학에 심취하지는 않았다. 정약용의 〈자찬묘지명〉에 이런 글이 나온다.

갑진년 4월 이벽을 따라 두미협으로 배를 타고 내려가다 처음 서교를 듣고 책 한 권을 보았다. 그러나 변려문 학습에 온 마음을 기울여 공부하고 표, 전, 조, 제를 익혀야 했다. 그런 글들을 수백 권 수집하고 태학에서 날마다 내리는 과제와 열흘마다 보는 시험에 높은 점수로 뽑혀 서적, 종이, 붓 등을 가끔 하사받으며 가까운 신하처럼 임금과 자주 면담하고 경연에 올라가느라 그 밖의 일에는 참으로 마음을 기울일 겨를을 내지 못했다.

한마디로 정약용은 천주교 모임에 참석은 했으나 너무 바빠 천주학에 시간을 할애할 처지가 아니었다. 자신은 이벽을 따라가 책 한 권을 본 것 외에 천주교에 더는 관심을 갖지 않았다는 의미다.

을사추조적발 사건

이승훈이 베이징의 북쪽 성당에서 영세를 받고 돌아온 후 권철신, 권일신, 이벽, 정약전은 이승훈에게 세례를 받고 본격적으로 천주교 전파에 나섰다. 그 후 천주교는 신분을 넘어 중인에게까지 퍼졌고 심지어 서울에 임시 교회를 마련해 신앙 모임을 열기도 했다. 그들이 임시 교회로 삼은 곳은 명례방(지금의 명동)에 있던 역관 김범우의 집이었다.

그들은 이곳에서 정기적으로 모임을 열고 예배를 보았는데 1785년 봄 예배를 보던 중 갑자기 추조(형조) 관원들이 들이닥쳤다. 김범우의 집에 여러 수상한 사람이 드나든다는 첩보를 접한 형조의 금리禁吏들은 그곳에서 노름판을 벌이는 모양이라고 추측했다. 그런데 막상 들이치고 보니 노름판이 아니라 이상한 종교 모임이었다.

금리들이 김범우의 집으로 들이닥쳤을 때 교인들은 예배를 보는 중이었고 이를 주관한 인물은 이승훈이었다. 이승훈의 교리 강론을 듣다가 갑자기 일을 당한 교인들은 미처 정리하지 못한 성물과 화상, 천주교 서적을 모두 압수당했다. 그곳에 있던 사람은 전부 형조로 끌려갔다.

압수한 물품은 곧 형조판서 김화진에게 넘어왔고 그는 이 모임을 이상하게 여겼다. 중인의 집에 양반들이 모여 있었기 때문이다. 그것도 유력한 집안에다 하나같이 남인 출신이었다. 그때 김범우의 집에 모인 인물은 예배를 주관한 이승훈을 비롯해 이벽, 정약전, 정약종, 권일신, 권상학 등이었다. 그날은 참석하지 않았지만 이윤하, 이총억, 정섭, 윤지충 등 다른 양반들도 정기적으로 모임에 참석하고 있었다. 이윤하는《지봉유설》을 쓴 이수광의 8대손으로 권일신의 매부였고 윤지충은 정약종의 외가 6촌이었다. 즉, 이들은 모두 내로라하는 학자 집안의 양반들이었다.

이 사건을 접한 김화진은 천주교 모임임을 즉각 간파했지만 참석한 인물들이 예사롭지 않아 양반은 모두 풀어주고 역관 출신 김범우만 유배를 보내는 선에서 사안을 마무리했다.

1773년(영조 39년) 역관 증광시에 합격해 종6품 한학우어별주부를 지낸 김범우는 당시 서른다섯 살이었고, 1784년 이벽의 집에서 이승훈에게 세례를 받아 토마스라는 영세명을 얻었다. 그해 겨울부터 그는 자신의 집을 교회로 제공했는데 이듬해 3월 형조 관원들에게 체포된 것이다. 체포된 후 심한 고문과 형벌을 받고 밀양의 단장으로 유배를 간 김범우는 그곳 만어산의 금장굴 부근에서 2년간 귀양 생활을 하다 고문 후유증으로 사망했다.

이것을 을사추조적발 사건이라 하는데 이후 조선 양반 사회에 반천주교 운동이 일어났다. 특히 성균관 유생들은 집단으로 천주교에 반대하는 통문을 돌리기도 했다. 그러자 사헌부 장령 유하원이 이런 상소를 올렸다.

"서양 책들이 처음 관상감의 역관 무리로부터 흘러들어 오기 시작한 지 여러 해가 되었는데, 백성을 속이는 일이 날로 심해지고 그것을 믿는 무리가 많아졌습니다. 이른바 도道라는 것은 단지 하늘이 있다는 것만 알고 임금이나 부모가 있는 줄은 알지 못할 뿐 아니라, 천당이니 지옥이니 하는 말로 백성을 속이고 세상을 현혹하니 그 해독은 홍수나 맹수보다 심합니다. 마땅히 법사에게 더욱 금지하기를 더하여야 할 것입니다."

정조는 이런 비답을 내렸다.

"이른바 서양 천주교 서책 일은 정말로 그러하다. 네 말이 옳으니 아뢴 대로 시행할 것이다."

이런 정조의 명이 내리자 천주교 반대 운동이 급속도로 확산되었다. 중심 세력은 노론이었고 천주교에 비판적 입장이던 이익의 제자들도 가세했다. 특히 안정복은 《천학고天學考》와 《천학문답天學問答》을 저술해 천주교를 사악한 학문으로 몰아세웠다. 그 바람에 남인은 천주교를 바라보는 입장 차이로 분열 조짐을 보이기 시작했다.

한편 천주교 전파에 앞장선 이승훈과 이벽은 배교 압박에 시달리고 있었다. 이승훈의 아버지 이동욱은 모든 친척을 불러놓고 이승훈이 보는 앞에서 천주교 서적을 불태워버렸다. 어쩔 수 없이 이승훈은 일시적으로 천주교를 떠나야 했다. 이벽의 아버지 이부만은 종친들에게 불려가 강한 질책을 받은 뒤 자살을 시도했다. 이 때문에 이벽은 방문을 걸어 잠그고 두문불출하다 그만 죽고 말았다. 조선 천주교의 실질적 지도자인 이벽의 죽음은 천주교도에게 엄청난 충격을 안겨주었다. 거기다 이승훈까지 전교 활동을 멈추는 바람에 조선 천주교는 최대 위기를 맞았다.

진산의 흉흉한 소문

이벽이 죽고 나서 한동안 전교 활동을 멈춘 이승훈은 몇 개월 지나지 않아 활동을 재개했다. 그는 오히려 추조적발 사건 이전보다 한층 더 강한 신앙심으로 전교에 박차를 가했다. 덕분에 천주교도는 해가 갈수록 더욱 늘어났다. 그렇게 6년이 흐른 1791년(정조 15년) 10월 16일 대사헌 구익을 비롯한 사헌부 관원들이 연명으로 이런 상소를 올렸다.

"천주학은 이치에 어긋난 이단으로 세상을 현혹하고 백성을 속이는 것 가운데 가장 심한 것입니다. 연전에 조정에서 엄히 금지한 뒤 그 뿌리가 영원히 끊어진 줄 알았으나 민간에 남몰래 숭배하는 자들이 간혹 있다고 합니다. 이것도 해괴한 일인데 호남 진산군에 명색이 선비라는 자 몇 명이 그 학문을 전문적으로 공부하고 심지어 윤리를 손상하며 의리에 어긋나는 일을 하는 것이 한두 가지가 아니라 합니다. 이 때문에 읍의 수령이 엄히 잡아 가두고 통문이 태학에까지 이르러 온 세상이 떠들썩합니다. 경외를 막론하고 그들의 유혹에 걸려 점점 더 많은 사람이 빠져들면 장차 금수의 지경으로 정신없이 들어가고 말 것이니, 엄격히 타파하여 뿌리를 뽑고 근원을 막지 않을 수 없습니다. 청컨대 진산에 가둔 죄수를 도신(관찰사)이 특별히 엄하게 조사하여 그에 해당한 율을 적용하게 하시고, 한성부에서 오부五部에 엄하게 신칙(지시)하여 만약 발견한 자가 있으면 그 책은 불태우고 그 사람은 죄줌으로써 민심을 바로잡고 혼란의 근원을 막는 근본으로 삼으소서."

이 상소를 읽은 정조는 대수롭지 않은 사건으로 여겼다. 그래서 지방에 떠도는 풍문이라면 굳이 중앙이 나서서 처리할 필요까지는 없다는 비답을 내렸다. 천주교 같은 이단은 늘 있었고 이단은 정학正學인 유학이 제 역할을 하면 저절로 사라진다는 것이 정조의 생각이었기 때문이다.

이 일을 두고 좌의정 채제공은 이런 의견을 피력했다.

"세상을 현혹하고 백성을 속이는 서양학은 반드시 빨리 무겁게 처벌해야 합니다. 다만 특별히 꼬투리를 잡을 만한 형적이 없는데 만약 남을 공격하려는 마음으로 서학과 관계도 없는 사람을 지적하여 '저 사람도 일찍이 이것에 종사했다'고 말한다면, 이는 실로 밝혀내기 어려운 일이며 훗날 필시 세상일의 걱정거리가 되지 않을까 합니다."

채제공은 서학에 빠진 자들을 빨리 처벌하자고 말했지만, 이 말의 방점은 혹 서학 때문에 죄 없는 사람이 무고를 당해 곤욕을 치를 수 있다는 데 있다. 당시 천주교에 관심을 보인 인물들이 대부분 남인이라 채제공은 노론이 이 사건을 빌미로 남인에게 정치 공세를 가해올까 염려해 미리 차단하려 한 것이다.

정조 역시 채제공의 말에 동조하며 이렇게 말했다.

"만약 관계없는 사람을 공격하려는 계책을 부리는 일이 있다면 이는 떳떳한 법도에 벗어난 것이다. 그런 폐단이 있을 경우 경이 발견하는 대로 아뢴다면 응당 자세히 조사하여 엄중히 조처하겠다."

그런데 진산에서 발생한 천주교 관련 사건은 생각보다 사태가 심각했다. 정조는 호남 진산에서 일어난 일이니 관찰사에게 일임해 처리하게 했으나 대사간 신기의 생각은 달랐다. 그는 이 사건 관련 인물을 구체적으로 거론하며 국가의 윤리를 뒤흔드는 중요한 사태가 일어났다는 투로 말했다.

"권상연, 윤지충 양적兩賊은 유자라는 이름을 지니고 또 내력도 있는 집안입니다. 그들이 요망한 학술을 주장하고 유학을 배반하기만 하였더라도 사실 천만 가증스러운 일인데, 신주를 멋대로 태워 버리고 부모의 시신을 팽개쳤으니 이는 실로 강상綱常의 죄인으로 하늘과 땅 사이에 한순간도 용납할 수 없는 자입니다. 그런데 양사 신하들은 '세상을 현혹하고 백성을 속였으며 윤리를 손상하고 의리를 거슬렀다'는 따위의 말로만 간단히 말하였으니, 이런 흉악한 무리에게 무엇이 두려워서 그렇게 한 것입니까?"

신기가 거론한 윤지충과 권상연은 남인에다 채제공과 인척 관계였다. 윤지충은 정약용과 6촌 관계였고 권상연은 윤지충과 6촌 관계였다. 채제공은 정약용 누나의 시아버지로 그들과 먼 인척 관계였으니 이 사건에 민감할 수밖에 없었다. 자칫 이 일이 크게 확대되면 채제공 자신뿐 아니라 남인 전체가 흔들릴 수도 있었다. 또한 남인 내부에서도 천주교를 극렬 비판하는 무리가 있었기에 남인 분열로 이어질 수도 있었다.

신기의 상소 이전에 이 사건의 내막을 들은 바 있는 정조는 다음과 같은 비답을 내렸다.

"이번 범죄가 만약 소문대로 사실이라면 그 죄는 더 말할 것도 없으니, 금수나 오랑캐와 무엇이 다르겠는가. 묘당(의정부) 도백에게 엄히 신칙하여 법에 따라 엄격히 처벌하게 하겠다. 경외에서 몰래 숭상하는 무리도 역시 요청한 대로 엄히 금지하고 발견하는 대로 처단하게 하겠다."

정조가 파악한 소문의 내용은 10월 23일 지평 한영규가 올린 다음 글에 잘 나타나 있다.

"서양의 간특한 설이 언제부터 나왔고 누가 전한 것인지 모르겠으나 세상을 현혹하고 백성을 속이며 윤리와 강상을 없애고 어지럽히는 것이 어찌 진산의 권상연, 윤지충 양적과 같은 자가 있겠습니까. 제사를 폐지하는 것으로 부족해 위패를 불태우고 조문을 거절하는 것에 그치지 않고 그 부모의 시신을 내버렸으니, 그 죄악을 따져보자면 어찌 하루라도 이 하늘과 땅 사이에 그대로 용납해 둘 수 있겠습니까?"

정조는 한영규의 말을 믿지 않았다. 그저 와전된 소문일 뿐 사실일 리 없다고 생각했다.

한편 채제공은 이 사건의 소문을 듣고 그 나름대로 사람들을 전라도로 파견해 진상을 알아보았다. 그 과정에서 진산군수 신사원이 자신의 형에게 보낸 편지에서 윤지충이 위패를 소각했다는 소문은 잘못 알려진 것이라고 했다는 보고를 받은 터였다. 그는 정조에게 이렇게 말했다.

"서양학은 실로 불교 서적과 대동소이합니다. 요즈음 풍속이 경박한 것을 추구하여 이상한 글 보기를 좋아하기 때문에 간간이 미혹되어 돌아올 줄 모르는 자가 있는 것입니다. 진산의 두 죄수 문제는 그 고을 수령이 그의 형에게 보낸 편지로 들어보았는데, 윤지충이 신주를 불태우고 시신을 내버렸다는 말은 전한 사람이 잘못 전한 것이었습니다. 장례를 치를 때 예를 제대로 갖추지 못했다고 하는데 가난한 자가 예를 갖추지 못하는 것은 형편상 그럴 수도 있는 일입니다. 또 사판을 새로 만들지는 않았으나 이전의 신주는 그대로 있다고 합니다. 이제 만약 조사해보면 그 사실 여부를 가려낼 수 있을 것입니다."

부모의 위패를 불태운 두 선비

그러나 채제공이 파악한 내용은 사실이 아니었다. 10월 26일 진산 군수 신사원이 윤지충의 집을 수색했는데, 이때 발견한 신주함에는 신주가 들어 있지 않았다. 숨어 있던 윤지충과 권상연은 신사원이 윤지충의 숙부를 체포해 구금하자 자수했다. 이에 전라도 관찰사가 사건의 내막을 문초했다. 당시 전라도 관찰사는 정조 즉위공신이자 동덕회 4인방 중 하나인 정민시였다.

정민시가 윤지충에게 물었다.

"너는 천주학도가 맞느냐?"

윤지충이 대답했다.

"맞습니다. 저는 천주를 섬기고 있습니다."

"언제부터 어떻게 천주학을 접했느냐?"

"계묘년(1783년) 봄 진사시에 합격하고 갑진년(1784년) 겨울 서울에 머무는 동안, 마침 명례동에 있는 중인 김범우의 집에 갔다가 책 두 권을 접했는데 하나는 《천주실의》고 다른 하나는 《칠극》입니다. 그 절목에 십계와 칠극七克이 나옵니다. 매우 간략하고 준행하기 쉬워 두 책을 빌려 소매에 넣고 고향집으로 돌아와 베껴두고는 이어 그 책을 돌려보냈습니다. 겨우 1년쯤 익혔을 때 떠도는 비방이 많아 그 책을 혹 태워버리기도 하고 혹 물로 씻어버리고 집에 두지를 않았습니다."

"스승이 따로 있었느냐?"

"혼자 연구하고 학습했기 때문에 원래 스승에게 가르침을 받은 곳이나 함께 배운 사람이 없습니다."

정민시가 또 물었다.

"그러면 위패는 왜 없애고 제사는 왜 지내지 않는 것이냐?"

"천주를 큰 부모로 여기는 이상 천주의 명을 따르지 않는 것은 결코 공경하고 높이는 뜻이 될 수 없습니다. 사대부 집안의 목주木主(위패)는 천주교에서 금하는 것이니 차라리 사대부에 죄를 얻을지언정 천주에게 죄를 얻고 싶지는 않았습니다. 그래서 집안에 땅을 파고 신주를 묻었습니다. 죽은 사람 앞에 술잔과 음식을 올리는 것도 천주교에서 금지하는 것입니다. 더구나 서민이 신주를 세우지 않는 것은 나라에서 엄히 금지하는 일이 없고, 곤궁한 선비가 제향을 차리지 못하는 것도 엄하게 막는 예법이 없습니다. 그런 까닭에 신주도 세우지 않고 제향도 차리지 않은 것인데 이는 단지 천주의 가르침을 위한 것일 뿐 나라의 금법을 범한 일은 아니라고 봅니다."

정민시는 이번에는 권상연에게 물었다.

"너는 윤지충과 어떤 관계냐?"

권상연이 대답했다.

"저는 윤지충과 내외종內外從 사이로 같은 마을에 살고 있습니다."

"너는 어떻게 천주학을 접했느냐?"

"수년 전《천주실의》와《칠극》을 윤지충의 집에서 얻어 보았는데, 그때는 지충이 책을 태우거나 씻어버리기 전이었습니다."

"너도 제사를 폐지했느냐?"

"그렇습니다."

"너도 위패를 불태웠느냐?"

"그렇지 않습니다. 저는 위패를 훼손한 적이 없습니다."

정민시는 거기까지 듣고 매 30대를 치게 한 후 다시 윤지충에게 물었다.

"너는 정녕 신주를 마당에 묻었느냐? 그렇다면 마당을 파면 신주를 찾을 수 있는 것이냐?"

그제야 윤지충은 말을 바꿨다.

"양대 신주는 태워 그 재를 마당에 묻었습니다. 그래서 마당에 묻었다고 한 것입니다."

"그러면 모친의 신주는 어디에 있느냐?"

"모친의 장례 때는 처음부터 신주를 세우지 않았습니다."

"소문에 네가 신도들을 늘렸다고 하는데 사실이냐?"

"신도를 늘렸다는 말은 모호합니다. 천주학은 사람들이 스스로 터득하는 학문일 뿐 애초부터 권하고 가르쳐서 할 수 있는 것이 아닙니다. 형제처럼 친한 경우에도 본래 전해주지 못하는데, 어떻게 신도를 늘렸겠습니까?"

정민시는 권상연 쪽으로 고개를 돌렸다.

"너는 정녕 신주에 전혀 손을 대지 않았느냐? 그렇다면 신주는 어디에 있느냐?"

권상연이 대답했다.

"애초에 신주를 땅에 묻으려 하였으나 이목이 번거로울까 두려워 남몰래 불태워버리고 그 재를 무덤 앞에 묻었습니다."

"천주학 책은 어디에 있느냐?"

"애초부터 윤지충에게 빌려서 읽었고 베낀 일도 없기에 감춰둔 것이 없습니다."

문초를 끝낸 정민시는 정조에게 문초한 내용을 보고하며 이렇게 덧붙였다.

"지충의 동네 사람들을 추문하자 회격灰隔(관과 광중 사이에 회를 넣어 다지는 것)과 횡대橫帶(관을 묻은 뒤 광중 위를 덮는 널조각)를 예대로 했고, 시기를 지나 장사를 지낸 것도 사실이라고 하였습니다. 또한 부모의 시신을 버렸다는 것은 사실이 아닌 것으로 확인했습니다."

이 장계의 말미에 정민시는 이런 말도 첨부했다.

"형문을 당할 때 하나하나 따지는 과정에서 피를 흘리고 살이 터지면서도 얼굴에 찡그리거나 신음하는 기색이 없었고 말끝마다 천주의 가르침이라고 하였습니다. 심지어 임금의 명을 어기고 부모의 명을 어길 수는 있어도 천주의 가르침은 비록 사형의 벌을 받는다 하더라도 결코 바꿀 수 없다고 하였으니, 확실히 칼날을 받고 죽는 것을 영광으로 여기는 뜻이 있었습니다."

정민시의 말에 드러나듯 윤지충과 권상연은 신앙이 매우 굳건하고 확실했다. 그들은 천주교를 버릴 마음도 유학으로 돌아갈 마음도 전혀 없었다. 오히려 천주교도라는 이유로 죽는 것을 영광스럽게 여겼다. 그들은 심한 고문을 받으면서도 의연했고 죽음 앞에서 두려움이 없었다.

정민시는 그런 그들의 태도에 기가 질렸다. 그래서 미쳤다고 표현하기도 했다. 유학자인 그들이 기독교 전통이나 관습과 무관하게 스스로 책을 읽고 교리를 익혀 신자가 된 것만 해도 대단한 일인데, 그 신앙이 죽음조차 두려워하지 않을 정도로 확고했다는 사실은 그야말로 감탄스러운 일이었다.

최초로 사형된 천주교도

정민시의 보고를 받은 정조는 형조판서 김상집과 참판 이시수를 불러 명했다.

"이제 전라감사가 조사해 아뢴 것을 보면 윤지충과 권상연이 신주를 태워버린 한 조목에는 이미 자백하였다 하니, 어찌 이처럼 흉악하고 이치에 어긋나는 일이 있겠는가. 대저 경학經學으로 모범이 되는 선비가 없기에 사람들이 점차 물들어 이처럼 오도되기에 이른 것이니, 세도를 위해 근심과 한탄을 금할 수가 없다. 이번 일이 대부분 좌상(채제공)이 아는 사람들 가운데서 나왔기 때문에 외간에서는 혹 내가 좌상의 얼굴을 보아준다고 말하는 듯도 하다마는 이 일이야말로 위정벽사衛正闢邪에 관계된 것인데, 내가 어찌 한 대신을 위해 치죄를 소홀히 하겠느냐.

조사하는 일이 아직 결말이 나지 않았을 뿐이지 사학邪學을 하는 자가 어찌 권·윤에 불과하겠는가. 그러나 지금 만약 낱낱이 조사하여 사람마다 따지고 들면 이는 가르치지 않고 처형하는 것과 비슷해질 것이다. 그러니 다만 마땅히 하나를 징계하여 백을 경계하는 법을 써야 한다. 이미 드러난 자들을 법대로 처벌한다면 이것은 살리는 도리로 사람을 죽이는 것이 된다. 이렇게 한 뒤 방방곡곡에 알려 가르치고 금지하는 법규를 엄격히 세우는 일을 결단코 그만두어서는 안 될 것이다."

그리고 사건 확대를 방지하고자 이런 말을 덧붙였다.

"이 일을 형률만으로 다스릴 수는 없다. 사학을 물리치려면 무엇보다 먼저 정학을 밝혀야 한다. 요즈음 습속을 보면 모두 경학을 버리고 잡서를 따라감을 면치 못하고 있다. 세상에 유식한 선비가 없어서 어리석은 백성이 보고 느끼는 바가 없게 된 것이다. 내가 소설小說을 한 번도 펴본 일이 없고 내각에 소장했던 잡서도 이미 모두 없앴으니 여기에서 내 고심을 알 수 있을 것이다."

정조의 이 말은 천주학 역시 청나라에서 마구 수입하는 소설류의 잡학에 불과하니, 이는 모두 정학이 제대로 서지 못해 발생한 일이라는 뜻이었다. 이로써 정조는 이 일을 대대적인 천주교 탄압으로 확대하지 않으려는 의지를 드러낸 셈이었다.

정조의 명에 따라 형조에서 법률을 검토한 뒤 다음과 같은 의견을 올렸다.

"신들이 삼가 《대명률大明律》의 사무사술師巫邪術을 금지하는 조항을 보니 '무릇 모든 좌도左道로써 정도를 어지럽히는 술수나, 혹 도상圖像을 숨겨 보관하거나, 향을 피우고 무리를 모아 밤에 모였다가 새벽에 흩어지거나, 겉으로 착한 일을 하는 체하면서 민심을 선동하고 미혹하는 경우 괴수는 교형絞刑에 처한다' 하였습니다. 발총發塚 조에는 '부조父祖의 신주를 훼손한 자는 시신을 훼손한 법률과 비례한다. 자손이 조부모나 부모의 시신을 훼손하고 버린 경우에는 참수하되, 두 죄가 함께 발생한 때는 무거운 쪽으로 논죄한다' 하였습니다. 이제 윤지충과 권상연 등을 보면 요서妖書의 사특한 술수를 몰래 서로 전해 익히고 심지어 부조의 신주를 직접 태워버렸으니 흉악하고 패륜함이 이를 데 없어 사람의 도리가 완전히 끊어졌습니다. 위의 율에 따라 시행하소서."

정조는 다음의 교지를 내려 천주교를 금지했다.

"호남의 죄수 윤지충과 권상연을 사형에 처하도록 이미 옥관의 의견에 따랐는데, 그들의 지극히 흉패함은 매장하지 않았다는 한 조항이 낭설이라는 것과는 관계가 없다. 불에 태웠든 묻었든 따질 것 없이 사당 가운데 있던 신주에 의도적으로 손을 댔으니 이런 짓을 할 수 있는 자라면 무슨 짓인들 차마 하지 못하겠는가. 사형에 처하는 것만도 오히려 헐한 처분이라고 하겠다.

전라도 진산군은 5년 기한으로 현으로 강등하여 쉰세 고을의 제일 끝에 두도록 하라. 그리고 해당 수령이 그 죄를 짓도록 내버려 두었는데 그가 감히 관청에 있어서 몰랐다고 말할 수 있겠는가. 해당 군수는 먼저 파직하고 이어 해부에서 잡아다가 법에 따라 무겁게 처벌토록 하라.

천주학 서책을 집에 소장한 자는 관청에 알려 자수하게 하되 자수한 자는 따지지 말고, 오늘 새벽으로 시행하는 시점을 설정토록 하라. 이른바 그 서책이 다시 새벽 이후에 적발되는 경우 무거운 벌을 시행하되 가장家長도 함께 처벌하며 결단코 용서해주지 말도록 하라."

정조가 이 교지를 내린 지 닷새 만인 1791년 11월 13일 백성이 지켜보는 가운데 전주 남문 밖(현재 전동성당 자리)에서 윤지충과 권상연이 참수형을 당했다. 그들은 천주교를 믿었다는 이유로 형벌을 받아 직접 사형에 처해진 최초의 순교자였다. 그들 이전에 역관 김범우가 체포되어 유배 중에 죽었지만 천주교 신앙 때문에 형률에 따라 사형당한 경우는 이들이 처음이었다.

흔히 이것을 진산 사건 또는 신해박해라고 부르며 조선 최초의 천주교 박해 사건으로 알려져 있다.

홍낙안의 고발

진산 사건은 윤지충과 권상연의 사형으로 끝나지 않았고 그들에게 천주교를 전파한 인물로 지목된 권철신, 권일신, 이승훈 등도 체포되어 문초를 당했다. 이들을 체포한 배경에는 홍낙안이라는 인물이 있었다. 홍낙안은 본관이 풍산으로 경상도 안동 출신이며 이승훈, 이기경과 함께 공부한 남인이다.

천주교에 배타적 입장을 취한 그는 1787년 이승훈, 정약용과 친밀한 이기경에게 이승훈이 주도하는 천주교 모임이 있다는 말을 듣고 조정에 고발했다. 그 무렵 이승훈은 성균관 주변 반촌泮村에 있던 김석태의 집에서 정약용 등과 함께 천주학 서적을 공부했는데, 이기경이 이를 홍낙안에게 말하자 홍낙안이 모임에 참석한 이들을 고발한 것이다. 이를 정미년 반촌에서 있었던 모임이라 해서 '정미반회' 사건이라고 한다. 이 사건 이후 홍낙안과 이승훈의 관계는 나빠졌고 홍낙안은 1790년 실시한 증광문과에 급제해 관직에 진출했다. 이때 홍낙안은 천주교를 비롯한 이단 사학의 위험성을 경고하는 답안을 썼다고 전해진다.

그 후 홍낙안은 천주교 비판에 매진했는데 때마침 1791년 전라도 진산에서 윤지충과 권상연이 조상의 신주를 불태웠다는 소문이 들려왔다. 이에 홍낙안은 그들 두 사람뿐 아니라 이승훈, 권일신, 권철신 등이 천주교를 퍼뜨렸다고 주장했고 그중 권일신을 교주로 칭하였다. 이들이 천주학 책을 인쇄해 배포했다고 폭로하는 글을 써서 주변에 돌리기도 했다. 심지어 남인의 영수이자 좌의정인 채제공에게도 유사한 내용을 담은 편지를 보내 이단 사학 무리를 섬멸해야 한다고 촉구했다.

1791년 10월 23일 사헌부 지평 한영규가 정조에게 이렇게 고했다.

"요즈음 조사朝士 홍낙안과 유생 성영우가 각기 장문의 편지를 써서 사대부와 선비들에게 돌린다고 합니다. 영우의 편지는 신이 미처 보지 못하였으나 낙안의 편지는 보았습니다. 그 가운데 말하기를 '이전에는 나라의 금법이 무서워 어두운 골방에서 모이던 자들이 지금은 환한 대낮에 멋대로 다니면서 공공연히 전파하며, 이전에는 깨알처럼 작은 글씨로 써서 겹겹으로 덮어 상자 속에 숨겨 놓았는데 지금은 멋대로 간행하여 경외에 반포한다' 하였습니다. 또 '그 가운데 교주가 바로 그들의 괴수다' 했고 '빨리 천당에 돌아가는 것이 극락이 되고 칼날에 죽는 것이 지극한 영광이다' 하였습니다. '오도吾道(유학)를 이단이라 지목하는데 오도에서 사류 축에 끼지 못하는 것이 곧 그들의 소원대로 되는 것이다' 하고, '감히 간특한 학술을 하면서 그 무리를 많이 확보하기 위해 스스로 선봉이 되어 일을 시도하고 있다' 하였으며, 심지어 '만약 이렇게 10년이 지나도 변고가 없으면 헛된 말을 한 죄를 받겠다'고까지 하였습니다. 이른바 교주와 신도는 이미 편지를 낸 자가 있으니 한 번만 물어도 그가 누구인지 알 수 있을 것입니다."

이어 홍낙안이 채제공에게 장문의 편지를 보냈다며 그 내용을 올렸다. 홍낙안이 보낸 편지 내용은 이렇게 시작하고 있었다.

"합하閤下께서는 오늘 진산 양적(윤지충과 권상연)의 일을 어떤 변괴라고 보십니까? 대체로 서양학의 설은 그 유래가 오래되었고 내용도 충분히 들어 싫증이 날 정도입니다. 또 그 학술을 전문으로 연구하는 사람들이 불행히도 가까운 친구들 가운데서 나왔기에 사람들이 모두 이목에 익숙해서 크게 놀랍게 여기지 않으니, 비유하면 마치 물이 새는 배 안에 함께 앉아 있으면서 장차 함께 물에 빠질 것을 모르는 것과 같습니다. 말이 여기에 미치니 심장과 뼈가 다 서늘합니다."

그리고 그는 채제공 문하의 청년들이 천주교에 빠져 있음을 비판했다.

"이른바 사학이 아비도 없고 임금도 없으며 윤리를 무시하고 어지럽힘으로써 그 여파로 인한 해독이 참혹하며 유혹하는 것이 나날이 심해지고 있는 것은 합하께서도 이미 다 통찰하셨을 것이니, 어찌 소인의 여러 말을 기다릴 것이 있겠습니까? 그런데 요즈음 들어 크게 번성하여 그 속에 빠지지 않은 자가 없다는 사실에 합하께서 어떻게 모두 통촉하시겠습니까? 합하의 문하에 출입하는 자 가운데 곧고 바른 말과 깊은 우려로 합하의 임금을 보좌하는 정치를 돕는 자가 있다는 말은 전혀 듣지 못하였습니다. 더구나 이 문제는 친구들과 관계된 일로 비방을 피하는 데만 급급한 세상에 누가 기꺼이 합하를 위해 서둘러 말하겠습니까?"

길게 서설을 늘어놓은 홍낙안은 천주교 확산 실태를 신랄하게 비판했다.

"오늘날 도성의 경우부터 먼저 말하면 친구 사이의 사대부와 선비는 대부분 거기에 물들었고, 다른 동네로 길을 잘못 들어간 젊은이들에게도 파급되었습니다. 특히 총명하고 재주 있는 선비들이 열에 여덟아홉은 거기에 빠져버려 남은 자가 거의 없으며, 서로 친하다가 서로 욕하는 것이 술 취한 것도 같고 미친 것도 같습니다. 이전에는 나라의 금법이 무서워 어두운 골방에서 모이던 자들이 지금은 환한 대낮에 멋대로 다니면서 공공연히 전파하며, 이전에는 깨알처럼 작은 글씨로 써서 겹겹으로 덮어 상자 속에 숨겨놓았는데 지금은 멋대로 간행하여 경외에 반포하고 있습니다. 그 가운데 무지한 하천민과 쉽게 현혹되는 부녀자들은 한번 이 말을 들으면 목숨을 걸고 뛰어들어 지상에서 살고 죽는 따위는 아랑곳하지 않으며 영원한 천당 지옥설에 마음이 이끌려 일단 끌려들어간 뒤에는 현혹된 것을 풀 길이 없습니다. 특히 경기와 호서 지방의 경우 한없이 넓은 그물에 모든 마을이 다 벗어나지 못한 상황이니, 지금 손을 쓰려고 해도 해진 대바구니로 소금을 긁어 담는 것과 다름이 없습니다."

홍낙안의 표현대로라면 당시 남인 유생 중 서학에 물들지 않은 사람이 없고, 그들 중 상당수가 천주교에 빠져 있다는 얘기다. 또 양반뿐 아니라 일반 평민과 부녀자에게도 천주교가 퍼졌는데 그들 교인은 죽음도 불사할 정도로 신앙심이 대단하고 특히 경기도와 충청도 일대에 가장 널리 퍼졌다는 것이었다.

그는 윤지충과 권상연의 죄를 성토하며 권철신과 이윤하를 거론했다.

"지금 이단에 종사하는 자들은 모두 침을 흘리며 윤지충 무리가 한 짓에 감복하면서도 다만 예법이 두렵고 형벌이 앞에 있어 그래도 망설이고 두리번거리며 감히 멋대로 하지 못하는 것입니다. 권철신이 신주를 묻은 것과 이윤하가 조상의 제사를 폐지한 것 같은 일은 비록 소문은 있지만 아직 드러나지는 않았습니다."

홍낙안의 이 편지는 커다란 파문을 일으켰다. 홍낙안이 남인이고 그가 고발한 권철신이 성호 이익의 직계 제자이며 천주교에 빠진 사람들이 하나같이 채제공의 문하생이거나 이런저런 관계로 얽힌 문인이었기 때문이다.

정조와 채제공의 입장

홍낙안의 편지가 정조에게 올라가자 채제공도 글을 올렸다.

"삼가 양사가 함께 제기한 논계를 보니 이단을 물리치는 논의가 실로 사람을 감복하게 합니다. 그 말은 오로지 홍낙안이 쓴 장문의 편지를 근거로 삼은 것인데, 이른바 장문의 편지란 바로 신에게 보낸 것입니다. 신이 이미 그 속사정을 알고 있는 이상 어찌 침묵을 지킬 수 있겠습니까?"

이렇게 서두를 꺼낸 채제공은 홍낙안의 처사를 비판했다.

"이단을 물리치는 것은 가상한 일이긴 하나 만약 이로 인해 한층 더 젖어들고 뻗어 나갈 걱정이 생긴다면 이는 군자가 마땅히 경계해야 할 일입니다. 권·윤의 죄가 과연 전하는 자의 말대로라면 이는 오랑캐나 짐승만도 못한 짓으로 사람이라도 사람으로 인정하지 못할 자이니, 나라에 떳떳한 형벌이 있는 이상 다시 더 논의할 여지도 없습니다. 그러나 애석하게도 낙안의 글은 옳은 말을 하면서도 잘 가리지 못하고 문제 이외의 것을 부질없이 언급하였습니다. 더구나 성명聖明(왕)께서 위에 계셔서 조정이 편안하고 국내에 시끄러운 일이 없는데도 불구하고 장각張角과 백련교白蓮教 등의 말을 장황하게 끌어대 사람을 무섭게 만들면서 마치 국가의 재난이 당장 눈앞에 박두한 것처럼 하였으니, 비록 이단을 배척하는 마음이 급해 말을 적절히 헤아리지 못했다 하더라도 유독 민심이 쉽게 놀라고 의심하는 것은 생각지 않는단 말입니까. 지금 그 글이 온 세상에 두루 퍼져 대각의 계사에 급한 편지라고 말하기까지 하였으니 이는 낙안이 스스로 만들어 취한 것입니다."

채제공은 홍낙안이 아직 진상이 밝혀지지 않은 윤지충과 권상연의 일을 빌미 삼아 서학을 대대적으로 억압하고 이를 다시 정쟁 도구로 삼으려 한다고 지적했다. 이 글을 읽은 정조는 채제공을 불러 물었다.

"이른바 서학이란 게 어떤 것이기에 그렇게까지 사람의 마음을 속이고 현혹하는 것인가?"

채제공이 대답했다.

"그 학술은 오로지 천당과 지옥의 설이 중심인데 그 본뜻은 악을 버리고 선을 행하자는 것에서 생긴 듯하나, 그 폐단이 마침내 아비도 없고 임금도 없는 지경에까지 이른 것입니다. 이른바 아비가 없다고 한 말은, 아비로 섬기는 것이 셋 있는데 그중 상제上帝를 높여 첫째가는 아비로 삼는 것은 그나마 〈서명西銘〉의 '하늘을 아버지라 부른다乾稱父'는 뜻에 속합니다. 그러나 조화옹造化翁을 두 번째 아비로 삼고 낳아준 아비를 세 번째 아비로 삼는 점은 윤리가 없고 의리에 어긋나는 설입니다.

임금이 없다고 한 말은, 그 나라의 풍속은 본디 임금이 없고 일반 백성 가운데 뛰어난 자를 골라 임금으로 세운다 하니 더욱 흉악합니다. 또 그들은 말하기를 '사람이 죽으면 선을 행한 자는 천당으로 돌아가지만 악을 행한 자는 지옥으로 빠진다. 그러니 비록 제사를 지내더라도 천당으로 돌아간 자는 반드시 기꺼이 와서 흠향하려 하지 않을 것이고 지옥에 빠진 자는 또한 와서 흠향할 수 없다. 그러니 쓸데없이 제사를 지낼 필요가 없다'고 합니다. 우리나라는 예의의 나라인데도 불구하고 도리어 요망한 설에 미혹되니 실로 가증스럽습니다."

이 말을 들은 정조가 당부했다.

"지금 사특한 설을 중지하고 편벽된 이론을 막는 책임은 오로지 경에게 달렸다. 어떻게 하면 그들이 저절로 일어났다가 저절로 소멸해 모두 스스로 새로워지는 길을 얻게 할 수 있겠는가?"

채제공이 그 나름대로 해답을 내놓았다.

"지금 그 학술에 특별히 시행할 방도가 없고 또 근거를 잡아 조사할 만한 형적도 없습니다. 오직 드러나는 자부터 다스려 그 책을 태워버리고 그 사람들을 사람답게 만들면 자연히 수그러들 것입니다."

"비록 그 책을 물이나 불 속에 던져 넣는다 하더라도 만약 몰래 감춰두는 자가 있으면 어찌 모두 수색할 수 있겠는가."

"진시황의 형법으로도 서책을 전부 금지하지 못했는데, 몰래 감춰두는 것을 어찌 모두 다 금지할 수 있겠습니까. 그리고 금지령을 너무 엄하게 세워 사형으로 처결하면 도리어 법을 시행하지 않을 것입니다. 금지조항을 명백하게 보여주어 스스로 사라지도록 하는 것보다 좋은 것은 없습니다. 낙안의 편지 속에 명령 전달이 역마를 두어 전달하는 것보다 빠르다느니, 민간을 소란케 한다느니 하는 말은 실로 지나친 것입니다. 모든 일이 지나치면 문제를 일으키는 법이니 우선 내버려두고 따지지 않는 것이 좋겠습니다."

"내가 경이 이 자리에 있게 한 것은 경의 의리가 틀리지 않다고 여겼기 때문이다. 한번 백 년의 수치를 씻어내게 하려 했는데 지금

이단의 학술이 갑자기 경이 재상으로 있는 시기에 터졌고 그것을 공격하는 자나 배우는 자도 모두 경이 아는 이들이다. 경이 이 문제를 조정하지 못하면 어찌 그 책임을 피할 수 있겠는가. 일을 진정하는 방도는 오로지 경에게 달렸다는 말이다. 경은 모름지기 이단을 배척하여 뿌리를 뽑고 근원을 막아버림으로써 세상의 도리가 다시 바로잡히고 인심이 크게 안정되게 하여 서로 치고 흔들어대는 일이 일어나지 않도록 하라."

이 대화에서 알 수 있듯 채제공은 천주교를 법으로 강하게 금지한다고 해서 해결할 수 있는 문제가 아니라고 보았다. 그가 이런 태도를 취한 것은 천주교에 투신한 대다수가 남인이고 또한 자신의 측근이었기 때문이다. 천주교를 강하게 탄압할 경우 그들은 물론 자신도 무사하지 못할 상황이었다. 정조도 그 점을 염려하고 있었다. 정조의 정치 혁신에서 가장 중요한 요소는 남인의 성장이었다. 그런데 천주교 사태로 남인과 그들을 이끄는 채제공이 화를 입으면 정치 혁신은 요원할 수밖에 없었다. 이런 이유로 정조 역시 이 일을 가급적 크게 확대할 생각이 없었던 것이다.

이승훈의 삭직과 권일신의 죽음

채제공과 함께 천주교 처리 방침을 세운 정조는 채제공에게 천주교를 강하게 탄압할 것을 주장한 홍낙안을 체포해 문초하라고 명했다. 여기에는 홍낙안이 거론한 천주교 교주와 핵심 인물을 파악하고 천주교도가 책을 간행해 배포했다는 그의 주장을 제대로 파악할 목적도 있었지만, 사안을 지나치게 확대한 죄를 묻기 위한 조치이기도 했다.

홍낙안은 문초당하는 과정에서 천주교 서적을 간행해 배포한 자는 이승훈이라고 말하며 이렇게 덧붙였다.

"그 아버지의 사행使行에 따라가 수백 권의 사서邪書를 널리 가져와 젊고 가르칠 만한 사람들을 그르친 자가 있으니, 바로 평택현감 이승훈이 그 사람입니다. 신은 본래 승훈과 사이가 좋았지만 이 일이 있은 뒤로 사사로운 원수처럼 미워했습니다. 분명 승훈은 을사년(1785년, 추조적발 사건) 봄 스스로 형조에 가서 변명한 일이 있었지만 그래도 뉘우칠 줄 모른 채 정미년(1787년) 겨울 몰래 반촌에 들어가 젊은이들을 속여 유혹하면서 그 가르침을 널리 폈습니다.

신의 친구인 전 지평 이기경이 직접 보고 돌아와 신에게 걱정하며 탄식하기에, 신은 '성균관이 어떤 곳인데 어찌 이런 무리가 그런 짓을 하게 내버려둘 수 있겠는가' 하며 곧바로 동지들을 불러 모아 글을 올려 엄히 토죄하려 했습니다. 승훈이 곧 놀라 도망치는 바람에 신이 미처 글을 올리지 못하고 이어 대책의 글에서 진술한 것입니다. 지금 사학이 이 지경에까지 이른 것은 모두 승훈에게서 비롯된 것입니다. 책을 간행했는지를 승훈이 절대 모를 리 없습니다."

이 말을 전해들은 정조는 책을 간행한 것을 목격하지도 않고 소문만으로 간행했다고 단정하는 것은 사리에 맞지 않는다고 말했다.

또 홍낙안은 문초 과정에서 권일신을 천주교 교주로 지목했다.

"신이 이 편지를 보낸 이래 인척은 자취를 멀리하고 친구에게는 절교를 당하였습니다. 심지어 재앙을 일으킬 마음을 품고 있다고까지 지목을 당하였습니다. 신은 바야흐로 원한이 맺히고 쌓인 채 마치 곤궁하여 의지할 곳 없는 자와 같은데, 이 같은 형편에 어디에서 이 일의 허실을 찾아낼 수 있겠습니까. 사학이 성행하는 것은 책을 간행하거나 베껴 쓴 것과 관계된 것이 아닙니다. 단지 현재 교주가 된 자를 한 차례 징계하여 다스린다면 거의 효과를 기대할 수 있을 것입니다. 신이 그 사람이 누구인지 이미 들은 이상 어찌 감히 숨기겠습니까. 양근楊根의 선비 권일신은 신의 편지 가운데 드러난 자일 뿐 아니라 그의 얘기가 온 세상에 전파되어 말하지 않는 자가 없습니다.

일신은 바로 고故 동지同知 안정복의 사위입니다. 정복은 경술經術과 유행儒行으로 우뚝이 학자들의 스승이 된 사람으로 일찍이 《천학고》와 《천학문답》을 지어 그 유폐가 큰 환난이 될 것이라 말하였습니다. 심지어 풍각風角(사방의 바람으로 점을 치는 것)이나 부수符水(부적을 태운 물로 치료하는 것)에 비기기까지 하였습니다. 또 연경에 가서 책을 사온 것은 승훈의 허물이라 하였습니다. 그러므로 일신과 정복의 관계는 서로 인연을 끊은 것이나 다름이 없습니다. 일신의 아들 세 명은 정복의 외손자인데 30리도 떨어지지 않은 곳에 살면서 모두 그 외조부의 장례에 가보지 않았으니, 그 스스로 교주로 자처하는 것이 이보다 더할 수 없다 하겠습니다."

의금부는 홍낙안의 이러한 진술을 확인하기 위해 이기경을 소환해 심문했다. 이기경은 이승훈이 서학 책을 간행했다는 홍낙안의 진술에 이렇게 반박했다.

"저와 이승훈, 홍낙안은 함께 공부한 절친한 친구입니다. 정미년 겨울 승훈과 함께 성균관에 있을 때, 이른바 서양서라는 것을 승훈과 함께 보았으니 만약 책을 본 것이 죄가 된다면 저와 승훈은 별로 차이가 없습니다. 그 책에 간혹 좋은 곳도 있었지만 이치에 어긋나고 윤리를 해치는 일이 많이 있기에 있는 힘을 다해 논거하여 배척하고 승훈에게도 힘써 경계하게 했습니다. 그 뒤 홍낙안과 얘기할 때 이것을 말한 일이 없지 않으나 이는 증거를 서준 것과는 다르고 단지 붕우 사이에 절차탁마하는 의리에 불과했을 뿐입니다."

그러니까 이승훈과 함께 서양서를 본 적은 있으나 이승훈이 서양서를 간행한 것을 본 적은 없다는 말이다. 이기경은 이 진술 내용을 편지로 써서 정약용에게 보내며 이런 말을 덧붙였다.

"임금께 대답한 말에 저울질이 있었네. (승훈을) 풀려나게 하려고 그런 것이네."

편지를 받은 정약용은 이기경이 승훈을 배려한다고 판단하고 이승훈의 동생 이치훈을 불러 당부했다.

"성균관에서 그 책을 읽은 것은 실로 심리를 받아야 할 것입니다. 마땅히 사실로 답변해야지 임금을 속이는 일은 옳지 않습니다."

이치훈은 이렇게 대꾸했다.

"임금께 은밀히 아뢰었으니 이미 자수한 것이나 진배없네. 옥중에서 피고가 답변한 것이 사실에 위배된다 하더라도 임금을 속이는 것은 되지 않는다고 보네."

하지만 정약용의 생각은 치훈과 달랐다.

"그렇지 않습니다. 밀고라는 것이 정식 재판은 아니지만 답변한 내용은 곧 임금께 고한 것이나 마찬가지입니다. 조정에서는 오직 옥중의 답변 내용만 관찰하나 훌륭한 집안과 이름 있는 족당 집안의 공론도 무서운 것입니다. 지금 어지신 임금이 위에 계시고 정승이 잘 도와 처리하고 있으니, 이런 때에 종기를 떼어내는 것이 옳지 않겠습니까? 나중에는 후회한다고 해도 손을 쓸 수가 없습니다."

이치훈은 끝내 정약용의 의견에 동의하지 않았다. 결국 이승훈이 소환되어 문초를 받았는데 심문 과정에서 그는 홍낙안이 자신을 세 가지로 모함했다고 말했다. 첫째는 서학 책을 사왔다는 것이고, 둘째는 책을 간행했다는 것이며, 셋째는 성균관에서 천주교와 관련된 회합을 했다는 것이라고 정리했다. 그는 세 가지를 모두 부정하며, 연경에서 가져온 책은 사온 게 아니라 그쪽 선비들에게 선물로 받은 것이고 그것도 이미 1785년 추조적발 사건 이후 아버지가 친지들을 모아놓고 모두 불태웠다고 했다. 책을 간행한 적은 없으며 성균관에서 천주교 서적으로 회합한 일 역시 없다고 주장했다. 이어 홍낙안이 성균관 회합은 친구 이기경이 증인이라고 한 것에 이렇게 반박했다.

"책을 태운 뒤로는 애당초 한 권의 책자도 없었는데 책을 끼고 갔다는 말이야말로 정말 터무니없는 것이라 하겠습니다. 또 증인으로 내세운 사람이 그 친구인 이기경이고 보면 이미 공평한 증인이라 할 수 없습니다. 기경의 생각이 음험하고 말하는 것이 허황된 것은 낙안보다 열 배나 됩니다. 제가 벗을 취함이 아무리 단정하지 못하다 하더라도 기경이 낙안의 절친한 친구인 이상 또 어떻게 그와 절친한 친구가 될 수 있겠습니까?"

이승훈은 문초 과정에서 이기경을 비난하며 자신을 무고했다고 진술했다. 그러자 이기경은 장문의 상소를 올려 자신을 변명했다. 그 핵심 내용은 이랬다.

"계묘년(1783년) 겨울 승훈이 연경에 갈 때 신도 한번 전송하러 갔습니다. 그때 승훈이 말하기를 '내가 서양 책을 사오고 싶은데 재력이 부족하니 혹 서로 도울 방도가 없겠는가?' 하기에 신이 '내가 무슨 재력이 있겠는가' 하고는 돌아오면서 생각하기를 '연경에서 책을 산다면 좋은 책도 많은데 하필이면 서양 책일까' 하였습니다.

갑진년(1784년) 봄 승훈이 돌아왔을 때 신은 미처 승훈을 만나지 못했는데, 정약용이 신과 반촌에서 만났을 때 먼저 승훈이 서양 책을 사왔다는 말을 하기에 신이 그 책을 보자고 요청하였습니다. 이는 대개 승훈과 서로 친하지 않은 것은 아니나 약용과 더욱 절친한 것만 못하였기 때문입니다. 그러자 약용이 《천주실의》와 《성세추요》 같은 책을 신에게 보내왔으므로 신이 보지 않을 수 없었습니다. 그 뒤로 약용을 만났을 때는 이 책들을 논급하지 않은 일이 없었는데 혹 그 허황함을 배척하기도 하고 혹 그 신기함을 인정하기도 하였습니다."

결국 이기경은 사실을 그대로 진술하면서 이승훈이 책을 사기 위해 연경으로 간 것과 정약용도 이 일에 관련되어 있음을 밝혔다. 그 과정에서 채제공의 심문에 대답한 내용도 함께 공개하며 채제공을 비난했다. 거기다 이승훈이 영세를 받았다는 말까지 했다.

정조는 이기경이 문초 당시의 말과 상소의 내용이 다르고 상소문에 '임금보다 천주가 더 크다'는 표현을 담은 것, 이승훈이 '영세를 받았다'고 한 것 등을 문제 삼아 함경도 경원으로 유배형을 내리고 향후에도 사면 대상에서 제외할 것을 명했다. 반면 이승훈은 죄가 없다고 풀어주며 현감 자리를 삭직하는 것으로 끝냈다. 이는 채제공이 중간에서 조정한 결과였다. 이때 대다수 남인이 잘된 일이라고 기뻐했지만 정약용은 이 일이 앞으로 남인에게 큰 화근이 될 것으로 보고 염려했다. 훗날 이기경은 홍낙안과 함께 천주교를 맹렬히 공격한 공서파의 핵심 인물이 되었다.

한편 권일신은 스스로 의금부에 출두해 조사를 받았는데, 홍낙안이 자신을 교주로 지목한 것을 부정하고 안정복의 장례식에 가지 않은 것도 몸이 아파 자식들을 대신 보냈다고 해명했다. 그러나 천주교는 결코 비판하지 않고 다음과 같이 말했다.

"제가 만약 그것이 사학임을 진정 알았다면 어찌 그것이 요사스럽다고 말하기를 어려워하겠습니까. 그 책 가운데 '밝게 천주를 섬긴다'든가 '사람들에게 충효를 느끼게 한다'는 몇 구절의 좋은 말 외에는 다른 것은 실로 보지 못하였습니다. 그러니 어떻게 억지로 요서妖書라고 하겠습니까?"

이 말에 추관들이 심하게 매질을 하자 그제야 이렇게 말했다.

"그 학술은 대체로 공·맹의 학문과 달라 인륜에 어긋날 뿐더러 나아가 제사를 폐지하고 사람의 마음을 빠뜨리게 하였으니 이 점에서는 사학입니다."

매를 이기지 못해 억지로 천주교를 사악한 학문이라고 인정한 것이다. 이에 의금부는 정조에게 이런 의견을 냈다.

"그가 교주라는 칭호는 뜬소문으로 돌려 극구 변명하면서도 유독 야소(예수)는 끝내 사특하고 망령되다고 배척하는 말을 하지 않았습니다. 엄하게 매를 치면서 물어도 전과 같은 말만 되풀이하니, 그가 그 학문에 빠져 미혹되었음을 알 수 있습니다. 비록 엄한 형장을 시행한 뒤 비로소 '사학'이라는 두 글자의 자복을 받았지만 교주와 서책에 관한 두 가지 일과 관련하여 그가 변명한 것을 근거로 믿을 수가 없으니 더욱 엄히 형문하여 반드시 자백을 받아야 하겠습니다."

정조는 더 이상의 형문을 가하는 것은 의미가 없다며 권일신의 집을 수색해서 잡서들을 찾아내 태워버리고, 그의 형벌을 가형에서 감형해 제주도에 위리안치하라고 판정했다. 그리고 그 이후의 처결을 제주목사에게 맡기며 이 말을 덧붙였다.

"목사에게 명해 초하루와 보름에 점고할 때 글이나 말로 반드시 사학을 비난하고 배척하는 형적을 보이도록 하고, 자주 감시하는 사람을 보내 그 행동거지를 살피되 만일 옛날처럼 개전의 모습을 보이지 않거나 혹 다른 사람을 미혹하는 일이 있을 경우에는 목사가 직접 심문하고 곧바로 결안結案을 받아 먼저 참斬한 뒤에 아뢰도록 하라."

제주도에 유배된 권일신은 결국 형문의 후유증을 이기지 못하고 이듬해인 1792년 봄 죽고 말았다. 이로써 진산 사건은 일단락되었다.

7장

정조의 혁신 기구와 새로운 정책

정치 혁신의 발판 규장각

왕위에 오른 정조는 정치·경제·국방·문화 등 전방위로 혁신을 구상했는데 그 발판은 규장각이었다. 정조가 규장각 건립을 명령한 것은 1776년 3월의 일이다. 그달 정조가 즉위했으니 즉위와 동시에 규장각을 건립하게 한 셈이다. 규장각은 원래 세조 시절 양성지의 건의로 잠시 설치했다가 폐지한 바 있다. 숙종대에는 역대 국왕의 어필과 어제를 보관할 목적으로 설치하려 했으나 역시 실현하지 못했다. 그러다가 정조가 전격 건립을 명하니 마침내 시공 6개월 만인 1776년 9월 건물을 완공했다.

창덕궁 후원에 건립한 규장각은 영조의 어제와 어필을 봉안하는 봉모당과 사무 청사인 이문원을 내각으로 삼고, 출판을 담당하던 교서관을 병합해 외각으로 삼았다. 5년 뒤인 1781년에는 청사를 옛 도총부 자리로 옮겼는데 이곳은 관청 중 가장 터가 넓었다. 또 강화도에 별도의 건물을 신축해 강도외각이라 불렀다. 궁궐 내

규장각도 | 규장각을 단독으로 내세운 작품으로 그 위상이 대단했음을 짐작하게 한다. 김홍도 작(1776). 출처 국립중앙박물관.

부에 내규장각 부설 도서관으로 장서각·열고관·개유와를 뒀는데 장서각에는 조선본 서책을, 개유와와 열고관에는 중국본을 보관했다. 이곳에 보관한 장서는 8만여 권에 달했다.

규장각 내각 관원에는 제학 두 명, 직제학 두 명, 직각 한 명, 대교 한 명을 뒀으며 사람들은 이들 각신을 삼사보다 더 인정받는 청요직으로 인식했다. 각신들 외에 사서 격인 검서관 네 명, 글씨를 베끼는 업무를 맡은 사자관 여덟 명, 서기와 사무·심부름을 맡은 이속 일흔 명을 뒀다.

규장각은 처음에는 어필과 어제, 책을 보관하는 도서관 구실을 했으나 점차 기능을 확대해 승정원·홍문관·예문관의 비서 혹은 자문 기구 기능을 흡수했다. 당시 사헌부와 사간원, 홍문관은 노론과 소론이 장악해 붕당의 전위부대로 전락해 있었다. 승정원과 예문관도 삼사와 마찬가지로 근왕 세력이 아닌 붕당 대변자 역할을 했다. 정조가 규장각을 설치한 목적은 이런 붕당의 폐해를 없애는 동시에 왕권을 강화하는 데 있었다.

규장각의 힘을 키우기 위해 정조는 처음부터 이곳에 최측근을 배치했다. 규장각 설립 직후 규장각의 제학으로 임명된 인물은 황경원과 이복원이다. 이들은 홍문관과 예문관의 대제학·제학이었다. 그 아래 직제학으로 홍국영과 유언호를 배치했는데 이는 예문관과 홍문관의 부제학 벼슬에 해당하는 자리로 실질적으로 규장각을 이끌었다. 말하자면 정조의 최측근이자 즉위공신인 홍국영이 규장각을 지휘하게 함으로써 예문관이나 홍문관보다 더 힘을 실어줬다. 이후 4대 즉위공신 중 하나인 김종수도 제학으로 됐고, 남인으로 정조의 신임이 가장 두터웠던 채제공과 소론의 영수 서명응도 제학 자리를 거쳤다.

규장각 각신을 거친 인물은 반드시 요직에 배치했기 때문에 규장각은 홍문관이나 예문관보다 더 정치적 입지가 커졌다. 그 결과 규장각은 정조 재위기 동안 조선 학문과 문화의 중심이었을 뿐 아니라 정조 시대 정치 혁신의 중추로 자리매김했다.

규장각에는 각신 외에 왕을 보필하는 또 하나의 자문 역으로 검서관을 뒀다. 검서관 제도를 둔 것은 1779년부터였는데 특별히 검서관은 모두 서얼 출신을 기용했다. 이는 청요직으로 진출할 길이 막혀 있던 서얼들에게 활로를 열어주기 위한 특별 배려였다. 검서관은 모두 이름 있는 가문의 서얼 출신으로 학문이 뛰어나고 식견이 넓으나 서얼이라는 이유로 청요직에 등용되지 못한 사람들이었다. 처음 뽑힌 네 명의 검서관은 이덕무, 유득공, 박제가, 서이수다. 4검서로 불린 이들은 이른바 실학자로 청나라의 앞선 문화를 받아들이자고 주장한 북학파였다. 이들 북학파의 영향으로 정조는 청나라 문물을 대거 받아들여 문예부흥을 이룬다.

또한 정조는 초계문신이라는 이름으로 규장각에서 젊은 관료들을 육성했다. 이는 친위세력을 양성하려는 고도의 정치 행위였다. 초계문신은 우수한 당하관 이하 문신 중에서 발탁했는데, 서른일곱 살 이하의 젊은 층이 그 대상이었다. 1781년 열여섯 명을 선발한 것을 시작으로 초계문신은 1800년 정조 말년까지 총 10회에 걸쳐 138명을 선발했다. 이들은 규장각에서 별도의 교육을 받고 국왕 측근에서 정책을 보좌하는 능력을 키웠다. 초계문신으로 있는 동안 그들은 신분을 보장받았으며 잡무를 면제받는 특전을 누렸다.

초계문신 역시 각신과 마찬가지로 붕당에 상관없이 발탁했다. 소론, 노론, 남인 중에서 우수한 인재를 선발해 서로 학문을 교류하게 함으로써 당색을 약화했는데 이는 곧 정조가 구상한 정치 혁신의 발판이 되었다. 정조 말년에 이르면 초계문신 출신이 정승과 육조, 삼사의 관리 중 태반을 차지한다. 실학자로 잘 알려진 정약용,

서유구도 초계문신 출신이다. 정조는 초계문신을 암행어사로 발탁해 지방 관리들을 규찰하고 8도 형편을 파악하기도 하였다.

규장각에서는 승정원처럼 별도의 기록도 남겼는데 이것이 곧 《내각일력》이다. 이 기록은《승정원일기》에 뒤지지 않을 정도로 정조 시대의 치세 과정을 상세히 담고 있다.

왕권 강화의 상징 장용영

왕위에 오른 뒤 정조는 군권을 장악하기 위해 무던히 애썼다. 군권을 장악하지 않고는 왕권 안정을 도모할 수 없었기 때문이다. 먼저 정조는 국왕의 호위 병력인 금위군을 강화했다. 세손 시절은 물론 왕위에 오른 뒤에도 자객들이 여러 차례에 걸쳐 그의 목을 노린 까닭이다.

금위군 강화를 위해 정조는 즉위 이듬해인 1777년 11월 건양문 동쪽에 숙위소를 설치했다. 숙위소는 금군이 혹 실수할까 염려해 별도로 설치한 국왕 호위소였다. 숙위소 설치 후 정조는 최측근 홍국영을 숙위대장으로 임명하고 궁궐 내부의 모든 부대는 반드시 숙위대장의 지시를 받도록 했다. 병조도 도성 순찰에 관한 모든 일을 숙위소에 보고하게 함으로써 숙위소가 도성의 군대 상황을 지배하게 만들었다.

정조는 이에 만족하지 않았다. 1780년 홍국영이 쫓겨나고 숙위소가 폐지되자 아예 국왕의 호위 전담 부대를 창설했다. 이것이

1785년 설치한 장용위로 그 총책은 장용영병방壯勇營兵房이며 그 아래에 금위군을 배정했다.

1793년 정조는 마군 3초, 즉 3백 명 정도에 불과하던 장용위를 확대해 하나의 군영으로 격상했는데 그것이 바로 장용영이다. 장용영은 내영과 외영으로 구분해 내영은 도성을, 외영은 화성을 호위하게 했다. 장용영의 내영 지휘관은 장용영병방이라 칭하다가 장용사 또는 장용영 대장으로 개칭했다. 내영은 5사司 25초哨로 이뤄졌으며 5사는 전사, 후사, 좌사, 우사, 중사를 지칭한다. 1초는 대개 1백 명의 중대를 의미하므로 전체 규모가 약 2천 5백 명이었음을 알 수 있다.

장용영 외영은 화성에 배치했다. 당시 정조는 수원부를 유수부로 승격한 뒤 지명을 화성으로 고쳤고 정2품 화성유수가 장용영 외영을 통솔하게 했다. 화성에 장용영 외영을 둔 데는 두 가지 의미가 있다. 하나는 화성에 마련한 생부 장헌세자의 묘소 현륭원을 보호하려는 것이고, 다른 하나는 화성을 도성 못지않게 중시하겠다는 것이었다. 이는 훗날 세자가 성장하면 자신이 화성에 머물 계획이었기 때문이다.

외영에 배치한 병력 규모는 입방군 20초(약 2천 명)와 협수군 22초(약 2천 2백 명)로 이뤄졌다. 입방군은 화성 행궁을 교대로 방비하는 정예군대를 말하고 협수군은 성내의 군대를 도울 인근 지역 군대를 뜻한다. 이들 외에 화성의 수성군을 별개로 설치하였다.

이렇듯 장용영은 철저하게 왕의 부대였는데 이는 왕권 강화를 상징적으로 보여준다. 정조는 왕권의 상징인 장용영의 입지를 강화하기 위해 직접 병사들을 춘당대로 불러 활쏘기 시험을 보았다. 또 장용영 병사들의 사기를 높이고자 장용영 출신 병사를 우대하는 조치를 취했다. 덕분에 장용영에는 전국 각지에서 뽑힌 뛰어난 무사가 포진해 있었다.

금난전권을 폐지한 신해통공

정조의 혁신 정책 중 경제 분야에서 가장 돋보이는 것은 신해통공辛亥通共으로 이는 금난전권禁亂廛權을 폐지한 일이다. 금난전권은 육의전을 비롯한 한성 내의 서른일곱 개 시전이 국가에 쓰이는 물품을 대는 대신 도성 안팎 10리(약 4킬로미터) 이내에서 난전(개인이 운영하는 가게)을 금지할 권리를 갖는 것을 말한다. 난전이 많이 생기면 상업독점권이 있는 시전 상인이 피해를 보는 탓에 이를 막고자 시전 상인에게 부여한 권리였다.

1791년 1월 25일 좌의정 채제공은 육의전 외에는 금난전권을 폐지하자는 상소를 올렸고 이를 정조가 받아들였다. 육의전이란 비단을 파는 입선, 무명을 파는 면포전, 명주를 파는 면주전, 삼베를 파는 포전, 모시는 파는 저전, 종이를 파는 지전을 일컫는데, 이 여섯 종류의 상품 외에는 난전을 허용하자는 것이었다. 다시 말해 국가적인 수요가 많고 시장 규모가 큰 옷감과 종이는 금난전권을 유지하고 나머지 생활용품을 파는 가게는 금난전권을 폐지하자는 취지였다. 이날 채제공이 올린 상소의 내용은 이렇다.

"도성에 사는 백성의 고통으로 말하자면 도거리 장사가 가장 심합니다. 우리나라의 난전을 금하는 법은 오로지 육전(육의전)이 위로 나라의 일에 수응하고 그들이 이익을 독차지하게 하자는 것입니다. 그런데 요즈음 빈둥거리며 노는 무뢰배들이 삼삼오오 떼를 지어 스스로 가게 이름을 붙여놓고 사람들의 일용품과 관계된 것들을 제각기 멋대로 전부 주관합니다. 크게는 말이나 배에 실은 물건부터 작게는 머리에 이고 손에 든 물건까지 길목에서 사람을 기다렸다가 싼값으로 억지로 사는데, 만약 물건 주인이 듣지를 않으면 곧 난전이라 부르면서 결박하여 형조와 한성부에 잡아넣습니다. 이 때문에 물건을 가진 사람들이 간혹 본전도 되지 않는 값에 어쩔 수 없이 눈물을 흘리며 팔아버립니다.

간교한 무리가 삼삼오오 떼 지어 남몰래 저주하는 말을 피하고자 도성의 수많은 사람의 곤궁한 형편을 구제하지 않는다면, 나라를 위해 원망을 책임지는 뜻이 어디에 있겠습니까. 마땅히 평시서平市署(시장을 관리하는 기관)가 20~30년 동안 새로 벌인 영세한 가게 이름을 조사해 모조리 혁파하게 하고 형조와 한성부에 분부해 육전 이외에 난전이라 하여 잡아오는 자들에게는 벌을 베풀지 말도록 하시면, 장사하는 사람들은 서로 매매하는 이익이 있을 것이고 백성도 곤궁한 걱정이 없을 것입니다. 그 원망은 신이 스스로 감당하겠습니다."

여기서 도거리 장사란 시전 도매상이 금난전권을 이용해 지방에서 올라오는 물품을 싸게 사서 몇 배 비싼 값으로 파는 행위를 말한다. 당시 시전 상인은 지방의 물품이 올라오면 중간에 가로막고 억지로 싼값으로 빼앗듯 사들였는데, 만약 팔지 않으면 지방 상인을 난전이라 하여 형조나 한성부에 넘겼다. 그 때문에 지방 상인은 울며 겨자 먹기로 시전 상인에게 물품을 싼값에 팔아야 했다. 채제공은 이런 폐단을 없애고자 육의전 외에는 금난전권을 폐지하고 30년 이내에 들어선 시전의 작은 점포를 모두 없애자고 주청한 것이다. 이는 옷감이나 종이를 파는 육의전 외에는 개인의 자유상업을 허용하자는 뜻으로 일종의 시장경제 제도 도입을 의미한다.

이를 두고 정조가 주변 신하들의 여론을 물으니 대체로 채제공의 말이 옳다고 했고 정조는 육의전 외의 금난전권을 폐지했다. 이것이 신해년인 1791년 내린 조치라 신해통공이라 부른다.

이 정책을 시행하자 금난전권으로 큰 이익을 보던 시전 상인과 갑자기 점포를 잃은 소상들의 불만이 팽배해졌다. 이때 수백 명의 시전 상인이 채제공의 등청 길을 막고 항의하는 소동이 벌어지기도 했다. 이러한 반발은 2년 뒤까지 이어져 심지어 채제공이 화성유수로 가 있던 1793년 70여 명의 시전 상인이 화성까지 찾아와 항의하는 사태가 벌어지기도 했다.

사실 시전 상인 뒤에는 노론 기득권층이 버티고 있었다. 그동안 시전 상인의 도거리 장사 덕에 많은 수입을 올린 그들은 신해통공으로 자금줄이 크게 줄어들었다. 그래서 상인들을 부추겨 채제공을 압박한 것이다. 심지어 평지서 제조인 노론 김문순은 신해통공에 반대 의견을 개진하기도 했다. 그렇지만 정조는 채제공의 의견을 그대로 받아들여 시행했다.

정조는 시전 상인의 금난전권을 폐지한 대신 그들이 국가에 바쳐야 하는 공납 의무를 없앴다. 시전 상인들에게는 공무라 하여 약이나 무소뿔로 만든 고급 허리띠인 오서대 등 왕실에 공납을 바칠 의무가 있었는데, 이를 없앤 것이다. 이와 관련해 정조는 이렇게 말했다.

"이제부터 시전의 공무를 영원히 혁파한다. 어약은 내가 필요할 때 약을 가진 자들이 반드시 스스로 찾아올 것이다. 그들이 와서 팔려고 하는 것까지 금지할 것이야 있겠는가?"

결국 정조의 강한 의지에 힘입어 채제공의 신해통공 정책은 존속했다. 덕분에 보다 자유로운 상업 행위가 가능해졌고 시전 상인의 횡포는 크게 줄어들었다.

서얼 차별을 완화하다

정조는 서얼층 차별을 완화하는 데도 심혈을 기울였다. 조선 사회는 일반적으로 일부일처제였으나 첩을 인정하는 이중적 가정 제도를 형성하고 있었다. 이 때문에 조선 후기 들어서면서 서얼의 지위가 심각한 사회 문제로 불거졌다. 그리하여 영조 시대에 서얼 차별을 상당수 철폐하고 규제를 완화해 그 지위를 한층 격상했는데, 정조대에 이를 더욱 가속화했다.

서얼은 보통 양반의 첩 소생이나 그 자손을 의미한다. 서얼이라 해서 모두 같은 대접을 받은 것은 아니었다. 서얼에도 부모의 신분에 따라 천민에서 양반까지 다양한 부류가 있었다.

조선 시대 서얼 규정은 태종대의 '서얼금고법'으로 시작되었다. 1415년(태종 15년)에 마련한 이 법은 양반의 소생이라도 첩의 소생은 관직에 나갈 수 없다는 것이 골자다. 이 법은 곧 강한 저항에 부딪쳤고 특히 양반과 종실이 거세게 반발했다. 그 때문에 성종대에 완성한《경국대전》에서는 서얼 제재를 부모의 신분에 따라 차별적으로 적용했다.

서얼금고법에 따르면 서얼은 관직에 나갈 수 없지만《경국대전》은 서얼의 관직 진출을 한정적으로 허용했다.《경국대전》〈예전〉과 〈이전〉은 관직에 나갈 수 없는 자를 다음과 같이 기록했다.

먼저 〈예전〉은 '죄를 범하여 영원히 임용할 수 없게 된 자, 장리贓吏의 아들, 재가하거나 잘못을 저지른 부녀의 아들과 손자 등은 문과·생원·진사시에 응시하지 못한다'고 규정하고 있다. 〈이전〉 '한품서용조'는 '문·무 2품 이상의 양첩 자손은 정3품, 천첩 자손은 정5품에 한한다. 6품 이상의 양첩 자손은 정4품, 천첩 자손은 정6품에 한한다. 7품 이하부터 관직이 없는 사람까지의 양첩 자손은 정5품, 천첩 자손은 정7품, 양첩자의 천첩 자손은 정8품에 각각 한정하여 서용한다'고 규제하였다.

이 규정은 서얼을 양첩 소생과 천첩 소생으로 엄격히 구분하고 있음을 보여준다. 흔히 양첩 소생은 서庶라 하고 천첩 소생은 얼孼이라 했으며 이 둘을 합쳐 서얼이라 했다. 당시 양반은 주로 자신의 노비를 첩으로 삼는 경우가 많아 서자보다 얼자가 압도적으로 많았고, 이는 서얼층을 멸시하는 근본 원인이 되기도 하였다.

또한《경국대전》에 서얼이 관직으로 나아갈 길을 열어놓았음에도 불구하고 사실상 서얼 출신이 관직에 진출하는 것은 거의 불가능한 일이었다. 이로 인해 서얼들의 불만이 고조되면서 사회 문제화했고 조정에서는 서얼의 관직 진출 제재를 풀어야 한다는 논의가 꾸준히 일어났다.

중종대에는 사림의 거두 조광조가 서얼 차별을 없앨 것을 주장했고, 명종대에는 서얼들이 의견을 모아 양첩손에게 문무과 응시를 허락해달라는 상소를 올렸다. 이어 선조대에는 서얼 1천 6백 명이 서얼차대를 없애달라는 상소를 올렸다. 선조는 서출 소생으로 왕이 된 첫 번째 임금이라 이러한 상소가 더욱더 설득력을 얻었다. 1583년(선조 16년) 이탕개의 난이 발생했을 때 병조판서 이이가 난을 평정할 인력을 확보하기 위해 변방 6진 일대 근무를 지원하는 서얼은 3년 만에 과거에 응시할 수 있도록 할 것을 제안하기도 했다. 그러나 이 제안은 받아들여지지 않았다.

이후 임진왜란이 일어나면서 국가 재정이 바닥나자 이를 타개하기 위한 방법으로 쌀을 받고 제재를 풀어주거나 전공에 따른 포상으로 해당자의 관직 진출을 허용했다. 물론 서얼 차별은 여전히 심했다. 이 때문에 광해군대에는 서얼 출신 일곱 명이 역모를 도모하다 체포된 '칠서의 옥'이 발생하기도 했다.

그 뒤로도 서얼의 관직 진출과 사회적 차별을 없애자는 서얼허통 논의가 이어졌으나 과거로 문관이 된 서얼 출신은 찾아보기 힘들었다. 그 와중에 서얼 인구가 점차 늘어나 숙종대에는 서얼이 전 백성의 절반에 육박했다. 그러자 각 지역에서 서얼들의 집단 상소가 잇따랐다. 영조 즉위년인 1724년에는 무려 5천 명에 달하는 서얼이 집단 상소를 하기에 이르렀다. 이때 서얼 인구가 조선 전체 인구의 절반이 넘어 약 6백만 명에 달했으니 이러한 집단 상소는 당연한 현상이었다.

이것이 서얼에게도 청요직에 등용될 기회를 달라는 이른바 '서얼통청 운동'이다. 영조는 서얼통청 운동을 사회기강 문란으로 여겼으나 서얼 증대로 그들의 관직 진출을 제재하지 않아야 한다는 현실론에 밀려 결국 1772년 통청을 허락하는 교서를 내렸다. 또 서얼도 아버지와 이복형을 아버지와 형이라고 부를 수 있도록 했다. 이를 어긴 자에게는 법적 제재를 가하는 한편 각 학교에서 서얼의 서열을 정하지 못하도록 규제하는 '서치법'을 마련했다.

그렇지만 영조의 노력에도 불구하고 서얼차대는 사라지지 않았다. 왕명에 따라 청요직에 서얼을 등용하긴 했으나 기껏해야 가장령과 가지평 두 자리만 내주는 데 그쳤다. 그것은 관직명 앞에 임시라는 뜻의 '가假'가 붙은 자리였다. 그래도 서얼 출신을 청요직에 등용했다는 것은 상당히 의미 있는 일이었다. 태종대 이후 지속적으로 불거져온 서얼차대 철폐론을 처음 공식적으로 수용한 것이기 때문이다.

정조대에 이르러 서얼허통 논의는 더 큰 진전을 이뤘다. 1777년 정조는 이른바 '정유절목'을 마련하고 서얼이 관직으로 나아갈 수 있는 길을 대폭 넓혔다. 문반 가운데 호조, 형조, 공조의 참상과 판관 이하 직책에 서얼을 등용하게 하고 규장각에 검서관을 두어 학식 있는 서얼을 대거 영입한 것이다.

이후에도 정조는 서얼 차별을 없애는 데 공을 들였다. 1791년

4월 11일에는 한성부 5부의 책임자인 종5품 부령 벼슬에 서얼을 추천하는 길을 열어주라고 했고, 돈령부(왕실의 종친과 외척을 관리하는 관청)의 정3품 당상관인 도정 자리에도 추천할 수 있게 했다. 또 서얼의 성균관 입학을 허가하고 같은 해 4월 16일에는 성균관 대사성에게 명해 성균관 식당에서 서얼 유생이 남쪽 줄에 따로 앉게 하는 관습을 없애라고 했다.

공노비 해방의 토대 마련

1791년 3월 27일 정조는 비변사에 명을 내려 도망갔거나 죽은 노비의 신공身貢을 거두지 말라고 했다. 그 이틀 뒤에는 좌의정 채제공에게 시侍노비의 처지를 개선할 방안을 모색해 올리라고 했다.

노비의 신공이란 몸으로 치르는 노역 대신 납부하는 공물을 일컫는다. 정조는 도망갔거나 죽은 노비에게 공물을 거두지 말라고 한 것이다. 도망간 노비를 추적해 잡아오는 추쇄관 제도는 이미 혁파한 상태였다. 정조는 시노비를 아예 없애려는 생각까지 했지만 천 년 이상 내려온 관습을 쉽게 무너뜨리지는 못했다. 추쇄관 제도를 없애도 도망간 노비를 잡는다는 명분으로 그들의 친척과 가족을 괴롭히고, 어린아이와 사망자를 대신해 신공을 거둬들이는 폐단은 여전했다.

조선 시대 노비는 크게 국가에 예속된 공노비와 개인이 부리는 사노비로 나뉘었고, 공노비는 다시 내노비·시노비·역노비·교노비·관노비로 구분했다. 내노비는 내수사 소속으로 궁궐에서 일하는 궁노비를 말하며 시노비는 중앙관청에서 일하는 노비다. 두 부류를 합해 내시노비라고 하는데 공노비는 대부분 이들로 구성되어 공노비라고 하면 곧 내시노비를 지칭했다. 이들 외에 역참 소속의 역노비, 향교 소속의 교노비, 지방 관청 소속의 관노비가 있었다.

공노비는 열여섯 살에서 예순 살까지 직접 몸으로 노역하거나 나라에 현물을 바치는 납공을 해야 했다. 노역으로 노비 의무를 지는 자들을 선상노비라 하고, 의무 대신 공물을 바치는 자들을 납공노비라 했다. 서울에 사는 노비는 보통 선상노비였고 지방에 거주하는 노비는 선상노비와 납공노비로 나뉘었다.

선상노비는 지방이나 중앙의 각 관아에서 일정 기간 노역을 했다. 이들은 대개 가족생활을 했는데 흔히 가족 세 명 중 한 명만 서울에 가서 노역하고 나머지 둘은 집안을 돕게 했다. 즉, 선상노비는 세 명 중 한 명이 노역을 바치고 나머지 둘은 집안을 돌보는 형태로 사실상 세 명 중 두 명은 의무를 면제해준 셈이다. 대체로 한 가정당 장정 한 명이 선상노비가 되어 서울에서 노역을 했다.

선상노비 가운데 《경국대전》에 나오는 서울 각사의 차비노(궁궐과 중앙 관청에서 일하는 노비)와 근수노(종친과 문무관원의 시중을 드는 노비)의 정액定額을 살펴보면 여든네 개 사에 입역하는 인원이 총 3,884명이다. 그중 문소전·대전·왕비전·세자궁에 390명, 대군·왕자군·종친 그리고 1~5품 문무관에게 각각 10명에서 1명까지 근수노를 제공했다. 각 지방에 제공하는 노비 수는 감영과 부府에 각각 600명, 대도호부와 목에 각각 450명, 도호부 300명, 군 150명,

현 100명, 속현 50명이었다. 군사기관인 병영에도 제공했는데 병사의 진에 200명, 수사의 진에 120명이었다.

이렇듯 선상노비는 조선 중기까지만 해도 관청 소속으로 일했으나 후기에 접어들면 직접 몸으로 일하는 신역 대신 공물을 바치는 납공노비로 변화한다. 이에 따라 각 관청은 양인 층 일부를 고용해 그들이 하던 임무를 대신하게 했다.

《경국대전》은 납공노비 중 남종인 노는 매년 면포 한 필과 저화楮貨 스무 장, 여종인 비는 면포 한 필과 저화 열 장을 신공으로 바치도록 규정하고 있다. 당시 저화 스무 장은 면포 한 필에 해당했으므로 노는 면포 두 필, 비는 한 필 반을 바친 셈이다. 가령 노비 부부가 어린 자녀들과 함께 살 경우 1년에 세 필 반의 면포를 바쳐야 했다. 자녀가 장성해 열여섯 살 이상인 아들과 딸이 한 명씩 있는 경우 그 집은 면포 일곱 필을 바쳐야 한다. 이는 일반 양인에게 부여한 국역의 두 배에 해당한다. 더구나 노비는 납공 외에 소속 관청의 잡다한 일에 동원되었고 신공의 부가세로 종이를 바치는 등 다른 의무도 떠안아야 했다.

납공노비가 바치는 신공은 국가 재정의 중요한 재원이었다. 예컨대 1485년(성종 16년)에는 이들에게 거둬들인 수입이 면포 72만 4,500필, 정포 18만여 필에 달했다.

이처럼 신공 부담이 막중하자 공노비 중 일부는 달아나 숨거나 신분을 바꾸는 일이 많았고 이는 조선 후기로 갈수록 더 늘어났다. 이에 정조는 아예 공노비 제도를 없애려 했으나 쉽게 이루지 못했다. 공노비를 혁파하면 자칫 사노비 제도까지 없어질까 우려한 양반들이 강력히 반대했기 때문이다. 그렇지만 정조는 세상에서 가장 불쌍한 존재가 노비라며 언젠가 이들을 옭아맨 제도를 없앨 의지를 드러냈다.

"노비라는 두 글자는 누구라도 피하고자 한다. 그 원인을 따져보면 노비라는 말을 듣기 싫어하는 데 있다. 그들과 혼인하기를 꺼려 하니 인륜의 도리가 막힌다. 폐단을 없애는 길은 노비라는 명칭을 아예 없애버리는 것이다."

1791년 6월 2일 정조는 시노비 문제를 다시 거론하며 노역을 피한 지 오래되었거나 평민과 혼인해 거의 양인이 된 자들은 노비안에 억지로 넣지 말라고 명했다. 사실상 오래전에 공노비에서 탈피한 자들은 아예 노비 명단에서 삭제하라는 뜻이었다. 또 만약 노비 숫자가 모자라도 구태여 수를 채우기 위해 그들을 추적해 잡아들이지 못하도록 했다. 이는 향후 공노비 제도를 아예 없애려는 의도였다.

그 후로도 정조는 지속적으로 공노비를 줄이는 정책을 썼고 이는 결국 1801년(순조 1년) 공노비 해방으로 이어졌다. 1801년 양인 신분으로 전환된 노비는 내수사를 비롯한 각 궁방의 내노비 36,974명과 중앙 각 사의 시노비 29,093명으로 모두 66,067명이었다.

북학의 수용과 융성

조선은 명이 몰락하고 청이 중국 대륙을 장악한 후에도 청나라 문화를 만주족 문화라며 경멸했다. 그래서 공식문서 외에는 청나라 연호를 쓰지 않고 망해버린 명나라 연호를 썼다. 이를테면 1800년을 명나라 마지막 황제의 연호를 따 '숭정 153년'이라고 썼다. 명이 망한 후 한족이 일군 중화문화를 조선에서 유지하고 있다며 조선을 소중화라 부르기도 했다. 그러나 18세기에 이르자 청나라 문화가 선진적임을 인식하고 이를 북학北學이라 일컬으며 배워야 한다는 주장이 등장했다.

북학이라는 용어는《맹자》의 〈등문공장구〉에서 비롯되었다. 전국 시대 남쪽에 위치한 초나라 진량이 주공과 공자의 도를 배우고자 북으로 유학해 선진문화를 익혔는데 그렇게 배운 학문을 북학이라 명명했다. 따라서 북학이라는 말에는 문명국가가 되고자 하는 후진국이 선진문화를 배운다는 의미가 담겨 있다. 같은 맥락에서 18세기 청나라 문화를 북학으로 규정하고 이를 적극 수용해 조선 발전에 활용하자는 논리를 전개한 일군의 학자를 '북학파'라고 했다.

북학의 선구자는 담헌 홍대용으로 그는 1765년(영조 41년) 청나라를 방문해 청나라 학자들과 사귀면서 그 문화에 녹아 있던 서양 문물을 접했다. 이후 북경에서 돌아온 홍대용은 청에서 사귄 친구들과 꾸준히 서신을 주고받으며 자신의 학문을 새로운 경지로 끌어올렸다. 그는 자신의 경험담에 감동을 받아 북경 방문을 염원하던 이덕무, 박제가가 사절단으로 청나라를 방문할 때 북경 친구들에게 편지를 보내 그들의 안내를 부탁하기도 했다.

홍대용은 북경의 세 친구와 주고받은 편지 내용을 모아《항전척

독抗傳尺讀》으로 엮었고 북경 방문 내용을 집약해《담헌연기湛軒燕記》를 편찬했다. 이것이 박지원에게 영향을 미치면서《열하일기》가 탄생했다. 그는《열하일기》에서 청나라 문화의 우수성을 밝히고 이를 수입해 조선 백성의 생활수준을 한층 높일 것을 주장했다.《열하일기》에 나오는 청의 앞선 문물은 박제가의《북학의》에도 등장한다.

《북학의》를 저술한 박제가는 노론 양반가의 서자로 소년 시절부터 글로 이름을 날렸다. 그는 석학 이덕무, 유득공, 이서구와 친분을 맺고 북학에 열을 올렸으며 함께 뜻을 세워 박지원 문하로 들어갔다. 또한 북학의 시조로 일컬어지던 홍대용에게도 학문을 익혔다.

1776년 박제가는 이덕무, 유득공, 이서구와 함께 사가시집《건연집巾衍集》을 출간해 청나라에까지 그 명성을 떨쳤다. 1778년에는 이덕무와 함께 영의정 채제공을 수행해 청나라 사은사 행렬에 합류했다. 북학에 조예가 깊고 학문이 뛰어나다는 정평이 나면서 방문단 수행원으로 뽑혀 꿈에 그리던 청나라 방문이 이뤄진 것이다.

3개월에 걸친 여행 중 박제가는 대단한 열정으로 청나라 문화를 살펴보았다. 무엇보다 그는 홍대용의 소개로 이조원, 반정균 같은 청나라 학자들과 많은 대화를 나눴고 그들의 안내도 받았다. 문명의 이기가 눈앞에 펼쳐지자 그는 엄청난 충격과 감동으로 자신이 체험한 모든 것을 상세히 적었다. 귀국 후 그는 그 기록을 대논문《북학의》로 엮었다.

내외 두 편으로 이뤄진 이 책의 내편에는 수레, 배, 성, 벽, 궁실, 도로, 교량, 소, 말 등 생활에 필요한 기구와 시설을 서술했다. 외편에서는 전제, 농잠총론, 과거론, 관론, 녹제, 재부론, 장론 등의 정책과 제도를 다뤘다.

박제가는 이 논문에서 중국의 생활도구와 조선의 것을 비교하는 한편 국가 정책과 제도를 통렬히 비판했다. 특히 과거 제도의 한계를 지적하며 능력에 따른 관리등용제를 적극 주장했다. 경제 문제에서는 생산보다 소비의 중요성을 피력하며 국제무역을 활성화해야 한다는 지론을 폈다.

그 무렵인 1779년 정조는 서얼차대 폐지 정책의 일환으로 박제가, 유득공, 이덕무, 서이수 같은 서얼 출신 북학파를 규장각 검서관으로 영입했다. 박제가, 유득공, 이덕무는 검서관으로서 정조의 자문 역을 맡았는데 이들의 영향을 받은 정조는 북학을 긍정적으로 수용하고 실제로 국가 정책에 반영했다. 이러한 변화는 북학 발전에 새로운 전기로 작용했다.

문체반정과 정조의 자기모순

정조는 북학을 적극 지원했으나 북학과 함께 청나라 책이 유입되는 것은 싫어했다. 실제로 정조는 1792년 10월 19일 박종악과 김방행을 청나라 사신으로 보내면서 돌아올 때 청나라 판본 책을 사오지 말라고 당부했다. 당시 정조는 조선 선비의 문체가 점점 비속해진다며 한탄을 거듭했다. 그래서 대사성 김방행에게 이런 명을 내리기도 했다.

"성균관 유생의 시험지 가운데 패관잡기와 관련된 답이 나오면 비록 전체 내용이 주옥같이 뛰어나더라도 최하점으로 처리하라. 또 그의 이름을 기록하여 과거에 응시하지 못하도록 하라. 엊그제 유생 이옥이 임금의 명에 응하여 지은 글귀를 보니 순전히 소설체를 사용하고 있어 매우 놀랐다."

정조는 1789년(정조 13년) 2월 12일 이미 다음과 같은 명을 내렸다.

"문체가 옹졸한 자는 모두 과거시험에 합격시키지 말라."

여기서 말하는 옹졸한 문체란 연암체 또는 패사소품체稗史小品體를 뜻한다. 즉, 그 시절 조선에서 유행한 연암 박지원의 문체를 사용하지 말라고 한 것이다. 박지원이 《열하일기》를 발표한 이후 조선에서는 연암체가 유행했다. 연암체의 특징은 해학과 재미를 중심으로 한 소설적 문체로 내용을 전달하는 것인데, 정조는 이를 몹시 싫어했다. 그러나 아무리 금지해도 연암체는 더욱더 확산되었다. 그 확산의 시발점은 바로 《열하일기》였다.

《열하일기》는 연암 박지원이 마흔네 살에 쓴 일기 형식의 기행문이다. 1780년 조선 조정은 청나라 고종 건륭제의 고희연을 맞아 진하사절단을 보냈는데, 이때 박지원의 8촌 형 박명원이 사절단의 정사로 가면서 연암을 수행원으로 데려갔다. 연암보다 열두 살 위인 박명원은 영조의 딸 화평옹주와 결혼한 부마도위로 금성위라고 불렸으며 조선 왕실을 대표해 건륭제의 고희연에 참석한 것이었다.

사절단은 1780년 6월 24일 의주를 출발해 10월 27일 돌아왔고 연암은 그 과정에서 겪은 일과 자신의 느낌, 신문물을 접한 견해를 자유로운 필체로 기록해 《열하일기》를 펴냈다. 이 책에서 연암은 청의 앞선 문물을 소개하고 낙후된 조선 문화를 개선할 방도를 역설하는가 하면, 중국인이 우리 문화를 바라보는 왜곡된 시선을 교정할 방법을 제시하기도 했다. 또 여행 중에 만난 사람들과 나눈 대화 내용을 비롯해 그곳에서 들은 이야기를 자유분방한 필치로 서술했다.

그 시절 조선 선비들은 대체로 청나라를 오랑캐 국가로 인식했기에 그들의 문화를 배우고자 하지 않았다. 반면 박지원은 청의 우수한 문물을 받아들여 조선인의 삶을 개선하고 국가를 부강하게 하는 것이 우선이라 생각했고 그 사상을 《열하일기》에 잘 녹여놓았다.

《열하일기》는 먼저 평안도 의주에서 출발해 압록강을 건넌 뒤 요동의 중심지 심양을 거쳐 산해관, 북경 그리고 건륭제의 휴양지 열하에 이르는 여정을 서술하고 있다. 이어 열하에서 다시 북경을 거쳐 조선으로 돌아오는 이야기로 끝을 맺는다. 《열하일기》는 수필처럼 쓴 일기 형식의 기행문으로 여행지에서 만난 사람들과의 대화, 자신의 견문기가 주요 내용이다. 여기에 〈호질〉, 〈허생전〉 같은 소설을 곁들이고 한 편의 분량이 그다지 많지 않다. 무엇보다 연암의 필치가 워낙 탁월하고 해학을 곁들인 데다 재담까지 뛰어나 그야말로 술술 읽힌다.

그러니 《열하일기》가 엄청난 인기를 끌며 빠르게 퍼져 나가는 것은 당연했다. 급기야 글줄깨나 쓴다는 문인들이 앞다퉈 연암체로 쓴 저작을 쏟아내기 시작했다. 연암체는 《논어》, 《춘추》, 《맹자》 등의 정통 문체에서 벗어나 소설 양식을 구사하고 해학적 표현을 즐겨 쓰며 사건을 있는 그대로 생동감 있게 묘사하는 특징을 보였다.

이를 패사소품체라 불렀는데 《열하일기》 이후 이 문체가 유행하자 보수 문객들은 연암체가 난삽하고 품위가 없다며 비판했다. 패사소품체란 정사에 들어가지 못하는 사소한 이야기나 자질구레한 일화를 엮는 문체를 말하는데, 이는 민간 풍속과 소문처럼 하잘것없는 것을 기록한 패관문학에서 비롯되었다. 그러자 우리가 흔히 혁명군주라고 부르는 정조가 직접 나서서 문풍을 바로잡아야 한다며 패사소품체 금지령을 내렸다.

정조는 패사소품체의 일종인 연암체를 없애기 위해 소설의 유통과 유입을 금지하고 학문이나 문학적 글쓰기에 모범이 될 만한 제자백가의 책과 당송팔가문을 비롯해 조선 초에 정통 문체로 서술한 책을 집중 간행했다. 이 일련의 정책을 '문체반정文體反正 정책', 즉 문체를 바르게 되돌려놓는 정책이라고 한다.

문체반정 시기에 패사소품체를 쓰면 왕에게 견책을 받았고 일정 기간 동안 과거에 응시하지 못했다. 당시 대신이던 이상황, 김조순 같은 인물은 불순한 문체의 소설을 보았다는 이유로 스스로 자신을 고발한다는 뜻의 자송문自訟文을 지어 바치기까지 했다. 규장각 각신 남공철은 과거를 볼 때 쓴 대책문 가운데 소품문을 인용한 사실이 드러나 벼슬이 깎였다. 정조는 박지원은 물론 박제가, 이덕무 등 검서관들의 문체를 비판하며 자송문을 지어 바치도록 했다.

정조의 문체반정 정책은 폐쇄적이고 위압적이며 시대를 거스르는 문학관에서 비롯되었다. 개혁군주로 알려진 정조는 문학을 성리학의 도를 퍼뜨리는 도구 정도로 인식했다. 이에 따라 이야기의 특성 중 하나인 해학과 풍자 같은 것을 문학에 써서는 안 된다는 반시대적 사고에 갇혀 있었다. 정조의 문체반정은 낡은 가치관의 한계에서 나온 잘못된 문화 정책이었다.

정조와 보수 관료들의 문체반정이 시대를 역류하는 정책이었다는 점은 그것이 민중 사이에서 별다른 효과를 거두지 못했다는 사실이 증명한다. 연암체의 재미와 풍자에 매료된 민중은 암암리에 패사소품체 소설을 퍼뜨렸고 패사소품체는 문체반정 이전보다 더욱 확산되었다.

이렇듯 문체반정은 정조의 보수적이고 독단적인 면모를 유감없이 드러낸 정책이었다. 정조의 이런 모습은 정치 분야에서도 나타났는데, 예를 들어 정조는 노론 심환지 같은 붕당의 영수들과 밀찰을 주고받으며 조정을 독단적으로 이끌려고 했다.

그런데 우리는 정조가 심환지와 주고받은 밀찰에서 재미있는 사실을 발견할 수 있다. 그토록 패사소품체 사용을 막으려 한 정조가 정작 밀찰에서 누구보다 많은 패사소품체를 사용한 것이다. 소품체에서 흔히 사용하는 해학적 표현을 비롯해 욕설이나 속담까지 사용하지 않은 편지가 거의 없을 정도다. 신하들에게 소품체 사용을 금지하고 문체반정 정책까지 구사한 그가 자기모순을 범했으니 참으로 실소가 절로 날 일이었다.

8장

정조의 염원을 담은 신도시 화성

수원에 현륭원을 조성하다

1789년 정조는 오랫동안 구상해온 숙원 사업의 계획을 마련했다. 한양 동쪽 배봉산(지금의 서울 동대문구 전농동 서울시립대 뒷산)에 있던 아버지 장헌세자의 무덤 영우원을 수원으로 이장해 현륭원으로 명칭을 바꾸고, 수원부 팔달산 아래에 신도시를 건설하는 것이었다. 정조는 장헌세자의 무덤을 새롭게 꾸며 아버지와 자신의 명예를 회복하는 동시에 신도시를 건설해 조선의 새로운 미래를 열고자 했다.

정조는 신도시 건설에 10년이 걸릴 것으로 예상하고 1793년 시작해 1803년 완성하려 했다. 그리고 신도시를 완성하면 1790년에 태어난 세자 공(순조)이 열다섯 살이 되는 1804년 세자에게 서무결제권을 넘기고 자신은 은퇴해 신도시로 갈 생각이었다. 현륭원 조성과 신도시 건설을 위해 송산리에 있던 수원도호부의 읍치는 아예 북동쪽으로 10리 떨어진 팔달산 아래로 옮길 계획이었다.

배봉산에 있던 영우원을 옮기자고 상소한 인물은 금성위 박명원이다. 영조가 가장 사랑한 딸 화평옹주의 남편으로 정조에게는 고모부인 박명원은 1789년 7월 13일 상소에서 영우원을 옮겨야 하는 이유를 네 가지로 열거했다. 첫째, 잔디가 말라죽는다. 둘째, 좌청룡 우백호의 지세 중 청룡 자리가 뚫려 있다. 셋째, 무덤 뒤쪽을 받치는 곳에 물길이 생겨 토사를 깎아먹고 있다. 넷째, 뒤쪽 낭떠러지의 석축이 위태롭다. 그는 풍수 기운이 순하지 않고 흙의 성질이 온전하지 않으며 지세가 좋지 않아 이런 문제가 생긴 것이라고 덧붙였다. 거기다 뱀이 많아 곳곳에 똬리를 틀다 보니 무덤을 해치고 있고 정자각 기와도 틈새가 벌어졌다고 했다.

아마도 박명원의 이 상소는 정조의 지시로 이뤄진 듯하다. 정조는 자신이 하고 싶은 말을 주변 신하에게 대신 상소하게 해 일을 해결하는 경우가 많았다. 영우원을 이장해야 하는 이유를 구구절절 대고 있지만 진짜 이유는 이장과 함께 명칭을 바꾸고 장헌세자의 위상을 높여 미치광이 세자라는 오명을 벗겨내는 데 있었다. 또 장헌세자의 위상을 높임으로써 정조 자신의 명예도 회복하려는 계산이었다.

정조는 자신이 아버지 장헌세자의 아들로서 세손이 되지 못하고 효장세자의 양자로 입적해 왕위를 이은 사실을 몹시 슬퍼했다. 그래서 어떻게 해서든 아버지의 위상을 되찾고 자신의 입지를 강화하고자 했다. 능의 명칭을 바꾸고 옮기는 것을 넘어 그 주변에 신도시를 건설해 자신이 직접 현륭원을 돌보겠다는 것은 아버지 장헌세자의 명예를 회복하는 동시에 자신의 효심을 드러내려는 의도였다.

일단 계획이 세워지자 정조는 수원도호부 읍민을 강제로 이주하게 하고 그 자리에 현륭원을 조성했다. 이때 읍민의 불만이 있을 것을 배려해 그들에게 철거하는 집값과 이주 비용을 지불했다.《일성록》에 따르면 읍민은 집의 크기에 따라 보상비를 받았다. 예컨대 초가 3칸에 살던 한량 이익상은 여섯 냥의 보상비를 받았고, 초가 4칸에 살던 궁수 이복돌은 집값 다섯 냥과 이사 비용 열한 냥을 받았다. 22칸 집에 살던 교련관 김태서는 집값 쉰다섯 냥에 이주 비용 서른다섯 냥을 받았으며 기와집에 살던 아전 나태을은 집값 4백 냥에 이주 비용 120냥을 받았다.

당시 세 냥이면 쌀 한 섬을 살 수 있었고, 한 섬은 두 가마니로 160킬로그램이었다. 대개 나라에서 능묘 조성 명목으로 강제 이주를 명할 경우 거의 보상을 받지 못하거나 극히 일부만 보상받는 것이 다반사였음을 고려할 때 보상비는 충분하지는 않아도 괜찮은 수준이었다.

정조는 수원의 읍치를 옮기는 비용으로 균역청에서 10만 냥을 끌어다 쓰고 무덤 이장 비용은 금위영과 어영청의 돈 10만 냥을 가져다 쓰게 했는데, 이 중 균역청 10만 냥은 경기감영에서 갚도록 조치했다. 한데 실제 현륭원 조성 비용은 18만 4,600냥이 들었다.

현륭원이 들어설 송산리 주민은 이주 명령을 받은 날로부터 적어도 두 달 내에 이사해야 했다. 이주 명령이 1789년 7월 말에 있었으니 늦어도 9월 말이 이주 기한이었다. 그러나 조상 대대로 살던 터전을 하루아침에 옮기는 것을 달가워할 사람은 아무도 없었다. 주변에서 농사를 짓던 주민의 입장에서는 불만이 더 클 수밖에 없었다. 10리나 떨어진 곳으로 이사를 가면 농지를 돌보기 어려워 별 수 없이 농지를 팔아야 했기 때문이다.

더구나 명령이 음력 7월에 내려져 아직 추수도 제대로 하지 못한 터였다. 최소한 추수만이라도 하고 이사를 가겠다는 사람이 대다수였다. 결국 이주 대상 228호 가운데 9월 말까지 이주하지 못한 집이 119호에 이르렀고 아예 보상비를 거부하는 집도 16호나 되었다.

이 때문에 난처해진 사람은 수원부사 조심태였다. 무장 출신인 그는 좌포도대장으로 있다가 장헌세자 능 이전 계획과 함께 수원부사로 발령받은 상태였다. 좌포도대장을 하기 전 총융사로서 도성 병사들을 관리하다가 갑자기 지방관 일을 맡은 것이다. 그는 두 달여 만에 현릉원 조성과 수원 읍치 이전을 총괄하며 발 빠르게 일을 진행했다. 덕분에 팔달산 아래에 신읍을 건설하고 그곳에 새로운 향교와 사직단, 관청의 중심 건물을 얼추 조성했다. 이때 현륭원을 방문한 정조가 머물 행궁도 함께 건설했다. 그러다 보니 신읍의 살림집까지 신경 쓸 여유가 없었다. 한데 9월 말이 되어도 이사하지 않은 집이 절반을 넘자 조심태는 강제권을 발동해 주민을 이주시키고 가까스로 9월 말까지 현륭원 조성을 완료했다.

번영을 위한 준비

현륭원 조성을 완료했다는 보고를 받은 정조는 영우원을 파묘하라고 명했다. 10월 1일 파묘 공사가 시작되었다. 장헌세자의 무덤을 파보니 그곳에는 물이 잔뜩 고여 있었다. 10월 5일 재궁(왕세자의 관)을 실은 영여가 영우원을 출발했다. 실제 장례를 치르는 상여와 똑같이 제작한 영여는 한강에 도착해 뚝섬을 거쳐 살곶이 다리에서 배를 타고 한강을 건너갔다. 영우원부터 줄곧 따라온 정조는 한강까지 왔다가 하직 인사를 올리고 궁궐로 돌아갔다.

한강을 건넌 장헌세자의 영여는 과천을 거쳐 10월 7일 새로 조성한 현륭원에 이르렀다. 장헌세자의 관을 묻을 때 정조가 직접 쓴 지문도 함께 묻었다. 정조는 어제지문御製誌文에 장헌세자가 억울한 누명을 쓰고 죽었음을 서술했다. 여기에 아버지의 비행은 거의 담지 않았고 활을 잘 쏘고 힘이 셌으며 효종의 북벌운동을 옳게 여겼다고 썼다. 또 한때 장헌세자가 수원 화산花山을 다녀간 일과 화산에 올라 경치가 좋다고 말했다는 기록을 넣었다. 아버지 장헌세자의 무덤을 이유 없이 화산 아래에 조성한 것이 아님을 밝힌 셈이었다.

정조는 아버지의 영여를 따라와 현륭원을 참배했다. 참배를 마치고 나서 10월 11일 정조는 그곳 송산리에서 팔달산 아래로 강제 이주한 수원 읍민을 만나 위로의 말을 건넸다. 이때 정조는 앞으로 10년 동안 요역을 면제하고 몇몇 세금과 3년 넘은 환곡을 탕감해 주는 등 여러 혜택을 주겠다는 약속을 했다.

이듬해인 1790년 2월 정조는 다시 현릉원을 찾았다. 실은 장헌 세자의 생일인 1월 19일을 기념해 현릉원을 참배할 예정이었지만, 1월 2일 창경궁 통명전에 큰 화재가 발생하는 바람에 현릉원 참배를 2월로 연기했다. 정조가 도성을 출발하기 위해 혜화문을 나설 때 노론 영수인 우의정 김종수는 참배에 반대해 아예 영송 자리에 참석하지도 않았다. 심지어 하인들을 시켜 혜화문 수문장들을 성 밖으로 끌고 가 초주검이 되도록 두들겨 팼다. 이 말을 들은 정조는 김종수를 파직했다. 김종수를 유배 보내야 한다고 주장하는 신하가 많았지만 정조는 파직하는 선에서 이 일을 매듭지었다. 옛날 스승이자 즉위공신인 그를 배려한 것이었다.

혜화문을 나선 정조의 어가 행렬이 수원에 도착한 것은 2월 8일이었다. 다음 날 정조는 현릉원을 참배했고 이후 수원부에서 문과와 무과를 실시해 인재를 선발했다. 이 역시 그가 수원 백성에게 약속한 일이었다.

정조가 현릉원 참배를 마치고 돌아오자 좌의정 채제공이 수원을 번영하게 만들 두 가지 방안을 아뢰었다. 첫째는 한양의 부자 20~30호를 모집해 무이자로 1천 냥을 빌려주고 새 고을에 상점을 차리게 하자는 방안이었다. 둘째 방안은 수원부에 1만 냥을 내려 기와를 굽게 해서 고을 사람들에게 원가로 공급하자는 것이었다. 이들 방안을 시행하되 한 달에 여섯 차례 시장을 열게 하고 세를 받지 않으면 사방의 장사치가 모여들 것이라는 얘기였다.

정조가 채제공의 방안을 받아들이자 다른 신하들도 몇 가지 방안을 냈다. 그중에는 새로 이주한 백성에게 적당한 벼슬을 내리자는 것과 농토 5백 결을 지급하고 10년 동안 요역을 면제해주자는 안도 있었다. 정조는 이러한 의견도 모두 받아들여 수원이 빠르게 성장할 수 있도록 했다.

다른 한편으로 또 하나의 의미 있는 일이 진행되었다. 1790년 12월 8일 해남 윤씨가 대거 경기도 수원으로 이주한 것이다. 이 일은 남인의 거두 윤선도의 후손인 윤지눌을 초계문신으로 삼은 지 3개월 만에 이뤄졌는데, 이로써 수원은 점차 남인의 본거지로 바뀌어갔다.

전라도 바닷가에 살던 윤선도의 후손이 수원부로 집단 이주한다는 소식을 들은 정조는 수원부사 조심태에게 명해 해남 윤씨 정착 자금으로 1천 냥을 내리고, 별도로 해남 윤씨 출신 유생에게 과거에 응시할 자격을 주겠다는 말을 전하게 했다.

이때 해남 윤씨가 대거 수원부로 이주한 것은 효종이 스승 윤선도를 위해 수원에 녹우당을 지어준 것에서 비롯되었다. 효종이 죽은 뒤 윤선도의 후손들은 녹우당을 해남의 윤선도 생가로 옮겨갔다. 그러다가 정조가 수원에 새로운 도시를 건설할 계획을 세우자 당시 독상이던 채제공은 남인의 핵심 세력인 해남 윤씨를 수원으로 이주하게 했다.

남인의 종가라 할 수 있는 해남 윤씨의 수원 이주는 화성 건립을 위한 예비 작업의 일환이었다. 수원을 남인의 도시로 육성한 뒤 이를 기반으로 훗날 정조가 그곳에 옮겨가 새로운 시대를 열고자 한 것이다.

재탄생한 수원

정조는 왜 수원의 읍치를 옮겨 그 주변에 화성을 조성했을까? 단순히 읍치가 있던 송산리가 풍수상으로 명당이었기 때문일까? 물론 그런 이유도 있었다. 하지만 명당은 송산리 외에도 여러 곳이 있었다. 왜 굳이 송산리에 있던 읍치를 철거해 팔달산 쪽으로 옮긴 것일까?

조선 시대에 서울에서 지방으로 가는 육로는 크게 서로, 북로, 좌남로, 우남로로 나뉘어 있었다. 이 네 갈래 길은 파발을 띄울 때 사용했기에 서발로, 북발로, 좌우남발로라 불렀다.

서발로는 도성 한양에서 출발해 개성, 평양, 의주로 이어지는 의주대로였고, 북발로는 한양에서 동쪽으로 출발해 강원도를 거쳐 함경도 북방의 경흥으로 이어지는 경흥대로였다. 남발로는 한양에서 출발해 경상도와 전라도로 가는 길이었는데 경상도로 가는 길은 좌로, 전라도로 가는 길은 우로였다. 좌로는 영남으로 간다고 해서 영남대로, 우로는 호남으로 간다고 해서 호남대로라고 불렀다. 영남대로는 한양을 출발해 충청도 충주와 경상도 안동을 거쳐 경상 감영이 있던 대구에 이르는 길이고, 호남대로는 도성을 출발해 경기도 수원과 충청도 공주를 거쳐 전라도 감영이 있던 전주에 이르는 길이었다.

당시 서로인 의주대로는 비교적 평탄해 사신의 행로로 많이 이용했고, 북로인 경흥대로는 함경도에 군대를 파견할 때 주로 이용했다. 산악 길로 이어진 영남대로는 영남 유생이 과거시험을 보러올 때 주로 이용했으며, 호남대로는 비교적 평탄해 물자를 유통하는 통로로 쓰였다. 물론 조선의 물자는 대개 바다와 강을 이용한 수로로 운반했으나 그래도 비교적 평탄한 호남대로는 다른 대로에 비해 물자 운반에 요긴한 길이었다. 특히 상업이 발달하면서 호남과 한양을 잇는 교통 요충지인 수원의 비중이 커졌다. 정조가 신도시를 조성하고자 한 수원은 도성과 호남을 잇는 교통의 요지였던 것이다.

숙종 시대 이후 상업이 현격하게 발달하면서 지방에서 서울로 올라오는 물산의 양이 크게 늘어났다. 그중에서도 전라도와 충청도에서 올라오는 물자 유통이 대폭 증가했고 이 때문에 한양과 충청, 호남을 잇는 수원의 경제적 비중이 이전에 비해 훨씬 커졌다. 그러나 수원도호부의 관아 소재지인 송산리는 사방이 산으로 둘러싸여 있어 교통 요충지 역할을 하는 데 한계가 있었다.

사실 조선의 주요 도시는 모두 산으로 막혀 있어 폐쇄성이 강했다. 수도 한양만 해도 사방을 산이 에워싸고 있었다. 이는 외세 침입에 따른 방비를 가장 우선적으로 고려한 지형적 선택이었다. 수원은 도성을 수호하고자 군사 요충지로 설치한 대도호부였다. 즉, 이곳의 가장 중요한 기능은 도성을 침입하는 적을 막는 것이었다. 그러니 수원 읍치가 있던 송산리가 산으로 둘러싸여 있는 것은 당연했다.

그렇지만 상업이 발달하면서 원활한 유통을 위해 도시를 좀 더 개방할 필요가 있었다. 이때 정조는 읍치를 보다 개방적이고 교통이 편리한 곳으로 옮겨야 한다고 판단했다. 그렇게 해서 선택한 새로운 터가 바로 팔달산 아래다.

팔달산 아래 지역은 송산리에 비해 지형이 평탄하고 삼면이 뚫려 있어 길을 내기에 좋은 곳이었다. 무엇보다 도성으로 이어지는 큰길을 조성하기에 유리했다. 팔달산 아래에 신읍을 건설하기 전 정조는 영의정 김익을 그곳에 파견해 지세를 면밀히 파악해 보고하라고 했다. 김익은 팔달산 아래 지역이 삼남으로 이어지는 대로를 내기에 안성맞춤이라고 보고했다. 이에 따라 정조는 수원 읍치를 그곳으로 옮기는 한편 상업적인 신도시 화성을 건설하려 한 것이다.

수원의 읍치를 옮겨야 한다고 처음 주장한 사람은 영조대의 실학자 유형원이었다. 《반계수록》의 저자로 유명한 그는 이 책에서 상업 진흥책을 제시하며 읍치의 위치를 옮겨야 한다고 주장했다. 유형원은 읍치를 넓은 평야가 있는 북쪽으로 옮기면 훨씬 큰 도시를 형성할 수 있을 것이라고 했는데 그가 말한 곳이 바로 팔달산 아래였던 듯하다.

유형원의 《반계수록》을 접한 정조는 1백 년 전의 인물이 현재의 일을 마치 촛불을 밝혀 꿰뚫어보듯 했다며 동감을 표시했다. 그래서 벼슬을 지내지 않고 죽은 유형원에게 이조판서를 추증하고 그의 자손을 찾아보라고 명하기도 했다. 유형원의 예측대로 수원은 정조가 신도시를 건설한 이후 더욱 발전했고 현대에는 한반도 남쪽과 서울을 잇는 가장 중요한 교통 요충지이자 대도시로 성장했다. 이는 정조가 수원 읍치를 팔달산 아래로 옮겼기에 가능해진 일이다.

팔달산 아래에 새로 조성한 읍치는 팔달산을 등지고 동쪽으로 앉는 모양새로 건설했다. 일반적으로 조선의 도시는 북쪽으로 산을 등지고 관청이 남쪽을 바라보는 형태다. 한양만 봐도 북악이 뒤쪽에 있고 경복궁이 남쪽을 향하고 있으며 도시는 주로 경복궁 남쪽에 형성되어 있다. 그러나 수원의 신읍은 팔달산을 주산으로 하고 관청이 동쪽을 바라보고 있다. 이는 팔달산 동쪽에 넓은 평야가 있어 길을 내기에 용이하고 고을이 들어서기에도 편리했기 때문이다. 무엇보다 지방과 도성을 왕래하면서 굳이 길을 돌아갈 필요가 없었다.

대개 북쪽으로 산을 등지고 관청이 남향이면 그 관청 앞에 넓은 길을 조성한다. 관청 길을 따라 앞으로 나아가면 도시 앞을 직각으로 지나가는 간선도로를 만난다. 즉, 북쪽을 등지고 남쪽을 바라보는 관청이 있는 도시는 간선도로가 자연스럽게 동서 방향으로 조성된다. 한양의 경복궁 앞 육조거리를 나서서 직진할 경우 직각으로 뻗은 종로대로를 만나는 것이 대표적인 사례다.

그런데 팔달산 아래에 조성한 수원의 신읍은 관청이 서쪽을 등지고 동쪽을 바라보기 때문에 도로를 남북 방향으로 건설할 수밖에 없었다. 이렇게 도로를 남북 방향으로 배치하면 지방과 서울을 왕래할 때 직선로를 이용할 수 있어 훨씬 편리하다. 이 사실은 읍치를 팔달산 아래로 옮길 때 교통을 우선적으로 고려했음을 보여준다. 수원의 신읍은 건설 단계부터 교통의 편리성을 염두에 두고 설계한 것이다.

그뿐 아니라 수원 신읍은 상업적 기능도 고려해서 조성했다. 가령 도로 좌우로 시전이 늘어서게 만들어 도로가 자연스럽게 시장이 되도록 했다. 덕분에 수원은 시전이 번성하면서 빠른 속도로 대도시의 모습을 갖추었다. 수원부사 조심태는 이 시전을 조성하는 데 국가에서 지원받은 6만 5천 냥 중 1만 5천 냥을 투자했다. 이로써 수원은 예전과 전혀 다른 모습의 신도시로 재탄생했다. 한마디로 교통과 상품 유통의 거점으로 다시 태어난 것이다.

정약용의 화성 설계

수원의 읍치를 신도시로 바꾼 뒤 정조는 1793년 수원부의 명칭을 화성으로 바꾸고 도시의 위상을 도호부에서 유수부로 승격했다. 도호부는 3품의 도호부사 관할 아래 놓인 도시지만 유수부는 2품의 유수 관할 아래 놓인다. 관례에 따르면 유수부는 대개 옛 도읍지에 두는데, 가령 고려의 수도 개성은 대표적인 유수부 도시였다.

당시 유수부는 개성을 비롯해 인조가 정묘호란 때 머물렀던 강화도, 병자호란 때 머문 남한산성의 광주에만 설치했다. 이 세 곳에 이어 수원이 네 번째 유수부 도시가 된 셈이다. 유수부의 수장인 유수의 품계는 대개 관찰사와 같은 종2품이었다. 그런데 새로 설치한 화성부 유수는 수도 한성부 판윤과 같은 정2품이었다. 그것도 초대 유수로 남인의 영수이자 좌의정까지 지낸 채제공을 임명했다.

정1품 정승 출신 유수를 임명한 만큼 화성유수부의 위상은 한성부보다 높을 수밖에 없었다. 또한 남인의 종가라 할 수 있는 해남 윤씨가 대거 수원으로 이주하고 남인의 영수 채제공을 유수로 임명했다는 것은 화성유수부를 남인의 도시로 만들겠다는 선언이나 다름없었다. 이는 곧 정조의 화성유수부 설치가 정치적 목적으로 이뤄졌다는 뜻이기도 했다.

정조는 수원의 새 이름을 화성이라고 한 이유를 수원의 주산인 화산에서 따온 것이라고 설명했다. 화성의 '화華'와 화산의 '화花'는 모두 꽃을 의미하는 한자로 음도 같으므로 서로 바꿔 써도 무방하다는 의견까지 덧붙였다.

수원을 화성유수부로 승격하면서 정조는 화성 축성을 명했는데, 이에 앞서 정약용에게 화성 설계도를 작성하라는 지시를 내렸다. 그 무렵 정약용은 부친 정재원의 상을 당해 광주 마재의 무덤 곁에서 삼년상을 치르며 여막살이를 하던 중이었다.

정재원이 사망한 것은 1792년 4월이고 정조가 정약용에게 화성 설계도를 작성하라고 지시한 것은 그로부터 7개월이 지난 11월쯤이었다. 이때 정약용은 삼년상을 치르는 일 외에 별다른 일을 하지 않아 한가한 나날을 보내고 있었다. 바로 그 시기에 화성 설계도를 만들어 올리라는 명령이 내려진 것이다.

정조가 정약용에게 화성 설계를 맡긴 것은 그 나름대로 믿는 구석이 있었기 때문이다. 1789년 정조는 정약용에게 주교舟橋, 즉 배다리 설계를 맡긴 바 있다. 당시 정약용은 이제 막 문과에 합격해 벼슬을 받은 신입 관리였지만 신입답지 않게 배다리 설계를 훌륭하게 해냈다. 그 사실을 기억하고 있던 정조는 정약용이 화성 설계도 잘해내리라고 판단했다.

정약용은 성곽을 만드는 기본 원리를 다룬 명나라 윤경의 《보약堡約》과 유성룡의 성곽 건설 견해를 참고해 〈성설城設〉, 즉 화성의

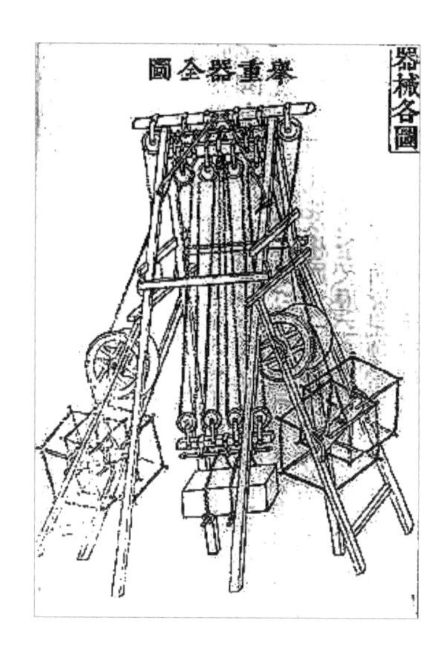

거중기 | 《화성성역의궤》에 실린 거중기. 도르래의 원리를 이용한 건축 장비로 현대의 기중기에 해당한다.

성곽 설계도를 고안했다. 정약용의 축성 설계안을 요약하면 돌을 주재료로 한 석성으로 하되 총 길이는 3,600보(약 4,200미터) 정도고 성 주변에 해자를 조성한다는 것이었다. 정조는 기꺼이 그의 의견을 채택했다. 나아가 축성 작업에 특별한 기계가 필요하다는 판단 아래 정약용에게 기중기를 설계하도록 지시했다. 이는 축성 기간을 단축하고 비용을 절약하기 위해서였다.

정조는 정약용에게 건축 장비 설계를 지시하면서 《도서집성》과 《기기도설》을 보내주었다. 정약용은 이 책들을 보고 기중기 설계도면 〈기중가도설〉을 작성해 정조에게 올렸다. 덕분에 거중기와 녹로를 제작해 공사 기간을 크게 단축하고 공사 비용도 많이 줄였다.

정조는 화성 축성이 끝난 후 이들 기계를 사용해 4만 냥의 비용을 절약했다고 말했다.

정약용이 지시하는 것을 척척 만들어 바치자 정조는 이번에는 성곽의 주요 요소인 옹성, 누조, 현안, 포루 설계도도 만들어 올리라고 했다. 옹성은 성문 앞쪽에 세우는 옹기 모양의 둥근 성벽을 지칭하고, 누조는 화공을 막기 위해 성문 위에 설치하는 저수조를 말한다. 현안은 성곽의 눈 구실을 하는 부분으로 성에 접근한 적을 몰래 감시하는 홈이고, 포루는 적을 공격할 때 사용할 포를 설치하는 구조물을 일컫는다. 정약용은 이들 구조물의 도안인 〈옹성도설〉, 〈누조도설〉, 〈현안도설〉, 〈포루도설〉을 만들어 올렸다.

조선 성곽의 백미 화성

정약용이 화성 설계도를 완성하자 1794년 정월부터 본격적으로 화성 축성 작업을 시작해 착공 2년 반 만인 1796년 완공했다. 화성은 신읍을 완전히 둘러싸는 형태로 이뤄졌는데, 이는 그야말로 성곽으로 둘러싸인 신도시를 새로 만드는 작업이었다.

축성 작업은 정약용의 설계를 바탕으로 했지만 건축 과정에서 일부 설계 변경이 이뤄졌다. 화성을 설계한 정약용이 화성의 지형과 주변 상황을 제대로 알지 못한 까닭에 현실 상황에 따른 변경이 불가피했기 때문이다. 그 결과 화성의 총 길이는 정약용의 설계안보다 1,000보(약 1,200미터) 늘어난 4,600보(약 5,400미터)가 되었고,

도안에 없는 구조물도 설치했다. 성벽 높이는 지형에 따라 다소 차이를 두었으며 전체적으로 4~6미터로 했다. 성벽 위에는 다시 1미터 정도의 여장을 조성했고 여장에 총안을 만들었다. 여장이란 성벽 위에서 싸우는 병사가 몸을 숨기는 벽을 말하고, 총안은 총을 쏠 수 있는 홈을 의미한다.

화성에는 모두 마흔여덟 개의 방어 시설을 설치했다. 그 구성은 성문 네 개, 암문 다섯 개, 수문 두 개, 적대 네 개, 장대將臺 두 개, 노대 두 개, 봉화를 올리는 봉돈 한 개, 공심돈 세 개, 각루 네 개, 포를 설치하는 포루砲樓 다섯 개, 포루鋪樓 다섯 개, 성곽 일부를 네모나게 돌출시켜 적을 손쉽게 진압하도록 만든 치성 여덟 개, 포사 세 개다.

화성에 설치한 문은 모두 아홉 개로 동서남북에 설치한 성문 네 개와 암문 다섯 개로 구성되어 있다. 성문 중 동문은 청룡문, 서문은 화서문, 남문은 팔달문, 북문은 장안문이라 명명했다. 비상시에 출입하기 위한 다섯 개의 암문은 적의 눈에 잘 띄지 않는 후미진 곳에 설치했다. 이들 문 외에 북쪽과 남쪽에 두 개의 수문을 설치했는데 이는 계곡에서 들어오는 물이 성을 통과해 빠져나가도록 하기 위함이었다. 두 개의 수문은 북수문과 남수문이라고 하며 북수문에는 화홍문이라는 별도의 명칭이 있다.

적대는 적이나 주위의 동정을 살피기 위한 구조물로 성문 좌우에 설치한다. 화성에는 북문과 남문의 동쪽, 서쪽에 설치해 모두 네 개가 있다.

장대는 장군의 지휘소를 일컬으며 성 안팎을 관망하기 좋은 높은 곳과 넓고 훈련하기에 적합한 평지에 각각 설치한다. 화성에는 두 곳의 장대가 있는데 서장대는 팔달산 꼭대기에 있어 주변을 두루 살피기 좋고, 동장대는 넓은 평지에 있어 병사들이 훈련할 때 사용했다. 동장대가 연병장 구실을 한 셈이다.

장대 옆에는 대개 노대를 설치하며 이곳에서 깃발을 흔들어 병사들에게 명령을 전달한다. 노대라고 부르는 이유는 여기에 쇠뇌라는 장전용 활을 설치하기 때문이다. 쇠뇌는 한자로 '노弩'라고 하며 쇠뇌를 쏘는 사람을 노수라고 부른다. 쇠뇌는 일반 화살보다 큰 화살을 발사 틀에 걸고 방아쇠를 당겨 쏘는 방식의 무기로 중국 전국시대부터 사용했으며 우리나라에서는 낙랑 유적에서 발견됐다.

화성에는 망루의 한 종류인 '돈墩' 시설이 있는데 이는 봉돈과 공심돈으로 구분한다. 일종의 굴뚝인 봉돈은 망루 형태의 봉화 시설로 한 개를 설치했다. 봉돈에 있는 다섯 개의 굴뚝은 기단을 제외한 나머지를 모두 벽돌로 만들었다. 세 개를 조성한 공심돈에는 서북공심돈, 남공심돈, 동북공심돈이 있다. 공심돈은 조선의 여느 성곽에서 볼 수 없는 화성만의 독특한 망루다.

공심돈은 안에서 총포를 쏠 수 있게 벽을 2~3층으로 쌓아올린 성곽 구조물로 돈대墩臺의 일종이다. 돈대란 성벽 위에 석재나 벽돌을 쌓아올려 망루와 포루의 역할을 하도록 만든 높직한 누대를 말한다. 주로 내부에 2~3단의 마루를 만들고 외부를 향한 벽면에는 각 층마다 작은 안혈(바깥을 내다볼 수 있는 구멍)을 내 대포, 총, 화살을 쏠 수 있게 했고 둥근 것과 네모난 것이 있다.

우리나라 성곽 중 돈대가 가장 많은 곳은 강화 외성으로 강화도

서노대와 서장대 | 서노대(좌)와 서장대(우) 모두 성곽 일대를 한눈에 바라볼 수 있도록 팔달산 정상에 있다. 특히 서노대는 사방이 보이도록 정팔각형으로 지었다. 출처 문화재청.

동북공심돈과 동북노대 | 동북공심돈(좌)은 둥근 모양이고 동북노대(우)는 앞면이 반달 모양으로 독특한 건축 형태를 보인다. 출처 문화재청.

에는 해안을 따라 쉰세 개의 돈대를 설치했다. 강화도의 돈대는 위를 덮지 않았지만 화성의 돈대는 사방을 둘러싸고 위를 지붕으로 덮은 형태다. 그런 이유로 공심돈이라 부르며 화성에만 유일하게 설치했다. 이 공심돈은 서양 중세 봉건 제후의 성에 쌓아올린 탑과 유사한데 수원성 성역에 참여한 정약용이 《기기도설》을 연구한 것으로 미뤄볼 때 서양 성곽을 본뜬 것으로 보인다.

화성에는 각루, 포루砲樓, 포루鋪樓 같은 여러 종류의 누각도 있다.

각루는 성벽 모서리 위에 지은 다락집으로 성을 지키는 보초병이 망을 보는 곳이다. 화성에는 동북각루(방화수류정), 서북각루, 서남각루(화양루), 동남각루가 있다. 각루는 망을 보는 곳이므로 바깥을 한눈에 관찰할 수 있는 요충지에 설치해야 한다. 그래서 각루에서 바라보는 풍경은 매우 아름답다.

포루砲樓는 성문 바깥쪽으로 돌출시켜 만든 성벽 위에 조성해 포를 설치하는 곳이다. 포루 내부는 세 개의 층을 둔 공간으로 나뉘어 있고 각 층에 군사가 머물도록 조성했다. 특히 3층에는 당시의 최신식 포인 불랑기포를 설치했다. 불랑기는 '프랑크'의 한자 가차어로 불랑기포는 서양에서 건너온 대포를 일컫는다. 이는 손으로 불씨를 점화해 발사하는 방식의 화포로 연속 점화가 가능해 조선 후기의 가장 대표적인 화기였다. 화성에는 이런 포루를 다섯 개 설치했는데 북동포루, 북서포루, 서포루, 남포루, 동포루가 그것이다.

포루鋪樓는 성가퀴를 앞으로 튀어나오게 쌓은 치성 위에 지은 건물이다. 화성에는 치성이 모두 여덟 개 있고 그중 다섯 곳에 포루를 세웠다. 포루는 군사들이 숨어서 적을 공격하는 용도로 만든 건축물이다. 화성에는 동북포루(각건대), 서포루, 북포루, 동포루, 제2동포루가 있다.

포루와 비슷한 건축물인 포사鋪舍도 세 곳 있는데 포루와 포사는 무기를 갖추고 있느냐 없느냐의 차이만 있을 뿐이다. 포루에는 포를 비롯해 적을 공격할 수 있는 여러 무기가 갖춰져 있고 포사에는 특별한 무기 없이 단지 군사만 머문다. 포사의 기능이 포루에서 벌어지는 상황을 깃발이나 신호 체계로 성 안에 전달하는 것이기 때문이다. 화성에는 중포사, 내포사, 서남암문포사가 있다.

화성을 위에서 내려다보면 전체 모양이 버들잎 형태를 이룬다. 이와 관련해 준공 비문에 해당하는 화성기적비에는 이런 글이 있다.

"성의 모양은 가로로 길게 비스듬하여 무르녹은 봄의 버들잎 형상 같으니, 이는 유천柳川(버들내)이란 지명에서 취한 것이다."

또 화성은 세 번 구부리고 세 번 꺾어 쌓았다고 하는데 이는 내 천川 자 모양을 본뜬 것이라고 한다. 다시 말해 화성은 전체를 버들잎 모양으로 조성하고 성을 쌓는 과정에서도 세 번 구부리고 꺾어 천川 자를 구현함으로써 유천, 즉 '버들내'의 지명을 형상화했다.

동양에서 가장 아름다운 벽돌 성

화성에는 이전의 성곽에 비해 두드러진 특징이 하나 있는데 그것은 바로 벽돌을 사용했다는 점이다. 당시까지 조선에서는 건축물에 벽돌을 거의 사용하지 않았다. 벽돌이 우리나라에 처음 도입된 것은 삼국 시대 이전이지만 일부 성곽과 무덤을 조성할 때 외에는 별로 사용하지 않았다. 조선 시대 건축물 중에 벽돌을 사용한 경우는 찾아보기 어렵다.

반면 중국에서는 고대 이래 꾸준히 벽돌이 발달하여 건축물의 필수 자재로 자리하고 있었다. 이러한 발전상을 확인하고 조선 건축물에도 벽돌을 도입하자고 주장한 사람이 박지원, 박제가 등의 북학파 실학자다. 박지원은《열하일기》에서 벽돌의 실용성을 강조하며 이렇게 예찬했다.

> 무릇 집을 짓는 데 벽돌을 쓰는 것이 얼마나 득이 되는지 모른다. 비단 담벼락을 쌓는 데뿐 아니라 방 안이나 방 밖이나 벽돌을 깔지 않은 데가 없다. 넓은 마당을 통으로 벽돌을 깔아 우물 정井 자가 또렷또렷한 금이 바둑판 같이 보이고 집채는 담벼락으로 떠받쳐 위는 가볍고 아래는 든든하다. 기둥은 담벼락 속에 박혀 비바람을 겪지 않으니 화재 염려가 없고 도적이 뚫을 걱정이 없으며 더구나 새, 쥐, 뱀, 고양이의 피해가 없을 것이다. 또한 가운데 문을 닫으면 온 집은 절로 성채 같아 집 안에 든 물건은 궤짝 속에 넣은 것이나 다름없다. 이를 보면 집을 짓는 나고 많은 흙과 나무와 쇠붙이와 토역이 소용없고 벽돌을 한번 구워내기만 하면 벌써 집은 다 된 폭이나 다름없다.

박지원에 앞서 청나라를 다녀온 그의 제자 박제가도《북학의》에서 벽돌의 유용성을 설파했다. 이들 외에 벽돌 도입을 주장한 인물은 또 있었다. 1783년(정조 7년) 사신으로 청나라에 갔다 온 홍양

호는 정조에게 우리도 수레와 벽돌을 도입하자고 건의했다. 정조는 박제가를 비롯한 실학자와 홍양호의 의견을 십분 수용해 벽돌을 구워 화성을 축조하게 했다. 덕분에 화성은 조선의 성곽 중 벽돌을 가장 잘 활용한 건물로 남았다.

물론 화성 축조 이전에도 벽돌 건축물은 존재했다. 1741년 강화부사 김시혁이 강화의 외성을 보수하며 벽돌을 구워 사용한 것이다. 하지만 이때는 벽돌 제작에 미숙해 별다른 성과를 거두지 못했다. 1779년 남한산성을 보수할 때도 그 여장을 모두 벽돌로 다시 쌓았다. 이는 성공적이었고 그 경험을 바탕으로 정조는 화성에 벽돌을 사용했다.

성벽에 벽돌을 사용한 이유는 옹성처럼 둥근 모양의 성을 쌓기에 용이했기 때문이다. 또한 돌에 비해 가볍고 모양이 일정해 거의 빈틈없이 만들 수 있었다. 거기다 포격을 당할 경우 유리한 점도 있었다. 돌로 쌓은 성은 포를 맞았을 때 전체 성벽이 무너지는 경향이 있었지만 벽돌 성벽은 전체가 무너지는 것이 아니라 포를 맞은 곳만 부서졌다.

그렇다고 벽돌 성벽에 장점만 있었던 것은 아니다. 우선 벽돌은 돌보다 단단하지 않고 무게를 견디는 힘이 약했다. 이에 따라 성벽 아래쪽을 벽돌로 쌓으면 허물어질 가능성이 컸다. 이를 감안해 화성은 돌과 벽돌을 섞어서 축조했다. 견고해야 하는 기단과 성벽은 돌로 쌓고 옹성, 포루, 돈대 같이 세밀해야 하는 곳과 여장처럼 잦은 보수가 필요한 곳에는 벽돌을 썼다. 결과적으로 화성은 돌과 벽돌의 조화로 아름다운 외형을 보여주고 있다.

화성에서 벽돌을 사용한 대표적인 건축물은 공심돈과 봉돈이다. 공심돈은 '속이 비어 있는 돈대'라는 뜻으로 우리나라 건축물 중 화성에만 있는 시설이다. 이 공심돈은 화성에서 가장 화려하고 빼어난 건축미를 자랑하는데, 만약 벽돌을 사용하지 않았다면 이처럼 아름다운 외형을 갖추지 못했을 것이다.

화성 공심돈은 중국 병서《무비지武備誌》를 참고해 만든 것이지만 지형에 따라 다소 다른 형태를 띠고 있다. 서북공심돈은 평지 위에 건설한 것이라 하단부 성곽은 돌로 쌓고 그 위에 지은 돈대는 벽돌로 만들었다. 그리고 돈대 위의 전각은 목재와 기와로 지었다. 이와 달리 동북공심돈은 다소 높은 비탈에 있는 만큼 하단과 돈대를 모두 벽돌로 지었다. 그 결과 서북공심돈은 돌과 벽돌의 조화미가 뛰어나고, 동북공심돈은 벽돌의 선이 아름답다.

공심돈과 함께 벽돌 건축물의 아름다움을 한껏 뽐내는 것이 바로 봉돈이다. 봉돈은 기단만 돌로 쌓고 돈대와 다섯 개의 굴뚝은 모두 벽돌로 만들었는데, 이 건축물 역시 공심돈에 뒤지지 않는 건축미를 자랑한다.

비단 공심돈과 봉돈에만 벽돌을 사용한 것은 아니다. 화성을 대표하는 동서남북 4대문에도 모두 벽돌을 사용했다. 특히 축조 당시의 원형이 고스란히 남아 있는 팔달문은 벽돌 건축물의 아름다움을 한껏 드러내고 있다.

4대문 외에도 화성 곳곳에서 벽돌을 발견할 수 있는데 흥미롭게도 그 벽돌의 모양과 크기가 아주 다양하다. 일반적으로 '벽돌' 하면 네모 모양을 떠올리지만 화성 축조에 쓰인 벽돌에는 삼각형도 있고 반원형도 있다. 크기도 다양해 용도에 따라 서로 다른 크기의 벽돌을 사용했다. 나아가 화성의 벽돌은 돌이나 나무와의 조화를 고려해 다양한 무늬까지 형성하고 있다. 덕분에 화성은 동양에서 가장 아름다운 벽돌 성으로 평가받고 있다.

화성 안팎의 시설

아름다운 외관을 자랑하는 화성의 내부와 외부는 어떨까? 화성 내부에서 가장 중요시한 곳은 왕의 임시 숙소인 행궁이다. 원래 행궁을 처음 조성한 것은 신읍을 팔달산 아래로 옮긴 1789년의 일이다. 이후 화성을 축성하면서 행궁을 확장했다. 처음 지은 행궁은 커다란 전각 한 채에 불과했으나 화성 축성에 따라 대대적으로 증축했고 그 결과 조선의 행궁 가운데 최대 규모가 되었다.

화성 행궁의 중심은 봉수당이다. 27칸으로 이뤄진 이 건물은 화성에 행차한 정조가 머무는 곳이었다. 봉수당의 원래 명칭은 장남헌이었으나 1795년 혜경궁 홍씨의 장수를 축하하는 뜻을 담아 봉수당으로 명칭을 변경했다. 봉수당을 중심으로 북쪽에는 왕의 집무실로 쓴 낙남헌을 지었다. 또 봉수당과 벽을 이어 바로 뒤편에 혜경궁 홍씨의 처소인 장락당도 마련했다. 이 외에 수많은 행랑과 부속 건물을 갖췄고 여러 관청도 함께 건축했다. 그 결과 화성 행궁의 전체 규모는 부속 관청을 합해 무려 620여 칸에 이르렀다.

조선 시대에 왕이 사용한 행궁으로는 남한산성의 광주행궁, 북한산성의 양주행궁, 강화도의 강화행궁, 충청도 온양의 온양행궁 등이 있었다. 이 중 광주행궁과 양주행궁, 강화행궁은 모두 유사시에 왕이 피신하기 위한 행궁이다. 온양행궁은 왕이 정기적으로 온천을 다녀올 때 머물렀다. 그렇지만 화성행궁만큼 규모가 큰 곳은 없다. 그만큼 화성행궁은 특별히 마련한 공간이었다.

행궁 못지않게 중요한 공사가 하나 더 진행됐는데 그것은 화성 내부를 가로지르는 대로를 내는 것이었다. 화성 축성 이전에 이미 대로를 조성했으나 좀 더 넓고 편리하게 길을 닦은 것이다. 이때 생긴 길이 십자가로와 신작로였다.

십자가로는 성 한가운데에 조성한 사거리로 일종의 교차로다. 이 길은 남북 방향으로는 팔달문과 장안문으로 이어지고 동서 방향으로는 행궁과 동문으로 이어졌다. 이것을 조성하는 과정에 읍치 주변의 일부 주택을 철거하기도 했다. 당시 철거한 집은 살림집 네 채와 상가 세 채인데 모두 보상비를 받고 다른 곳으로 옮겨갔다.

십자가로는 성 한가운데에 위치해 자연스럽게 화성의 중심지가 되었고 거주 구역을 나누는 기준이기도 했다. 이로써 성 안은 동성자내, 서성자내, 남성자내, 북성자내로 나뉘었다. 십자가로 근처에 종을 걸어놓고 일정 시간마다 종을 쳤는데 이 때문에 종로라고 불린 그 거리는 아직도 같은 명칭으로 불린다.

사실 조선 시대에 열십자형 사거리를 조성하는 것은 극히 이례적인 일이었다. 대개는 T자형 길을 형성했다. 한성만 봐도 경복궁을 중심으로 T자형 길을 이루고 있다. 이는 관청의 지배를 용이하게 하기 위한 도시 설계에 따른 것이었다. 화성의 경우 백성의 삶을 보다 편리하게 하려는 의도에서 독특하게도 십자로를 선택했다. 그 목적은 원활한 교통과 쉬운 상품 유통이 이뤄지도록 하려는 데 있었다. 한마디로 화성의 십자로는 신개념 도로였다.

십자가로 외에 신작로를 더 닦았는데 이것은 두 갈래 길이었다. 하나는 십자가로 동쪽에서 시작해 장안문을 거쳐 만석거의 아름다운 정자 영화정까지 이어졌다. 다른 하나는 십자가로 동쪽에서 동장대로 이어졌다. 신작로 공사 때도 장안문 바깥에 있던 가옥 네 채와 동장대 앞길에 있던 토실 20호를 철거했고 모두 보상금을 지급했다.

화성에는 길뿐 아니라 연못을 조성하고 나무도 심었다. 연못은 상남지, 하남지, 북지, 동지, 상동지 다섯 개로 이것은 성으로 흘러드는 물을 모았다가 바깥으로 내보내는 역할을 했다. 이와 함께 성 주민의 생활용수 역할도 했다. 특히 연못 주변에 나무를 많이 심어 주민이 공원으로 활용하게 했다. 나무는 주변 경관을 아름답게 만드는 한편 주민 경제에도 도움을 주었다. 주로 뽕나무, 소나무, 버드나무, 느릅나무, 오얏나무였는데 그중 뽕나무는 주민의 수입원 중 하나였다.

성곽 내부와 함께 외부도 개발했다. 화성 주변의 빈터는 농경지로 개간했고 농수를 안정적으로 공급하기 위해 대규모 저수지도 조성했다. 그 저수지 이름이 바로 만석거다. 북문 바깥 황무지를 개간하려는 목적으로 만든 만석거는 지금도 일왕저수지라는 이름으로 남아 있다.

사실 화성 북쪽 땅은 척박한 자갈밭이었다. 화성유수 조심태는 이 땅을 주민의 생계에 도움을 주고 군사용으로도 사용할 수 있도록 둔전으로 개간했다. 대유평이라 불린 이 둔전에서는 만석거의 물을 이용해 농사를 지었다. 1796년 이 땅에서 첫 수확을 했는데 무려 백 석이 넘는 쌀을 거뒀다.

만석거 외에도 현륭원 주변 농토에 물을 대는 기능을 하는 만년제라는 저수지도 조성했다. 1799년에는 또 다른 저수지 축만제를 만들었는데 나중에 이것은 서호라는 명칭으로 바뀌었다.

이렇듯 화성 안팎에 새로운 개념의 길과 연못, 공원, 정자, 저수지를 조성했고 개간으로 많은 농경지도 마련했다. 이로써 화성은 독자적이고 자립적인 새로운 신도시로 재탄생했다. 1794년부터 1799년에 걸쳐 만들어진 화성은 그야말로 전통과 신문명의 조화로 탄생한 18세기 조선 르네상스의 상징이다.

9장

채제공의 만년과 정약용의 낙향

채제공의 상소와 금등지사

1793년 5월 25일 정조는 화성유수 채제공을 전격 영의정에 임명했다. 동시에 노론 벽파의 영수 김종수를 좌의정에 임명했다. 그로부터 사흘 뒤인 5월 28일 채제공은 노론 세력에 선전포고라도 하듯 장헌세자가 억울하게 죽었다며 누명을 벗겨달라는 내용의 상소문을 올렸다. 1년 전인 1792년 영남 유생 1만여 명이 만인소를 올려 장헌세자의 누명을 벗겨달라고 했을 때, 정조는 다시는 이런 내용을 상소하지 못하도록 금지령을 내린 바 있었다.

당시 노론은 영남 유생이 만인소를 올린 것은 채제공의 사주에 따른 것이라고 주장했다. 이때 채제공은 궁지에 몰려 역적 소리까지 들어야 했다. 그런데 이번에는 아예 채제공 자신이 장헌세자의 누명을 벗겨야 한다며 장헌세자를 죽음으로 내몬 역적 무리를 처단하자고 주장한 것이다.

정조가 아버지 장헌세자가 억울하게 죽었다는 것을 사실로 인정할 경우, 영조의 처사는 잘못된 것이 되고 그 일에 동조한 모든 신하는 역적이 된다. 특히 노론은 장헌세자를 죽이는 것에 찬성한 만큼 만약 장헌세자가 역적의 모략으로 죽었다고 인정하면 노론 전체가 역적이 되는 셈이었다. 노론은 여전히 조정에서 가장 강력한 정치 세력이었다. 그 때문에 당사자인 정조 자신도 감히 입 밖에 내지 못한 말인데, 만인지상 일인지하의 영의정이 금기를 깨고 상소를 올린 것이었다.

채제공은 장문의 상소문에서 장헌세자가 역적의 참소와 무함으로 죽었다고 단언했다. 이와 함께 장헌세자가 모반을 시도했다고 역적 무리가 꾸며낸 구체적인 내용까지 밝혔다. 그 상소의 파장이 엄청날 것을 염려한 정조는 일단 상소장을 채제공에게 돌려보내며 말했다.

"그 일을 오늘 다시 제기할 수 있단 말인가? 나도 모르게 등에 땀이 흐른다. 반드시 노망 중에 미처 점검하지 못한 탓일 것이다. 이 계문을 봉함하여 돌려보내라."

정조는 좌의정 김종수에게 채제공의 상소문을 돌려보냈다며 이를 없던 일로 해줄 것을 부탁했다. 하지만 김종수는 무섭게 화를 내며 정조의 제의를 거절했다.

"저 사람과는 이제 한 하늘 아래 있을 수 없습니다. 그런데 어깨를 나란히 하여 동료로 지낼 수 있겠습니까? 임금도 안중에 없는 그의 심술은 길 가는 사람도 다 아는 일입니다."

정조는 계속해서 김종수를 달래며 말했다.

"영상의 상소는 늙어서 정신이 흐린 까닭에 빚어진 일인 듯한

데 그렇게까지 말할 것이 있겠소?"

그때 채제공의 나이는 일흔네 살이었다. 고희를 훨씬 넘긴 노구였으니 노망 증세의 하나로 여기고 넘어갈 수 있지 않느냐는 것이 정조의 생각이었다. 그렇지만 예순여섯 살인 김종수는 이를 용납하지 않았다. 정조는 채제공과 김종수를 파직해 정승 자리에서 내쫓고 둘 모두 중추부 판사로 삼았다. 중추부 판사는 원로에게 주는 일종의 명예직이었다.

같은 해 6월 22일 정조는 홍낙성을 영의정, 우의정이던 김이소를 좌의정, 김희를 우의정으로 삼아 의정부를 전격 개편했다. 홍낙성은 홍상한의 아들이고 김이소는 김창집의 후손이며 김희는 김장생의 후손이었다. 즉 삼정승이 모두 노론이었다. 이로써 그동안 공들여 유지해온 남인, 소론, 노론 세 당의 탕평정부는 무너졌다. 한데 홍낙성은 노론이어도 정조의 우당인 시파였고, 김이소와 김희는 벽파였다.

이렇듯 정조는 노론의 저항을 무마하기 위해 노론정부를 구성했으나 노론은 계속 반발하였다. 노론은 이참에 채제공과 남인 무리를 쓸어버려야 한다는 생각이었다. 정조 역시 그들의 속내를 모르지 않았기에 개각 이틀 후인 6월 24일 채제공을 동지정사로 임명해 연경으로 보냈다. 일단 소나기는 피하게 하자는 뜻이었다.

채제공이 연경으로 떠나고 없는 사이 노론은 한층 더 강하게 그를 공격했다. 7월 2일 시파의 영수 격인 홍낙성과 벽파의 영수 격인 김종수, 심환지가 동시에 나서서 채제공에게 벌을 내려야 한다고 주장했다. 정조가 받아들이지 않자 우의정 김희까지 가세했다.

이에 정조는 김희를 불러 타일렀다.

"채제공이 함부로 지껄인 일부 자구를 죄라고 한다면 옳은 말이지만, 상소문 전체를 싸잡아서 배척한다면 장차 나와의 의리는 어떻게 할 것인가? 현재 나를 섬기는 사람들이 내 마음을 자기 마음처럼 이해한다면 어찌 그 일로 거듭해서 나를 언짢게 할 수 있는가?"

말하자면 채제공은 왕의 아버지가 억울하게 죽었다 하소연하고 있고 왕 자신도 그 마음만은 받아들이고 있는데, 만약 채제공의 그 마음까지 공격 대상으로 삼으면 현재의 왕인 자신을 공격하는 것과 다를 바 없지 않느냐는 논리였다.

정조가 그런 섭섭한 내면을 드러냈어도 노론의 공격은 여전했다. 그러자 8월 8일 정조는 작심하고 2품 이상의 조정 신하와 규장각의 각신, 삼사 시신侍臣을 모두 불러 자신의 입장을 밝혔다.

"전 영상이 그렇게 말한 데는 곡절이 있다. 전 영상이 도승지로 있을 때 선조(영조)께서 휘령전으로 나와 사관들을 물리친 다음 도승지만 앞으로 오게 하여 어서御書(임금이 지은 글) 한 통을 주며 신위 아래에 있는 요 자리 속에 간수하게 했다."

이와 함께 정조는 채제공이 장헌세자의 억울함과 누명을 벗겨달라고 한 것은 영조의 뜻이라고 덧붙였다. 또 영조는 이를 위해 '금등金縢'을 남겼다는 말까지 곁들였다.

금등이란 쇠줄로 봉한 궤짝으로 중국 상고 시대 주周나라 고사에서 비롯된 말이다. 주나라 무왕이 병이 들자 그의 아우 주공은 자신이 대신 죽을 것이니 형 무왕을 살려달라고 조상들에게 빌었다.

그리고 그 기도문을 쇠줄로 봉한 궤짝인 금등 속에 넣어 보관했다. 그 후 무왕이 죽고 그의 아들 성왕이 어린 나이로 왕위에 오르자 주공은 성왕을 대신해 섭정을 했다. 이때 주공의 동생들인 채숙과 관숙이 주공이 왕위를 찬탈하려 한다는 소문을 퍼뜨렸다. 이에 성왕은 주공을 의심했으나 금등에 들어 있는 주공의 기도문을 보고는 주공을 믿고 정치를 맡겼다. 이 고사가 생긴 뒤 자신의 목숨을 바쳐 다른 사람을 살리려는 뜻을 나타낼 때 흔히 금등이라는 용어를 사용했다.

정조는 영조가 남긴 금등의 글을 채제공만 홀로 보았기 때문에 목숨을 걸고 나서서 장헌세자의 억울함을 호소하는 상소를 올린 것이라고 설명했다. 그러면서 영조가 직접 적은 금등의 글, 즉 금등지사의 내용을 일부 공개했는데 그것은 다음과 같다.

피 묻은 적삼이여!
피 묻은 적삼이여!
오동나무 지팡이여!
오동나무 지팡이여!
누가 이를 금장과 천추라 하지 않겠는가?
귀래망사대를 그리워하고 있노라.

이 시를 풀어보자면 이렇다. 우선 피 묻은 적삼과 오동나무 지팡이를 언급한 것은 장헌세자가 자신을 양자로 삼은 모후 정성왕후 서씨의 죽음을 애도하며 3년 동안 오동나무 지팡이를 짚고 피눈물을 흘린 효행을 칭찬한 내용이다.

그다음으로 언급한 금장金藏과 천추千秋는 중국 당나라의 충신 안금장과 한나라의 충신 차천추를 지칭한다. 당나라 측천무후 때 당시 태자인 예종이 반역을 꾀한다는 무고가 있자 예종의 측근들은 심하게 고문을 당했다. 안금장도 그들 중 하나였는데 그는 칼로 자신의 배를 갈라 창자를 내보이며 태자의 결백을 주장했고 이로써 측천무후는 예종을 향한 의심을 풀었다. 이후로 안금장은 당나라 충신의 대명사로 불렸다.

그리고 한나라 무제 때 권세를 누리던 강충이 태자가 역심을 품었다고 무제에게 무고하자 분노한 태자는 강충을 죽이고 자결했다. 그 뒤 차천추가 태자의 진심을 들려주었고 무제는 태자의 결백함을 알게 되었다. 그래서 태자를 그리워하는 마음을 담은 글을 남겼는데 그것이 곧 귀래망사대歸來望思臺다.

결국 영조는 장헌세자에게 금장과 천추 같은 충성심이 있었고 결코 모반을 꾀한 일이 없다는 것, 자신이 아들인 장헌세자를 그리워한다는 것을 글로 남긴 셈이었다. 한데 정조는 영조가 남긴 금등지사 원문을 공개하지 않았다. 단지 원문 중 두 구절만 공개했을 뿐이다. 영조의 금등지사를 실제로 본 사람은 아무도 없었다.

정조는 자신이 즉위하던 해에 승지와 사관이 원문을 자세히 보았다고 했지만 그들이 누구인지 밝히지 않았다. 그런 까닭에 신하들은 금등의 존재를 반신반의했다. 김종수는 아예 금등의 존재를 인정하지 않는 말을 쏟아냈다.

그러나 대다수 신하는 금등지사를 받아들였다. 임금이 직접 금등의 존재를 언급했는데 이를 물고 늘어지면 임금을 불신하는 꼴이기 때문이다. 채제공의 상소 사건은 그 정도로 마무리되었고 금등지사는 사실로 굳어졌다. 그리고 연경을 다녀온 채제공은 정승 자리에 복귀했다.

모든 것이 정조의 연출

채제공의 상소와 금등지사 내용을 면밀히 살펴보면 처음부터 끝까지 정조가 연출한 흔적이 역력하다. 채제공의 상소에 앞서 1년 전에 있었던 영남 유생의 만인소로부터 시작된 이 사건의 중심에는 채제공이 있었다. 영남 유생에게 만인소를 올려 장헌세자의 억울한 누명을 풀어달라고 한 것도 노론의 주장대로 채제공의 사주에 따른 것일 확률이 높다. 그로부터 1년 뒤 채제공은 자신이 직접 같은 내용의 상소를 올려 역적 무리를 처단할 것을 주장했다.

이상한 것은 채제공이 그처럼 무모하게 행동하는 인물이 아니었다는 점이다. 관직에 오른 젊은 시절부터 늘 주변을 의식한 채제공은 몸을 낮추고 자신을 드러내지 않으려 노력한 인물이다. 남인 출신으로 서슬 퍼런 노론과 소론의 틈바구니에서 살아남으려면 그렇게 할 수밖에 없었다. 심지어 호조판서나 예조판서 같은 고위직에 올랐을 때도 몹시 몸을 사렸다. 물론 그는 은밀히 젊은 남인을 키우며 미래를 준비했다. 그랬던 그가 갑자기 목숨을 걸고 장헌세자를 무함한 역적을 모두 잡아들여야 한다는 극단적인 말을 쏟아낸 것은 아무래도 채제공답지 않은 행동이다. 채제공의 이런 행동은 정조의 지시로 이뤄졌다고 봐야 할 것이다.

실제로 정조는 즉위 초부터 주변 신하에게 자신의 뜻을 전해 그대로 실천하게 하는 연출자 역할을 했다. 홍국영을 내칠 때 김종수에게 홍국영을 탄핵하는 내용의 상소문 초안까지 작성해준 사실에 비춰볼 때, 채제공의 상소문도 정조가 초안을 작성했을 가능성이 농후하다. 상소 내용이 정조 자신의 뜻이었다는 말이다.

이렇게 의심할 수밖에 없는 것은 이 사건의 결과 때문이다. 채제공의 상소 이후 노론은 엄청나게 반발했고 급기야 채제공을 역적으로 모는 사태까지 벌어졌다. 이때 정조는 채제공과 그를 공격하는 김종수를 동시에 정승에서 내쫓고 노론 정권을 세웠다. 이후에도 노론의 거센 공격이 이어지자 정조는 금등지사를 언급했다. 이로써 채제공을 향한 비난 여론은 수그러들었다. 나아가 금등지사 덕에 영조는 아들을 죽인 것을 후회하며 아들을 그리워하는 아버지로 변했고, 장헌세자는 아버지에게 충성을 다한 아들이 되었다. 말하자면 할아버지 영조는 자애로운 아버지로 거듭나고 아버지 장헌세자는 누명을 벗은 것이다. 그야말로 절묘한 결과가 아닐 수 없다.

과연 이 결과가 우연히 나온 것일까? 이것은 결코 우연일 수 없다. 오랫동안 치밀하게 계획하지 않고는 이런 결과를 도출해낼 수 없다. 거기다 묘하게도 정조가 금등지사를 털어놓을 때 유일하게 그 존재를 알고 있던 채제공은 청나라로 떠나고 없었다. 만약 그 자리에 채제공이 있었다면 노론은 채제공에게 금등의 진실을 캐기 위해 혈안이었을 것이다. 정작 당사자인 채제공은 중국으로 떠난 상태였고 그때 정조가 직접 금등의 존재를 밝히는 것은 이미 철저하게 계획하지 않고는 불가능한 일이다.

이 일을 진행하는 과정에서 어쩌면 정조는 김종수나 홍낙성, 김희, 심환지를 모두 이용했을지도 모른다. 그들이 채제공을 거칠게 공격한 것도 정조의 연출일 수 있다는 얘기다. 실제로 정조가 그런 연출을 하며 조정을 운영한 증거가 있다. 그 증거는 정조가 노론 벽파의 영수 심환지에게 보낸 3백 통이 넘는 비밀편지, 즉 밀찰에 고스란히 남아 있다.

탕평정부의 재구성

금등지사 사건 이후 조정 구도가 어떻게 변했고 정조는 무슨 일을 추진했는지 살펴보자. 장헌세자의 명예 회복을 위한 채제공의 상소 사건 이후 정조는 노론에게 조정을 맡겼는데 그 정권 구도에서 정조는 화성 건설을 추진했다. 화성 건설의 주된 목적은 장헌세자의 명예 회복과 남인의 입지 강화 그리고 장용영 확대를 기반으로 한 왕권 강화였다. 정조가 화성을 건설하기 직전 영남 유생의 만인소와 채제공의 장헌세자 관련 상소를 유도하고 금등지사를 끄집어낸 것도 이를 실현하기 위함이었다.

이 일련의 사건에서 핵심은 역시 금등지사다. 금등지사 이후 노론은 더 이상 장헌세자를 미치광이 세자라거나 모역을 도모한 역적이라는 인식을 드러낼 수 없었다. 또 장헌세자가 무함으로 죽었다는 사실을 인정할 수밖에 없었고 그것은 곧 영조의 유시를 거역하는 일이라고 우길 수도 없었다. 한마디로 금등지사는 정조가 구사한 가장 절묘한 신의 한 수였다.

금등지사는 노론의 입지를 크게 약화했다. 금등지사에 따르면 장헌세자는 억울하게 누명을 쓰고 죽은 셈이고 영조는 그 사실을 알고 후회하는 말을 남겼다. 이는 곧 노론 세력이 장헌세자를 죽음으로 내몬 당사자라는 의미였다. 만약 정조가 이를 문제 삼아 그들의 죄를 물으면 노론은 일거에 살육당할 수도 있었다.

정조는 그들을 궁지로 내몰지 않았고 그들과 대결하려 하지도 않았다. 오히려 그들에게 정권을 맡겨 안도하게 한 뒤 노론 정권 아래서 화성 건설을 추진했다. 화성 건설은 바로 장헌세자의 명예 회복을 뜻한다. 정조가 이 일을 노론 정권 아래서 추진한 것은 노론이 스스로 장헌세자의 위상을 높이도록 유도한 셈이었다. 이는 정조의 치밀한 계획 아래 이뤄졌다.

그런데 정작 화성 건설의 주역은 남인이었다. 정조는 남인의 종가나 다름없는 윤선도의 후손, 즉 해남 윤씨가 대거 화성으로 이주하게 하는 한편 남인의 영수 채제공에게 화성 건설을 총지휘하도록 했다. 나아가 남인의 차세대 기대주 정약용에게 화성 설계를 맡겼다. 다시 말해 화성은 남인의 도시라고 해도 과언이 아니었다. 그 남인의 도시 화성에 정조는 자신의 친위부대 장용영의 외영을 배치했다. 이는 화성이 정조의 친위 도시임을 천명하는 일이었다.

화성 건설이 본격화하자 정조는 노론정부를 무너뜨리고 다시 탕평정부를 구성했다. 상소 사건으로 밀려난 채제공을 정승으로 불러들인 것이다. 정조는 1795년 1월 26일 중추부 영사로서 화성 건설을 총지휘하던 채제공을 우의정으로 삼았다. 이때 홍낙성을 영의정에 그대로 두고 좌의정에 유언호를 임명했다. 영의정을 지낸 채제공을 우의정에 임명함으로써 향후 좌의정 자리까지 보장해준 셈이다.

채제공은 일단 사직을 청했으나 정조는 이를 받아들이지 않았다. 이로써 영의정을 노론 시파에게 주고 좌의정에 소론, 우의정에 남인을 배치한 적절한 탕평정부가 들어섰다.

채제공을 정승에 앉힌 정조는 남인의 차기 리더 격인 이가환을 공조판서로 발탁하고, 남인의 희망으로 여겨지던 정약용을 우부승지로 삼았다. 특히 정약용을 승지로 발탁한 것은 파격적인 인사였다. 이렇게 정조는 남인의 핵심 3인을 모두 곁에 두었다. 이는 남인을 본격 중용하겠다는 선언이나 다름없는 것으로 노론을 극도로 자극하는 일이었다.

그간 노론은 온갖 방법을 동원해 남인의 성장을 저지하려 했다. 특히 채제공, 이가환, 정약용을 집중 공격해왔다. 이들이 남인의 가장 강력한 삼각편대였기 때문이다. 그 탓에 채제공, 이가환, 정약용은 단 하루도 편안하게 벼슬살이를 할 수 없었다. 하지만 정조의 적극적인 보호 아래 세 사람은 굳건히 버텨내고 있었다. 그때 그들 앞에 뜻하지 않은 복병이 나타났다. 또다시 천주교 문제가 불거진 것이다.

궁지에 몰린 남인

채제공이 우의정으로 복귀한 지 4개월 만인 1795년 5월 주문모 사건이 터졌다. 1794년 11월 말 천주교 베이징 교구에서 중국인 신부 주문모를 조선에 파견한 일이 그제야 발각된 것이다.

얼어붙은 압록강을 건넌 주문모는 걸어서 한성까지 왔고 이후 북촌 정동의 한 민가에 숨어 지냈다. 그는 신자들에게 세례를 주는 한편 성체를 모시고 예배를 드렸다. 그렇게 주문모가 6개월을 보냈을 무렵 한때 천주교 신자였던 한영익이 그의 정체를 알아챘다. 한영익은 천주교의 선구자라 할 수 있는 이벽의 형 이격에게 주문모의 존재를 알렸다.

당시 병마사 벼슬에 있던 이격은 천주교를 극력 반대한 인물로 즉시 조정에 주문모가 입국한 사실을 알렸다. 조정은 바로 체포 명령을 내렸고 이후 이 사건은 조선 정계에 엄청난 파란을 일으켰다. 특히 천주교와 밀접한 남인이 궁지에 몰렸다.

주문모 체포에 나선 인물은 포도대장 조규진으로 그의 명을 받고 주문모의 은신처로 들이닥친 포졸들은 중국말을 쓰는 남성 하나를 체포했다. 그는 주문모가 아니라 천주교도 역관 최인길이었다. 주문모 체포령이 떨어지자 급히 주문모의 피신을 도운 최인길은 자신이 그곳에 머물러 있다가 일부러 붙잡힌 것이었다. 주문모에게 달아날 시간을 주기 위해서였다.

포도청이 최인길에게 갖은 고문을 가하며 주문모가 숨어 있는 곳을 알아내려 했으나 최인길은 끝까지 말하지 않았다. 그때 주문모는 신도 강완숙의 집에 숨어 있었다. 강완숙의 집에는 여자들만 살았기 때문에 신부인 주문모가 숨어 있기에 좋은 곳이었다. 최인길도 그 사실을 알고 있었지만 목숨을 걸고 입을 다문 것이다. 덕분에 주문모는 1801년 3월 자수할 때까지 무려 6년이나 그곳에 숨어 지냈다.

비록 주문모는 체포되지 않았지만 이 사건으로 천주교 문제가 불거지면서 남인이 한껏 궁지에 몰렸다. 당시 주문모 사건과 관련해 최인길, 윤유일, 지황 세 사람이 포도청에서 고문을 받다가 죽었다. 최인길은 주문모의 도피를 도운 혐의였고 윤유일과 지황은 주문모에게 은신처를 제공한 혐의였다. 그런데 이들의 죽음이 다분히 의도적이라며 노론에서 포도대장 조규진을 몰아세웠다. 천주교도들의 입을 막기 위해 일부러 죽였다는 주장이었다.

공격수로 나선 인물은 노론 출신 대사헌 권유였다. 권유는 겉으론 조규진을 공격했으나 실제로는 조규진을 지휘한 우의정 채제공을 노린 것이었다. 채제공을 끌어들이는 데 성공하면 그 휘하의 남인을 일거에 소탕할 목적이었다. 그런 속내를 간파한 정조는 채제공과 포도청에서 천주교도 세 명이 죽은 사건은 별다른 관계가 없다며 그의 주장을 받아들이지 않았다.

그러자 노론은 다시 이가환을 물고 늘어졌다. 이때 공격수로 나선 인물은 행부사직 박장설로 그는 상소를 올려 이렇게 말했다.

“저 이가환이란 자는 단지 하나의 비루하고 험악하고 음험하고 사특한 무리일 따름입니다. 약간 글재주가 있어 세상을 기만하며 이름을 훔치고 있으나 의리를 뒤바꿔 혼란케 하고 행동거지를 종잡을 수 없다는 것이 그를 가리키는 단안斷案이라 할 것인데, 사학을 앞장서서 주도하고 우리 유가儒家의 도와 배치되게 치달리는 것이야말로 무엇보다 용서하기 어려운 일대 죄목이라 하겠습니다."

박장설은 이가환과 함께 정약용의 형 정약전도 거론했다. 그가 문제 삼은 것은 정약전이 과거를 볼 때 제출한 답안지였다. 답안지 내용에 천문과 관련된 것이 있었는데 정약전이 5행을 4행으로 바꿔 서양 논리를 따랐다는 것이었다. 이와 함께 정약전은 이가환의 사제로 정약전의 잘못은 곧 이가환의 잘못이라 우겼다.

박장설이 정약전을 거론한 것은 사실 정약용을 겨냥한 것이었다. 정조도 그 사실을 알았고 박장설이 지적한 정약전의 답안지를 가져오게 해서 살펴보고는 정약전의 답안이 오행설에 어긋나지 않는다고 말했다. 정조는 박장설을 관리 명부인 조적에서 삭제하고 변방으로 유배 조치함으로써 남인의 핵심 세 사람을 보호했다.

그러나 이후에도 노론의 공격이 이가환과 정약용에게 집중되자 정조는 이가환을 충주목사로 임명하고, 정약용을 금정찰방으로 임명해 좌천시켰다. 일단 급박한 상황은 피하자는 계산이었다. 정조가 이가환을 충주로, 정약용을 충청도 청양의 금정으로 보낸 이유는 또 있었다. 당시 충청도에 천주교인이 가장 많았고 특히 충주가 그 중심이었다. 따라서 직접 충청도로 가 천주교인을 색출하고 교화하는 작업을 함으로써 두 사람 모두 천주교인이라는 누명에서 완전히 벗어나라는 뜻이었다.

정조는 두 사람을 좌천시키며 이가환은 정2품에서 정3품으로 두 단계, 정약용은 정3품에서 종6품으로 7단계 낮춰 발령했다. 이가환은 천주교 서적을 탐독한 적이 없지만 정약용은 이를 공부한 적이 있기 때문이다. 그 탓에 죄가 없는 형 정약전까지 공격받는 것을 강하게 문책한 것이다.

이후 정조는 이승훈을 예산으로 유배 보냈다. 이승훈은 정약용의 매형으로 천주교 신자였기에 공격의 빌미를 없애기 위해 함께 조치한 것이었다. 이 일련의 조치를 감행한 뒤 정조는 숙종 시절 노론의 영수 이이명이 천주교에 유학과 비슷한 점이 많은 것 같다고 말한 사실을 언급하며 노론 벽파의 천주교 비판이 지나치다고 지적했다. 이를테면 노론의 영수조차 천주교를 유학과 비슷하다고 한 마당에 막무가내로 천주교를 몰아세우지만 말고 비판과 수용을 겸하라는 뜻이었다.

이때 정조는 선조 시절 남인 정승 이덕형의 후손인 이기양을 홍문관 부수찬으로 임명했다. 이기양은 당시 쉰두 살로 이가환과 정약용의 빈자리를 채우기 위해 정조가 특별히 뽑은 남인 인재였다. 덕분에 정조 주변에서 남인이 완전히 사라지는 사태는 막을 수 있었다.

쓰러진 남인의 거목

이가환과 정약용이 지방으로 쫓겨났을 때 채제공은 화성 건설 총리사로서 작업을 지휘하고 있었다. 1795년 윤2월 7일 채제공은 화성의 규모를 확대하기 위해 용인, 안산, 진위 3읍을 화성의 속읍으로 삼아야 한다고 건의해 정조의 허락을 얻어냈다.

같은 해 12월 16일 정조는 다시 한 번 개각해 영의정 홍낙성은 그대로 두고 채제공을 좌의정으로 올리는 한편 윤시동을 우의정으로 삼았다. 윤시동은 김종수·김이소·김희와 함께 노론 벽파 인물로 노론 시파와 남인, 노론 벽파의 탕평정부를 구성한 셈이었다.

그런데 이듬해인 1796년 1월 14일 이주석 사건이 터져 채제공은 일시 파면되었다. 세종의 능인 영릉의 별검으로 있던 이주석은 소를 잡고 여승을 불러 놀다가 발각되어 거제도로 유배되었다. 이후 대간에서 이주석을 더 강력하게 처벌해야 한다고 하자 정조가 채제공에게 의견을 물었는데, 그는 오히려 이주석을 두둔하는 발언을 했다. 이에 정조는 채제공을 파면하고 책망하는 글을 내렸다. 그러나 정조는 이내 채제공의 죄명을 없애고 좌의정으로 불러올렸다.

이때 삼사의 반발이 심했으나 정조는 의지를 꺾지 않았다. 그로부터 1798년 6월 2일 병으로 사직할 때까지 채제공은 좌의정 자리를 지켰다. 그동안 조선은 화성을 완성했고 장용영 외영도 그곳에 배치했다. 정조는 그렇게 자신이 계획한 모든 일을 완성했다.

정승 자리에서 물러난 채제공은 중추부 판사로 있으면서 여전히 조정의 일에 관여했으나 건강이 좋지 않아 몸져눕는 일이 더 많았다. 그러다 1799년(정조 23년) 1월 18일 병마와 노환을 이기지 못하고 여든의 나이로 영면했다.

당시 전국에 전염병이 창궐하면서 12만 명의 백성이 사망했는데 특히 노인이 많이 죽었다. 팔순에 이른 채제공의 목숨도 전염병의 거센 물결에 휩쓸려갔고 그의 최대 정적이던 노론 벽파의 영수 김종수도 무사하지 못했다. 안타깝게도 두 거두의 장례식장은 썰렁했다. 전염병을 염려해 몸을 사린 사람들이 문상을 꺼린 탓이다. 김종수가 먼저 쓰러지고 열하루 뒤 채제공이 뒤따르면서 두 거두는 열흘 차이로 세상을 떠났다.

채제공의 죽음을 두고 정조는 심환지에게 보낸 밀찰에서 자신의 심정을 밝혔다.

> 채상이 세상을 떠났으니 사람이 없다고 하겠다. 근래에는 풍속이 야박하여 남인이 아무 일도 하지 않는 것을 두고 배꼽 잡는 웃음거리로 삼는다고 한다. 저 대신은 남인이 아니란 말인가? 마치 안개 속에 앉아 있는 것 같아 어떻게 해야 인재를 보충하여 조정을 더욱 튼튼히 할 수 있는지 모르겠다. 어찌 밤마다 방을 맴돌며 근심하지 않을 수 있겠는가?

정조는 채제공의 빈자리를 상당히 크게 느꼈다. 정승 채제공 덕분에 남인을 키우고 그들을 기반으로 정치 혁신을 감행했는데 막상 채제공이 떠나니 그를 이을 마땅한 남인이 없었다. 그만큼 채제공은 정조에게 없어서는 안 될 정치적 버팀목이었다.

채제공의 부음을 들은 정조는 심환지에게 편지를 보내 꼭 조문할 것을 부탁했다. 그러면서 이렇게 덧붙였다.

"채상 집에는 조문하러 가지 않으면 안 된다. 생전에 한자리에 앉아 담소를 나눈 사람인데, 죽고 나서 조문 한 번 가지 않는다는 것은 결코 사람의 정이라 할 수 없다."

이 말은 남인 채제공과 노론 벽파 심환지는 비록 정치적으론 대립 관계에 있었으나 조정 운영에서는 동료였다는 뜻이다. 사실 정조는 남인과 노론 벽파가 강하게 대립하도록 분위기를 조성한 뒤 자신은 중재자처럼 행동하며 자기 뜻을 관철해왔다. 그런 만큼 정조의 입장에서는 채제공과 심환지 모두 아끼는 중신이자 필요한 수하였다.

돌이켜보면 채제공을 빼놓고는 정조의 정치를 논할 수 없다. 채제공은 이미 영조 때부터 탕평의 중요한 수단이었고 정조대에는 정치 혁신의 지렛대 역할을 했다. 만약 채제공이란 인물이 없었다면 정조는 노론과 소론의 싸움에 연연하느라 절대군주의 위상을 꿈도 꾸지 못했을 것이다. 채제공 덕분에 정조는 남인 세력을 키웠고 남인이 존재함으로써 노론과 소론을 적절히 조정하며 국정을 왕의 뜻대로 끌고 갈 수 있었다.

정조에게 남인 세력은 주머니 속에 든 비수 같은 존재였다. 소론이든 노론이든 뜻이 맞지 않으면 정조는 언제든 그 비수를 꺼내 소론과 노론을 협박할 수 있었다. '그대들이 나와 대립한다면 나는 언제든 남인을 끌어들여 그대들을 모두 내치겠다'는 협박이었다. 그런데 정조는 항상 남인을 일정 정도 이상 키우지 않았다. 남인은 늘 소론보다 부족했고 소론은 언제나 노론보다 부족했다. 여기에다 절묘하게도 소론과 남인을 합하면 노론을 앞서도록 조정했다. 소론이든 노론이든 정조의 눈 밖에 나면 언제든 내칠 수 있는 구도였던 셈이다.

이 구도를 위해 정조에게는 남인이 필요했고 남인을 유지하려면 채제공이 있어야 했다. 그런 의미에서 채제공은 정조가 쥔 비수의 손잡이였다. 그러니 채제공의 죽음은 곧 주머니 속에 간직했던 비수의 손잡이를 잃은 것이나 진배없었다.

정조는 새로운 손잡이를 만들고자 했으나 마땅한 인물이 없었다. 이가환은 태생적 한계 때문에 어려웠고 정약용은 아직 경험과 연륜이 부족했다. 결국 정조는 주머니 속 비수를 함부로 잡을 수 없게 되었다. 잘못 잡으면 오히려 비수에 정조 자신이 찔릴 수도 있고, 남인 세력 전체가 날아갈 수도 있었다. 손잡이 없는 칼은 그처럼 위험한 물건이다.

채제공의 죽음은 그렇듯 정조를 뼈아프게 했다. 진작 채제공의 후계자를 키우지 않은 것이 문제였다. 이는 남인을 정조 자신의 주머니 속에 든 비수 정도로 여긴 탓이었다. 정조는 남인을 단지 자신의 정치적 목적을 달성하는 수단으로만 여기고 소론과 노론처럼 하나의 붕당으로 당당히 키워내지 않았다. 혹 남인도 그들처럼 자신을 위협하는 거대 세력으로 성장할까 두려웠던 것이다. 그래서 정조 자신의 보호 없이는 자생할 수 없는 집단으로 남겨두었다.

채제공은 정조의 그런 의도를 잘 알았으나 그렇게 해서라도 남인 세력이 숨이라도 쉴 수 있다면 기꺼이 자신의 모든 힘과 능력을 쏟겠다는 생각이었다. 그러면서 한편으론 은밀히 후진을 양성해 남인이 일어설 때를 기다렸다. 그 과정에서 영남 유생의 만인소와 정조의 금등지사를 이끌어냈다. 그런 일이 이어지면 필시 남인도 소론과 노론 못지않은 세력으로 자랄 날이 오리라고 본 것이다.

아쉽게도 그날에 이르기 전에 그의 목숨이 다하고 말았다. 팔순의 나이까지 50년 넘게 남인을 재건하는 데 온몸을 바쳤건만 하늘은 그의 소망을 들어주지 않았다. 남인 재건의 유일한 희망이던 채제공은 그렇게 소망만 남겨둔 채 홀연히 저승길로 떠났다.

고향으로 돌아가는 정약용

금정으로 내려간 정약용은 정조의 뜻대로 천주교도 색출에 나섰고 충청도 지역 천주교의 중심인물인 이존창을 체포했다. 그러자 정조는 노론 벽파의 핵심 심환지에게 정약용을 다시 불러올리게 해달라고 부탁했다. 심환지는 정조의 요구대로 정약용이 금정찰방으로 있으면서 천주교도 색출에 앞장서고 그들을 교화하는 데 많은 노력을 했다며 다시 불러 쓸 것을 요청했다. 노론 벽파의 우두머리 격인 심환지의 요청이라 다른 노론 세력은 반대하지 않았다.

1796년 10월 정조는 정약용을 규영부 교서로 임명해 불러올렸다. 금정으로 떠난 지 1년 3개월 만의 일이었다. 규영부 교서는 승지에 비하면 보잘것없는 한직이지만 임금 곁에 둘 수 있는 자리였다. 그 후 두 달 만에 정조는 정약용을 병조참지로 임명했다가 이틀 만에 우부승지 그리고 하루 만에 다시 좌부승지로 삼았다. 그러더니 이내 종4품 무관직인 부호군으로 임명했다. 이렇듯 정조가 정약용의 벼슬자리를 급히 옮긴 것은 노론에게 공격할 빌미를 주지 않기 위해서였다. 말하자면 하루라도 승지에 머물게 해 이력을 만들어두려는 생각이었다. 그래야 나중에 다른 곳으로 보냈다가도 바로 승지로 불러올 수 있기 때문이다.

그렇게 근신의 세월을 더 보내게 한 뒤 정조는 자신의 계획대로 이듬해인 1797년 6월 정약용을 다시 동부승지에 임명했지만 정약용은 이를 받아들이지 않았다. 승지로 올라가면 다시 노론의 공격이 시작될 테고 그 때문에 자신의 형이나 친지가 다칠 우려가 있었던 탓이다. 그는 스스로 천주교 서적을 읽었고 한때 천주교에 심취한 적이 있다는 고백을 담은 상소문을 올렸다. 상소문에서 그는 천주교를 종교가 아닌 서학이라는 학문으로 보고 그 과학 기술을 공부했다고 토로했다. 그러나 이는 모두 약관의 어린 나이에 있었던 일이고 성균관에 입학한 이후 대과 공부에 몰두하느라 서학을 돌아볼 여유가 없었으며, 관직에 진출한 뒤에는 더욱더 서학에 관심을 두지 않았다고 고백했다. 동부승지 임명을 사양하며 일종의 양심선언을 한 것이다.

이 상소문을 읽은 정조는 정약용이 진심으로 과거의 잘못을 뉘우친다고 판단하고 그를 황해도 곡산부사로 발령했다. 정약용은 1년 6개월 동안 곡산부사를 지냈고 1799년 2월 임시 호조참판으로 발령받아 청나라 대신을 접대하는 영위사 역할을 했다. 이후 50일쯤 뒤인 4월 한성으로 불려가 형조참의에 임명되었다.

노론 벽파는 중앙으로 돌아온 정약용을 가만두지 않았다. 채제공은 사망했고 남인의 영수 격인 이가환은 천주교와 관련해 숨 쉴 틈 없는 공격을 받으며 고전하고 있었다. 이가환과 함께 정약용만 내쫓으면 남인은 완전히 무너지는 상황이었다. 그러니 벽파가 정약용을 몰아세우는 것은 필연적인 일이었다.

하지만 정약용은 이미 천주교와 관련된 모든 죄를 고백하고 응분의 대가를 치른 상태라 벽파는 정약용 대신 정약전을 공략했다. 정약전을 건드리면 정약용이 스스로 무너질 것이라고 보았던 까닭이다. 정약용은 형 정약전을 공격하는 이유가 자신 때문임을 알았고 울분을 참지 못하며 형조참의에서 물러나겠다는 상소문을 올렸다. 정조는 그의 사직을 받아들이지 않았지만 정약용은 등청할 생각이 없었다. 정약용이 계속 등청을 거부하자 정조는 결국 그의 사직을 받아들였다.

막상 정약용이 벼슬을 버리자 그를 향한 공박은 더 심해졌다. 이가환도 정약용과 함께 도마에 올랐다. 이가환과 정약용이 천주교의 뿌리라는 주장이었지만 정조는 그들의 주장을 받아들이지 않았다.

이렇듯 노론 벽파가 남인 죽이기에 혈안이 되어 계속 공격하자 정약용은 낙향을 결심했다. 어린 시절을 보낸 고향 마재로 돌아가 여생을 보내기로 한 것이다. 1800년 봄 정약용은 한성을 떠났다.

10장

절대군주를 꿈꾼 정조의 밀찰정치

밀찰의 기원과 뒷거래정치

정조는 이중 플레이에 능한 임금이었고 그것을 상징하는 것이 바로 비밀편지, 즉 밀찰이다. 그럼 조선사에서 왕과 신하 사이에 일종의 정치적 뒷거래를 위해 비밀편지를 주고받은 것이 비단 정조뿐이었을까? 사실 왕과 정치 세력 사이에 밀찰이 오간 것은 정조가 처음이 아니었다. 정조의 5대 조상 효종도 밀찰로 뒷거래정치를 시도한 바 있다. 효종이 밀찰을 보낸 때는 1659년 3~5월이었고 그 대상은 영의정 정태화와 서인 산당의 핵심 세력이던 송시열이었다. 정태화는 당색이 강하지 않은 인물이었으나 송시열은 그렇지 않았다. 효종은 이처럼 다른 두 정치인에게 각각 밀찰을 보내 정치 현안과 인사 문제를 논의했다. 편지는 비밀스럽게 전달했고 그 전달자는 비밀을 가장 잘 유지하면서도 믿을 만한 인물인 세자, 즉 훗날의 현종이었다.

밀찰에서 효종은 편지 내용을 설사 아들이라도 보여주면 안 된다고 못을 박고 있다. 은밀히 보내는 비밀편지니 절대 세상에 드러나면 안 된다고 한 것이다. 그래서 보고 난 뒤 태워 없애라고 했는데 두 신하는 공히 이 편지를 없애지 않고 고이 간직했다가 후세에 드러냈다.

효종의 비밀편지에는 당시 권력을 농단하던 인물을 가감 없이 평가한 내용이 들어 있다. 세상에 알려지면 그야말로 조정이 발칵 뒤집힐 만한 내용이었다. 또한 송시열에게 국사를 영의정 정태화와 논의해 처리할 것을 당부하는 말도 있다. 이를테면 송시열에게 정태화와 협력하라는 밀명을 내린 셈이었다.

정조가 효종에게서 이런 밀찰정치의 원형을 발견한 것인지는 알 수 없다. 다만 조선 왕들 중 정조만큼 편지를 능수능란하게 이용한 왕은 없었다.

어릴 때부터 편지 쓰는 것을 무척 좋아한 정조는 심지어 하루에 몇 통을 쓰는 경우도 있었다. 요즘의 전화처럼 편지를 소통 수단으로 즐겨 사용한 것이다. 정조가 쓴 편지의 양은 상상 이상으로 방대하다. 정조가 재위 말기인 1796년부터 1800년까지 4년 동안 심환지에게 보낸 편지만 해도 350통이 넘는다. 그중에는 하루에 네 통이나 주고받은 경우도 있다. 그것도 아침, 저녁, 한밤중을 가리지 않았다. 이는 요즘으로 치면 장문의 문자를 주고받은 것과 진배없는 일이었다. 4년 동안 그것도 한 개인에게 보낸 편지가 이 정도라면 그가 평생 외가, 종친, 인척, 여러 권신과 주고받은 편지의 양은 수천 통에 이르지 않았을까 싶다. 이는 거의 '편지 중독'이라고 해도 지나치지 않은 수준이다.

어쩌면 그는 단순히 편지 중독을 넘어 문자 중독증에 걸렸는지도 모른다. 흔히 정조를 호학군주, 즉 학문을 좋아한 왕이라고 한다. 실제로 정조는 박학다식하고 언변도 좋은 왕이었다. 학문을 좋아했으니 책을 좋아하는 것은 당연했다. 그는 학문뿐 아니라 글 쓰는 것도 매우 좋아해 글씨를 남기거나 편지를 쓰는 것, 책을 엮는 것, 일기 쓰는 것을 즐겼다. 글을 읽는 것도 아주 좋아해서 시력이 나빠지기도 했다. 혹 그는 '문자 중독증' 환자가 아니었을까? 글이면 무엇이든 다 읽어야 하고 읽었으면 꼭 써야 하며, 할 말이 있으면 반드시 글로 전하고 때론 하루에도 몇 통의 편지를 주고받아야 성이 찼던 그는 문자 중독증이라 해도 과언이 아니었다.

정조는 이런 자신의 고질병을 밀찰 형태로 정치에 십분 활용했다. 밀찰로 이른바 뒷거래정치를 구사하고 조정을 자신의 뜻대로 운영한 것이다. 말하자면 밀찰은 절대왕권을 위한 도구였다. 이것으로 정조는 사관의 눈을 피하고 역사의 기록을 왜곡하기도 했다.

뒷거래정치란 조정에서 공식회의로 결정해야 할 정사를 각 붕당의 핵심 세력과 미리 의견을 조정한 뒤 조정에서 형식적으로 공포하는 형태의 정치를 말한다. 이를 위해 정조가 사용한 수단이 밀찰이었다.

정조가 밀찰로 뒷거래정치를 구사한 목적은 절대왕권을 행사하는 데 있었다. 그는 왕위에 오른 직후부터 절대왕권을 꿈꿨고 홍국영이 세도정치를 전개하게 한 목적도 여기에 있었다. 그는 홍국영이 쓸모가 다하자 그를 제거하고 직접 나서서 왕권을 강화하는 한편 밀찰정치를 본격화했다.

정조가 밀찰정치를 시작한 것이 언제인지는 분명하지 않다. 확실한 것은 홍국영 제거도 밀찰정치의 결과라는 점이다. 정조의 생모 혜경궁 홍씨는 《한중록》에서 김종수가 홍국영을 탄핵한 것은 정조의 지시에 따른 것이라고 밝히고 있다. 놀랍게도 이것은 사실이다. 김종수가 올린 홍국영 탄핵 상소문의 실제 작성자는 정조였다. 정조는 1797년 2월 5일 심환지에게 보낸 밀찰에서 김종수가 이전에 올린 상소 초본을 자신이 직접 지어 보냈다고 고백했다.

이 내용은 정조가 스스로 밝힌 것이라 거짓일 가능성이 거의 없다. 따라서 정조의 밀찰정치가 홍국영 제거 시점인 1779년 9월부터 시작되었다고 봐도 무방하다. 그때는 정조가 왕위에 오른 지 3년 반쯤 된 시점이다. 말하자면 즉위 초부터 밀찰로 뒷거래정치를 구사한 셈이다. 이후 밀찰정치를 어떤 방식으로 더 강화했는지 또 그 파트너가 누구였는지는 명확하지 않다. 정조가 정치적 목적으로 보낸 밀찰 중 가장 확실하게 밝혀진 것은 심환지에게 보낸 350여 통이다.

심환지 외에 심환지와 정치적으로 대립하면서 정조의 정치 혁신을 도운 남인의 영수 채제공에게도 많은 밀찰을 보냈을 것으로 보인다. 실제로 채제공이 남긴 어찰 중 일부에 밀찰의 흔적이 남아 있다.

정조가 노론 벽파의 영수 김종수와 심환지 그리고 남인의 영수 채제공과 밀찰을 주고받은 것으로 보아 노론 시파나 소론의 핵심 인물과도 밀찰을 주고받았을 가능성이 농후하다. 다시 말해 정조는 홍국영을 제거할 때 김종수를 파트너로 삼아 밀찰정치를 시작한 이후 채제공, 심환지, 그 밖에 소론과 노론 시파의 핵심 인사를 파트너로 삼아 밀찰정치를 지속했다. 정조의 정치를 한마디로 표현하자면 밀찰정치라 할 수 있다.

정조의 민낯

정조는 뒷거래정치나 막후정치 수단인 밀찰을 심환지에게 보낼 때 그 심부름꾼으로 승정원의 사령을 이용했다. 승정원 사령은 세습직이라 왕에게 충성심이 아주 강했다. 정조는 그들 중에서도 가장 입이 무겁고 믿음직한 인물에게만 편지 전달 임무를 맡겼다. 그러나 아무리 은밀히 행해도 말은 언젠가 새어나가게 마련이다. 정조는 심부름꾼의 입을 숱하게 단속했지만 왕이 심환지와 밀찰을 주고받는다는 소문이 돌았다.

이 소문을 듣고 진노한 정조는 심환지에게 그 분풀이를 했다. 그런 소문이 난 이유는 심환지가 낯빛을 조심하지 않은 탓이라며 심환지를 질타하는 밀찰을 보낸 것이다. 정조는 심환지가 절친한 자들에게 말을 흘렸다고 의심하기도 했다.

밀찰에는 정조와 심환지가 편지 외에 밀담을 주고받은 내용도 등장하는데, 정조는 그 밀담을 철저히 함구하라고 지시했다. 그야말로 심환지에게 뛰어난 연기력과 비밀 유지를 요구한 셈이다.

정조는 자신의 뒷거래정치가 완벽한 기획 아래 누구도 알지 못하는 비밀로 남길 바랐고 그렇게 되리라고 믿었다. 그렇지만 심환지를 비롯해 밀찰의 내막을 아는 자들의 입은 정조의 믿음처럼 그리 굳건하지 않았던 모양이다. 정조는 자신의 심부름꾼을 완전히 신뢰하는 태도를 보였고 결단코 자기 주변에서는 밀찰의 내막이 새어 나갔을 리 없다고 확신했다. 밀찰 소문의 책임이 전적으로 심환지에게 있다고 여긴 것이다. 그런 까닭에 정조는 심환지에게 입조심을 하지 않는다며 격하게 화를 냈다. 심지어 심환지더러 '생각 없는 늙은이'라고 욕설에 가까운 말을 하기도 했다.

한편으로는 심환지에게 믿음을 주고자 밀찰 곳곳에 자신의 내면 감정을 고스란히 담은 말을 쏟아냈다. 가령 '놈'이나 '주둥아리' 같은 욕설도 내뱉었다. 또 자신의 신상 문제까지 여과 없이 전달했다. 더러는 심환지의 사생활을 물었는데 여기에는 가족의 건강을 염려하는 내용도 담고 있다. 정조는 약제와 함께 좋은 음식을 보내기도 했다. 이 모든 것은 자신이 심환지를 그만큼 믿고 있음을 보여주려는 행동이었을 터다. 그러나 심환지는 결코 정조를 완전히 믿지 않았다.

정조는 혹시라도 심환지가 밀찰을 없애지 않고 감춰둘 것을 염려해 읽고 난 뒤 즉시 세초하거나 찢어 없애라고 지시했다. 만약 세초하면 본인이 직접 하는지 아들이 하는지 구체적으로 보고하라는 말까지 했다. 심환지는 정조의 이 지시를 철저히 무시했다. 그는 세초는커녕 고이 간직해 후손에게 물려주었다. 그것도 무려 350통이 넘는 어마어마한 분량을 말이다.

어쩌면 정조는 스스로를 치밀하고 세상에서 가장 뛰어난 완벽주의자라고 생각했을지도 모른다. 그는 모든 것이 자신이 행한 조치대로 이뤄졌을 것이라고 믿었다. 하지만 심환지는 정조의 허수아비도, 왕의 명령에 무조건 순종하는 순진한 늙은이도 아니었다. 오히려 그는 정조보다 더 치밀하고 신중하며 노회한 인물에 가깝다. 그는 죽을 때까지도 정조의 밀찰을 감춰두었고 덕분에 정조가 애써 숨기려 한 민낯이 세상에 드러나고 말았다.

심환지가 남긴 밀찰의 의미

정조는 각 붕당의 핵심에게 보낸 밀찰에 어떤 내용을 담았을까? 심환지에게 보낸 밀찰을 분석해보면 다음 세 가지를 명확히 파악할 수 있다.

첫째, 서찰의 종류는 제3자에게 보이지 말 것을 지시한 비밀편지다. 비밀 유지를 위해 발신자를 표시하지 않았고 내용을 읽고 나면 반드시 태워 없애거나 씻어버릴 것을 명령하고 있다.

둘째, 서찰에 자신의 감정을 가감 없이 드러내고 있다. 욕설에 가까운 감정 표현도 거침없이 사용하고 있고 직선적이면서 독선적인 성정을 드러내는 내용도 쉽게 접할 수 있다.

셋째, 일신상의 비밀과 타인을 판단하는 기준, 조정 신하를 향한 속마음 등 왕으로서는 매우 위험한 발언을 남발하고 있다.

밀찰 내용은 정조의 진짜 얼굴을 파악하게 해주는 요긴한 자료다. 그 내용은 실록의 기록과 상반되는 것도 있고 아귀가 딱딱 맞아떨어지는 경우도 있다. 분명한 사실은 실록에 나타난 결과 중 이해하기 힘든 부분을 밀찰 내용과 결합하면 이해가 가는 상황이 많다는 점이다. 그런 의미에서 실록에 나오는 정조는 꾸미거나 분장한 얼굴이고 밀찰 내용은 그 분장 뒤에 가려진 진짜 얼굴이라 할 수 있다.

그러면 정조가 자신의 속내나 약점, 심지어 병증까지 드러내며 수백 통의 밀찰을 주고받은 심환지는 어떤 인물일까? 일반적으로 노론 벽파의 거두 심환지는 정조와 정치적으로 철저히 대립한 인물로 알려져 왔다. 1730년에 태어난 심환지는 정조가 왕위에 오른 1776년 마흔일곱 살이었고 이때 소론의 거두 서명응, 서명선 형제를 탄핵하다 갑산에 유배된 상태였다. 유배되기 전 그의 벼슬은 종5품 홍문관 부교리에 불과했다. 그가 홍문관 부교리로 다시 돌아온 것은 홍국영이 도승지에서 물러난 뒤인 1780년이다. 그때 그는 다시 소론을 비판하는 상소를 올렸다가 벼슬에서 밀려났다. 이후 그가 다시 부교리로 복직한 것은 쉰여덟 살이던 1787년이었다. 복귀 후 그는 급속도로 승진했고 예순세 살이라는 늦은 나이에 도승지가 되었다. 예순여섯 살이던 1795년에는 대사헌이 되었으며 정조와 비밀편지를 주고받기 시작한 1796년에는 이조판서 자리에 있었다. 이어 우의정을 거쳐 정조가 사망한 해인 1800년 좌의정에 올랐다.

심환지의 이 이력으로 볼 때 그가 노론 벽파의 영수로 활동한 것은 1795년 대사헌에 오른 때부터라고 할 수 있다. 정조와 밀찰을 주고받던 시기는 1796년 이조판서에 오른 직후부터였다. 이는 정조가 그를 노론 벽파의 우두머리로 인정한 시기가 이조판서에 오른 뒤부터였음을 의미한다.

당시 심환지는 김종수, 윤시동, 권유, 서영보, 이서구 등과 함께 노론 벽파의 핵심으로 활동했다. 정조는 그들 중 김종수와 심환지를 특히 신임했다. 그때 어용겸과 서용보가 심환지의 심복으로 활동했는데 정조는 두 사람을 심환지와의 연락책으로 이용하기도 했다.

정조가 보낸 밀찰의 수신처는 심환지의 한양 삼청동 집이었다. 심환지에게 보낸 정조의 편지를 읽다 보면 조정이 정조가 연출하는 하나의 공연장에 불과했다는 느낌이 든다. 정조가 심환지에게 언제 벼슬에 나오라고 명을 내리면 몸이 아파 나올 수 없다고 대답하라는 내용도 있고 또 조정으로 나오면 어떤 내용으로 상소문을 작성해 언제 올리라는 것까지 지시하고 있다. 심환지에게 이런 지시를 내린 것으로 보아 소론, 노론 시파, 남인도 같은 방법으로 움직였을 가능성이 크다. 그렇다면 그 시절 조선 조정에서 일어난 일은 대부분 정조가 뒤에서 비밀리에 연출한 것으로 봐도 무방하다. 그야말로 소름이 돋는 일이 아닐 수 없다. 모든 정사와 인사를 철저히 계획한 뒤 중신을 배우처럼 활용해 한 편의 연극을 완성해가듯 조정을 이끄는 것은 상상하기 힘든 일이기 때문이다. 이는 역사 왜곡이자 음험한 뒷거래정치의 극치라 할 수 있다.

호학군주, 혁신군주, 탕평군주로 불리며 문화정치를 구사해 조선 후기 문예부흥을 일으킨 성군으로 불리는 정조가 사실은 각 붕당의 영수를 압박하고 강제해 신하들을 허수아비로 만든 뒷거래정치의 달인이었다는 사실은 놀라움을 넘어 끔찍한 느낌을 준다. 모든 것을 연출한 뒤 아무것도 모르는 척 시치미를 뚝 떼고 앉아 사관들의 눈을 속이고 조정의 일을 실록에 기록하게 해 사실로 믿게 만든 왕이 정조의 진짜 모습이라니! 만약 심환지가 밀찰을 남기지 않았다면 어땠을까? 수많은 사람들이 연출하고 왜곡한 실록의 기록을 끝까지 역사적 사실로 굳게 믿고 입에 침이 마르도록 찬양하며 그 심대한 사기극에 놀아나지 않았을까?

물론 뜻이 좋고 결과가 좋으면 그 과정은 어떠해도 상관없다고 말하는 사람도 있다. 그렇지만 과정이 정상적이지 않은 일치고 결과가 좋은 일은 없다. 그것은 정조가 죽자마자 벌어진 노론 벽파의 살생극과 외척들의 권력 독점이 증명한다. 외척들의 권력 독점은 조선의 눈과 귀를 가리고 백성을 고통과 굶주림으로 몰아넣는 것을 넘어 급기야 조선 망국으로 이어졌다. 그런 의미에서 권력 독점을 위한 정조의 뒷거래정치는 조선을 망국으로 이끈 원인일 수 있다.

흔히 정조가 좀 더 오래 살았다면 조선은 결코 망하지 않았을 것이라고 말한다. 그러나 정조의 뒷거래정치가 정치의 생명인 견제와 균형을 무너뜨려 모든 권력을 왕이 독점하는 결과를 낳았으니 정치적 몰락은 필연적인 수순일 수밖에 없었다. 한 사람이 누구의 견제도 받지 않고 권력을 독점할 경우, 그 한 사람이 사라지는 순간 조정은 엉망이 되고 국가는 망국으로 치닫게 마련이다.

연개소문이 왕을 대신해 고구려의 권력을 독점하다 죽은 뒤 고구려가 몰락한 사실도 이를 확인해준다. 정조의 죽음 이후 조선 조정이 외척의 손아귀에 놀아나며 몰락해간 사실 역시 이를 증명한다. 결국 밀찰을 바탕으로 한 정조의 뒷거래정치는 어떤 이유로도 정당화될 수 없다. 비록 그 목적이 정치 혁신이나 국력 확대에 있었더라도 말이다. 심환지가 남긴 밀찰은 정조의 뒷거래정치를 세상에 완전히 드러낸 유일한 증거물이라는 점에서 역사적으로 굉장히 중요한 사료다.

노론 벽파를 중용한 이유

정조는 왜 하필 노론 벽파의 영수 심환지와 그토록 많은 밀찰을 주고받았을까? 이 의문을 해소하려면 당시의 정국을 살펴볼 필요가 있다.

정조 시대 정치 파벌은 크게 시파와 벽파로 나뉜다. 물론 당파는 노론, 소론, 남인으로 나뉘었지만 노론은 시파와 벽파로 갈라졌고 소론과 남인은 시파에 가담했다. 이에 따라 시파에는 소론, 노론, 남인이 모두 들어 있고 벽파에는 노론만 있는 형국이었다.

시파는 시대에 영합한다는 뜻에서 나온 단어로 정조의 정책을 대부분 지지한 이들은 당시의 여당이라 할 수 있다. 야당 격인 벽파는 스스로 청류를 자처한 완고한 노론 세력이었다. 정조 시대의 정가가 시파와 벽파로 분리된 시점은 대개 1784년(정조 8년)으로 본다. 이때 조정은 정조의 정책을 두고 크게 찬성파와 반대파로 나뉘어 대립했는데 이는 장헌세자의 죽음과 밀접한 관련이 있었다. 시파는 장헌세자의 죽음을 억울한 일로 판단한 반면 벽파는 영조의 옳은 판단에 따른 처결로 보았다.

시파에 가담한 세력은 소론과 남인 그리고 정조의 노선을 지지

한 노론 출신이다. 노론 출신 시파에는 정조의 4대 즉위공신 중 하나인 정민시를 비롯해 서유린, 윤행임, 이병모, 심염조, 김조순, 심낙수 등이 있었다. 노론 벽파의 핵심은 역시 즉위공신 중 하나인 김종수를 위시해 심환지, 권유, 이안묵, 송재경, 이노춘, 이규위, 김관주, 김달순, 유언호, 이서구, 윤시동 등이다. 이들 중 김관주는 영조의 계비 정순왕후의 오빠로 노론 벽파의 배후에는 정순왕후 김씨가 있었다. 말하자면 정조파와 정순왕후파로 나뉜 셈이다. 그렇다고 정순왕후가 노론 벽파를 진두지휘하거나 정조가 정순왕후를 정적으로 여긴 것은 아니다.

아이러니하게도 정조는 어느 시점부터 시파보다 벽파를 더 신뢰하는 모습을 보였다. 정조가 그런 경향을 보인 시점은 1795년의 이른바 '벽패환국' 때부터다. 벽패환국이란 벽파가 시파를 누르고 국면을 전환했다는 뜻으로, 1795년 조정을 장악하고 있던 소론 정동준을 벽파 권유가 탄핵해 정권을 잡은 일을 말한다. 정조는 밀찰에서 벽파를 벽패, 시파를 시패라고 불렀는데 벽패환국이라는 표현도 정조가 직접 한 말이다. 정동준 사건과 관련해 실록은 1795년 1월 19일 기사에 이런 기록을 남기고 있다.

> 당시 정동준이 사관 직책에 있으면서 두터운 은총을 받아 근밀한 위치에 출입하며 관직이 재신의 반열에까지 올랐다. 그런데 상이 특별히 그를 곡진하게 보호해주려는 마음에서 늘 권력 있는 요직을 피하게끔 하였는데, 이에 동준이 욕심대로 되지 않자 갈수록 원망하는 마음을 품고는 되지도 않는 말을 꾸며내 성덕을 훼손하였다. 상이 그 간사한

정상을 이미 통촉했으면서도 오래도록 부려온 정 때문에 미처 그 죄를 바로잡지 못하고 있었는데, 이때에 이르러 권유가 그 일을 논한 것이었다. 그러자 동준이 스스로 죄를 용서받지 못할 것을 알고 얼마 뒤에 목숨을 끊었는데 혹은 음독했다고도 한다.

정동준이 죽은 뒤 소론을 향한 정조의 감정은 좋지 않았다. 그것이 시파에게로 확대되면서 정조는 시파를 시패라고 부르다가 나중에는 속패라고 낮춰 부르기까지 했다. 시파를 저속한 정치 세력으로 폄하한 것이다. 이때부터 시파는 정조 주변에서 많이 밀려났고 그 자리는 노론 벽파가 차지했다. 그 뒤 정국은 벽파가 주도했는데 그 중심에 벽파의 영수 격인 심환지가 있었다. 벽패환국 이후 정조는 심환지를 중심으로 정국을 꾸려갔으며 그 수단으로 이용한 것이 밀찰이다.

왜 정조는 이때부터 시파보다 벽파를 중시했을까? 정조는 시파 세력이 이미 자신의 손안에 있다고 보았다. 남인, 소론, 노론으로 구성된 시파는 언제든 마음만 먹으면 떡 주무르듯 주무를 수 있는 집단으로 판단했다는 얘기다.

정조는 이런 세력을 선호하지 않았다. 시파는 비록 수적으로는 벽파에 비해 우세하지만 힘 앞에서 무력해지는 집단으로 권력의 중심이 달라지면 언제든 마음을 바꿀 수 있는 간사한 무리로 판단했다. 왕이 힘을 잃는 순간 그들은 의리보다 현실의 이해타산을 중시해 등을 돌릴 무리로 본 것이다. 정조는 이러한 세력은 이익이 될 만한 것만 던져주면 언제든 굴복시킬 수 있다고 생각했다.

반면 벽파는 달랐다. 비록 이들은 사고방식이 보수적이고 무엇이든 깐깐하게 따지고 들었지만 명분을 중시하고 의리를 목숨처럼 중요하게 여기는 자들이었다. 이들에게는 명분과 의리를 지킬 여건을 만들어주지 않으면 충성심을 이끌어낼 수 없었다. 그러나 그들은 옳다고 믿는 일에 목숨을 걸 줄 아는 집단이었다. 실제로 그들은 스스로 청류를 자처하고 의리와 명분을 중시했다. 정조는 이 소수의 벽파로 다수의 시파를 지배하려 했다. 그래서 벽파에게 힘을 실어주고 그들을 뒤에서 조종하고자 한 것이다. 그들을 조종하는 가장 요긴한 수단이 바로 밀찰이었다.

정조는 밀찰로 어떤 일을 하려 했을까?

심환지가 남긴 정조의 밀찰은 1796년 8월 20일부터 1800년 6월 15일까지 3년 10개월에 걸쳐 받은 것으로 모두 350여 통이다. 대략 평균 나흘 간격으로 한 통씩 받은 셈이다. 현재 공개된 것은 297통인데 심환지는 그중 22통을 제외하고 나머지 275통의 겉봉에 수신 날짜를 기록해놨다. 덕분에 정조의 밀찰과 실록의 내용을 보다 쉽게 비교해볼 수 있다.

297통의 밀찰은 내용에 따라 크게 열 가지로 나눌 수 있다. 가장 많은 부분을 차지하는 내용은 정치 현안 처리 문제로 67통의 편지가 이와 관련되어 있다. 두 번째로 인사 문제가 54통을 차지하고, 세 번째는 상소나 보고서 처리 문제로 41건이 관련되어 있다. 네 번째와 다섯 번째는 각각 31통으로 여론의 동향을 묻거나 심환지의 개인사를 언급하고 있다. 여섯 번째는 부정부패 척결과 정조의 정치적 관심사로 19건이 관련되어 있다. 그 외에는 심환지의 역할과 정조 자신의 건강 문제, 조정 인사 인물평, 정조 자신의 감정 상태 등을 드러낸 편지다. 이처럼 297통 중 80퍼센트 정도가 정치 문제를 다루고 있다.

그 구체적인 사례를 몇 가지 들면 다음과 같다.

> 신임 이조판서(이병정)는 가까이해서는 안 된다. 지조 없이 윗사람의 뜻만 따르는 관습에 기대고 있다. 어쩔 수 없이 관직을 내리기는 하지만 몽합(김종수) 이하 사람들이 대부분 중요한 직임을 가볍게 준 것 같다. 경은 절대로 신귀조 무리의 감언이설에 빠지지 말 것이며, 이병정의 술책에도 걸려들지 않는 것이 어떠한가? 이병정은 그저 한두 달 청요직에 있을 사람에 불과하니 그에게 힘을 낭비해서야 되겠는가?
>
> 어용겸 집안의 어용구라는 자가 하는 짓이 하루가 다르게 심해진다. 더구나 소론과 절친하여 패악한 말을 많이 하는데 모두 근거 없는 말이다. 어떻게 하면 그놈을 흔적 없이 멀리 쫓아낼 수 있겠는가? 이 일을 어용겸 장군과 이야기해보는 것이 어떠한가?

이것은 1797년 1월 11일 정조가 심환지에게 보낸 밀찰의 일부다. 신임 이조판서 이병정의 인물됨을 평가하면서 직임은 주겠지만 제대로 써먹지는 않을 것이라는 내용이다. 그리고 이 일과 관련해 노론 벽파의 영수 김종수가 사람을 잘못 선택했다고 지적하고 있다.

이병정이 이조판서에 임명된 것은 그해 1월 7일이었다. 정조는 이병정이 이조판서감이 아니라고 판단하고 그 자리에 기껏 한두 달 있을 것이라고 말했다. 비록 한두 달은 아니었지만 이병정은 5개월 뒤인 6월 11일 예문관 제학으로 자리를 옮겼다.

또 정조는 밀찰에서 신귀조를 경계할 것을 주문했는데 당시 신귀조는 사간원 정언 벼슬에 있던 인물이다. 이처럼 정조는 간언기관에 근무하는 젊은 언관에게 좋지 않은 감정을 드러내고 있다. 정조가 신귀조를 탐탁지 않아 한 이유는 1795년 7월 7일의 상소 건 때문이다. 그때 사헌부 지평으로 있던 신귀조는 자신의 탄핵 상소를 해명하는 상소를 올렸는데, 정조는 무섭게 화를 내며 꾸짖고 다시는 그 따위 상소를 하지 말라고 엄명을 내린 바 있다. 이후로 정조는 신귀조를 향한 감정이 좋지 않았던 것 같다.

신귀조에 이어 정조가 쫓아내고 싶다고 말한 어용구는 실록에서 찾아볼 수 없는 인물이다. 아마도 노론이면서 소론과 어울린 듯한데 정조는 그 행동이 몹시 못마땅했던 모양이다. 그래서 정조의 최측근인 승지 어용겸과 의논해 멀리 쫓아버렸으면 좋겠다고 한 것이다.

이렇듯 정조는 한 편지에서 인사 문제부터 주변 인물 평가, 붕당 주변의 소소한 일까지 참견하는 모습을 보이고 있다. 그 과정 중에 욕설도 하고 감정도 유감없이 드러낸다.

다음 내용은 그 구체적인 사례 중 하나다.

일전의 처분은 알아들을 만큼 이야기하였고 의리가 지극히 엄중하다. 경의 경우에는 몽합이 죽은 뒤로 경이 주인의 자리를 양보해서는 안 된다. 일이 《명의록》의 의리와 관련되니 차라리 지나칠지언정 미치지 못해서는 안 된다. 내일 신하들을 소견할 것인데 반열에서 나와 강력히 아뢰고 즉시 뜰로 내려가 관을 벗고 견책을 청하라. 그러면 일의 형세를 보아 정승의 직임을 면해주든지 견책하든지 처분할 것이다. 그 뒤 다시 임명하는 방법도 생각해놓은 것이 있으니 이렇게 마음먹고 있으라.

이것은 정조가 1799년 3월 6일 저녁 우의정이던 심환지에게 보낸 밀찰이다. 보다시피 정조는 심환지가 어떻게 행동해야 하는지, 자신이 어떤 처분을 내릴지는 물론 향후 계획까지 알려주고 있다. 실로 놀라운 일이 아닐 수 없다.

그러면 심환지는 정조가 시키는 대로 했을까? 당시 화완옹주를 석방한다는 교지를 내린 정조는 밀찰을 보내 심환지에게 이를 강력히 반대하라고 했다. 이에 심환지는 다음 날인 3월 7일 정조의 요구대로 화완옹주의 석방을 강력히 반대했다. 이때 심환지는 의리와 관련해 장광설을 늘어놓으며 자신의 주장을 굽히지 않았다.

"의리에는 본말이 있고 역적에는 주모자와 추종자가 있습니다. 모년某年(1762년)의 의리는 을미년(1775년)의 의리가 되었고 을미년의 의리는 병신년(1776년)의 의리가 되었는데, 을미년과 병신년의 역적들은 정치달 처(화완옹주)가 바로 그들의 근본 뿌리가 되고 있습니다. 그리하여 정인겸, 항간, 윤양후, 홍계능 같은 여러 역적은 모두 정치달 처를 뒤에서 은밀히 후원하는 이로 삼았습니다. 지금 만약 갑자기 용서하여 석방해주고 이러한 내용의 전교를 팔도에 반포해 후세에까지 전해지게 한다면《명의록》은 장차 아무 쓸모없는 책이 될 것이고 나라는 나라 꼴이 안 될 것이며 사람은 사람 꼴이 아니게 될 것입니다. 신이 인군을 믿고 섬기는 것은 오직 이 의리가 있기 때문일 뿐입니다. 신들은 죽으면 죽었지 감히 그 명을 받들지 못하겠습니다."

심환지는 목숨까지 거론하며 강력한 반대 의사를 드러냈고 정조는 심환지를 파직했다. 파직당한 심환지가 끝까지 의리론을 주장하며 견책을 요구했으나 정조는 화완옹주를 석방하고 궁궐에 살게 했다. 그리고 세 달쯤 뒤 정조는 심환지를 다시 좌의정에 임명했다. 이로써 심환지는 의리의 수호자라는 위상을 얻었고 정조는 화완옹주를 석방하면서도《명의록》의 정당성을 확보했다. 영조의 혈육으로 유일하게 살아 있던 화완옹주도 풀어주고 명분도 확보하는 두 마리 토끼를 잡은 셈이었다.

실록은 이 일을 심환지의 의리론과 정조의 아량이 충돌한 것으로 기록하고 있지만, 실상은 정조와 심환지가 밀찰을 주고받으며 만든 각본에 따른 결과였다.

이처럼 정조의 밀찰은 역사를 기록하는 사관의 눈을 피해 정조 자신의 정치적 의지를 관철하기 위한 수단이었다. 비록 두 건의 편지만 소개했으나 정조의 밀찰은 대부분 이런 막후 협상으로 채워져 있다. 따라서 정조 시대의 실록 기록은 밀찰과 면밀히 대조하지 않고는 진실을 알기가 어렵다. 정조가 고의로 밀찰을 이용해 역사를 연출하고 왜곡하면서 그 진실을 철저히 숨기고자 했기 때문이다.

정조의 죽음에 얽힌 의문과 진실

정조는 심환지와 나눈 밀찰에 자신의 건강 문제도 털어놓고 의논했다. 사실 정조는 심환지보다 스물두 살이나 어렸지만 건강 상태는 훨씬 좋지 않았다. 온몸에 종기가 나고 곳곳에서 고름이 새어 나오는 지경이었다.

정조는 심한 통증에 시달리면서도 사망 13일 전인 1800년 6월 15일까지 심환지에게 계속해서 밀찰을 보냈다. 밀찰 속에서 정조는 건강 악화로 너무 힘들다고 토로하기도 했다. 어느 순간 밀찰은 뚝 끊겼는데 이는 정조의 병증이 악화되어 사경을 헤맸기 때문이다. 온몸에서 고름이 흐르고 현기증과 두통이 심해져 더 이상 돌이킬 수 없는 상황에 직면한 것이다. 1800년 6월 28일 정조는 창경궁 영춘헌에서 마지막 숨을 몰아쉬다 생을 마감했다. 스스로를 완벽한 왕이라고 믿었던 절대군주의 삶은 그렇게 막을 내렸다.

정조의 죽음을 놓고 항간에 독살설이 나돌았다. 특히 정조의 죽음에 가장 큰 충격을 받은 남인은 독살설에 무게를 뒀다. 남인의 핵심 정약용도 〈기고금도장씨여자사紀古今島張氏女子事〉에서 간접적으로 정조의 독살설을 거론했다. 하지만 정조 독살설은 근거가 불확실하다. 당시 정치 지형을 감안할 때 독살의 개연성이 없는 것은 아니지만 독살을 증명할 만한 뚜렷한 증거도 없다. 이에 따라 그때나 지금이나 정조는 독살당한 것이 아니라 병사했다는 것이 정설로 굳어져 있다.

정조를 사망에 이르게 한 주된 병증은 종기였다. 정조가 종기로 고생하기 시작한 것은 1793년부터로 그해 7월 4일 정조는 이런 말을 남겼다.

"머리에 난 부스럼과 얼굴에 생긴 종기가 어제부터 더욱 심해졌다. 씻거나 약을 붙이는 것도 해롭기만 하고 약물도 효험이 없어서 기가 더 막히고 쌓여 화가 위로 치밀어 오른다. 얼굴은 모든 양기가 모인 곳이고 머리도 뭇 양기가 연결되어 있는 곳인데 처음에는 소양少陽(왼쪽 눈꼬리 부분) 부위가 심하게 화끈거리더니 독맥督脈(인체 중앙에 있어서 상하를 관통하는 맥) 부위로 뻗어 나갔다. 왼쪽으로는 귀밑머리가에 이르고 아래로는 수염 부근까지 이르렀다가 또 곁의 사죽혈絲竹穴(눈썹 뒤의 오목한 부분)로도 나고 있다. 이는 모두 가슴속에 떠돌아다니는 화火이니 이것이 내뿜어지면 피부에 뾰루지가 돋아나고 뭉쳐 있으면 곧 속이 답답하여지는 것인데, 위에 오른 열이 없어지기도 전에 속의 냉기가 갑자기 일어나는 것을 의가醫家에서는 대단히 경계한다. 성질이 냉한 약제를 많이 쓸 수 없음이 이와 같으니 오직 화를 발산하고 열어주는 처방을 써야 효과를 볼 수 있을 것이다. 경락에 침을 맞는 것이 합당한지 여러 의원에게 물어서 아뢰라."

이 내용을 보면 정조의 의학 지식이 상당했음을 알 수 있다. 스스로 자기 병증의 원인을 파악하고 합당한 처방까지 주문하고 있으니 말이다. 정조가 밝힌 병의 원인은 화, 즉 스트레스였다. 사실 정조는 화를 잘 삭이지 못하는 성정이었다.

정조의 이런 병증을 치료한 인물은 시골 의원 출신인 피재길로 그는 침과 자신이 만든 고약으로 정조의 종기를 치료했다. 덕분에 피재길은 내의원 침의로 발탁되어 정조가 죽을 때까지 곁에 있었다. 이후에도 정조는 병증에 시달리며 고통스러워했으나 피재길을 비롯한 의원들의 도움으로 심각한 상황으로 치닫지는 않았다. 그러다가 1799년부터 또다시 병증이 심해졌다. 정조는 1월 18일 심환지에게 보낸 밀찰에서 자신이 회복하는 것은 짧은 시간 안에 기약하기 어려운 일이라고 토로하고 있다. 정조는 늘 가슴이 뜨겁고 속이 답답하다고 호소했다. 심환지에게 보낸 1800년 6월 15일자 밀찰에서는 이렇게 말했다.

> 나는 뱃속의 화기가 올라가기만 하고 내려가질 않는다. 여름 들어 더욱 심해졌는데 그동안 차가운 약제를 몇 첩이나 먹었는지 모르겠다. 앉는 자리 옆에 항상 약 바구니를 두고 내키는 대로 달여 먹는다. 어제는 사람들이 모두 알고 있기에 어쩔 수 없이 체면을 차린다고 탕제를 내오라는 탑교를 써주었다. 올해 한 해 동안 황련黃連을 한 근 가까이 먹었는데, 마치 냉수 마시듯 하였으니 어찌 대단히 이상한 일이 아니겠는가? 이 밖에도 항상 얼음물을 마시거나 차가운 온돌의 장판에 등을 붙인 채 잠을 이루지 못하고 뒤척이는 일이 모두 답답하다.

이 밀찰은 정조의 마지막 편지가 되고 말았다. 정조의 병증이 본격화한 것은 1800년 6월 초순부터로 실록은 1800년 6월 14일

이런 기록을 남겼다.

상이 이달 초열흘 전부터 종기가 나서 붙이는 약을 계속 올렸으나 여러 날이 지나도 효과가 없으므로 내의원 제조 서용보를 편전으로 불러 접견하였다. 용보가 안부를 묻자 상이 일렀다.

"밤이 되면 잠을 전혀 깊이 자지 못하는데 일전에 약을 붙인 자리가 지금 이미 고름이 퍼졌다."

의관 백성일, 정윤교 등을 불러들여 약을 붙였던 자리를 진찰하도록 명하고 분부했다.

"어제에 비해 좀 어떤가?"

윤교가 아뢰었다.

"독기는 어제보다 한층 더 줄어들었습니다."

상이 일렀다.

"무슨 약을 붙여야겠는가?"

윤교가 아뢰었다.

"근根은 없지만 고름이 아직 다 나오지 않았습니다. 여지고荔枝膏가 고름을 빨아내는 데는 가장 좋습니다."

상이 일렀다.

"터진 곳이 작으니 다시 침으로 찢는 것이 어떻겠는가?"

윤교가 아뢰었다.

"이미 고름이 터졌으므로 다시 침을 쓸 필요가 없습니다."

상이 일렀다.

"등 쪽에 또 종기 비슷한 것이 났는데 지금 거의 수십 일이 되었다. 옷이 닿는 곳이므로 삼독麻毒이 상당히 있을 것이다."

이어 윤교 등에게 진찰해보도록 명하고 분부했다.

"무슨 약을 붙이는 것이 좋겠으며 위치는 그리 위험한 곳이 아닌가?"

윤교가 아뢰었다.

"위치는 위험한 데가 아니고 독도 없습니다만, 근이 들어 있으니 고름이 생길 것 같습니다."

그리고 성일이 아뢰었다.

"웅담고熊膽膏를 붙이는 것이 좋을 듯합니다."

상이 일렀다.

"웅담고도 효과가 없을 것 같다."

윤교가 아뢰었다.

"수도황水桃黃은 독을 녹이는 약입니다."

상이 일렀다.

"두통이 심할 때 등 쪽에서도 열기가 많이 올라오니 이는 다 가슴의 화기 때문이다."

정조는 의원들과 이런 말을 나눈 뒤 심환지에게 마지막 편지를 썼던 것이다. 이때만 해도 편지를 쓸 수 있을 정도로 병증이 심각한 상태는 아니었던 모양이다. 종기는 얼굴과 등뿐 아니라 머리 쪽에도 있었지만 의원들은 종기는 그다지 큰 문제가 되지 않는다고 판단했다.

6월 16일 편지를 받은 심환지가 입궐했다. 그 자리에서 정조와 대신, 의관이 나눈 대화를 살펴보자.

약원의 제신과 대신, 각신을 불러 접견하였다. 좌의정 심환지 등이 안부를 묻자 상이 일렀다.

"내가 맨 처음 소요산을 복용한 뒤로 매일 두 번씩 마셔 몇 첩이나 복용했는지 모를 정도인데 이와 같은 일은 다른 사람에게 말하기 어렵고 그저 속만 탈 뿐이다. 조보朝報로 사람들에게 알린 것은 그저께의 두 첩에 지나지 않는다. 소요산은 본디 양제凉劑인데 거기에다 황금黃芩과 황련 등속을 추가하였으므로 석고石膏의 약효보다 못하지는 않으나 어제 백호탕白虎湯을 쓰기로 정하여 그것을 마시면 혹시 열을 내릴 효과가 있을지 모르겠다고 생각하였다. 그러나 조금 마시자마자 곧 열이 오르는 증세가 생겼는데 어깨와 등 쪽부터 시작하여 온몸이 다 뜨거워 찬 음식을 먹고 나자 비로소 조금 내려간 듯하였고 오늘 아침에는 어제보다 조금 나아진 듯하다."

의관 정윤교에게 등 쪽 종기를 진찰하도록 명한 뒤 상이 일렀다.

"일반적인 증세로는 고름은 적고 피가 많이 나오니 핏속에 열이 많아 그런 것 같다. 앞으로 무슨 약을 쓰는 것이 좋겠는가?"

도제조 이시수가 아뢰었다.

"여러 의관이 모두 어제저녁의 열 증세는 약의 힘이 발산되어 그런 것 같다고 하니, 백호탕을 다시 쓰는 것이 좋겠습니다."

이에 상이 일렀다.

"그렇다면 한 첩을 더 달여 들여오도록 하라. 대체로 이 증세는 가슴의 해묵은 화병 때문에 생긴 것인데 요즘에는 더 심한데도 그것을 풀어버리지 못해서 그런 것이다. 크거나 작은 일을 막론하고 하나같이 침묵을 지키며 신하들을 접견하는 것까지도 다 차츰 피곤해지는데 조정에서는 두려울 외畏 자 한 자가 있는 줄을 알지 못하니, 내 가슴속 화기가 어찌 더하지 않을 수 있겠는가. 우선 경들 자신부터 임금의 뜻에 부응하는 방도를 생각하도록 하라."

이날의 대화를 보면 며칠 안에 죽을 것 같은 느낌이 전혀 없다. 정신도 또렷하고 병증도 아주 심각하게 느껴지지 않는다. 그러나 그로부터 닷새 뒤인 6월 21일의 진찰 결과는 조금 다르다. 이날 정조는 이시수 등의 대신들이 안부를 묻자 이런 말을 한다.

"높이 부어올라 당기고 아파 여전히 고통스럽고, 징후로 말하면 한열寒熱이 일정치 않은 것 말고도 정신이 흐려져 꿈을 꾸고 있는지 깨어 있는지 분간하지 못할 때도 있다."

이날부터 정조는 정신이 흐려진다는 표현을 하고 있다. 하지만 의원들은 이렇게 말했다.

"맥의 도수는 일정하여 기운이 부족한 징후는 없습니다. 보편적으로 빠르고 센 것 같으나 특별한 종기의 열은 없습니다."

의원들이 종기의 고름을 빼고 열이 내렸어도 혼미한 증세가 사라지지 않자, 6월 24일 의원 심인이 조제한 연훈방을 썼다. 덕분에 정신이 혼미해지는 것은 약간 사라졌지만 이것은 일시적 호전이었고 증세는 이내 악화되었다. 다시 여러 처방을 했는데 사망 하루 전인 6월 27일 심환지가 물었다.

"당기고 아픈 곳은 완전히 나았습니까?"

정조는 이렇게 대답했다.

"그것은 다 나았다."

그렇지만 몽롱한 증세는 계속되었고 이를 염려하며 이시수가 물었다.

"어제저녁에 들어와 진찰할 때 상께서 마치 주무시는 듯 정신이 몽롱한 증세가 있었는데 지금 바라볼 때도 마찬가지입니다. 간밤에 계속 그러하셨습니까?"

몽롱한 증세는 사라지지 않았다. 몇 마디 더 나눈 정조는 몸을 가누지 못하고 잠에 빠져들었다. 그리고 깨어나서는 약원의 제신들을 불러 다른 처방을 논의했다. 그때 정조가 연훈방을 다시 써보길 원하자 이시수가 연훈방의 위험성을 거론했다.

"연훈방은 종기에 맞는 처방이긴 하나 정신이 혼미하신 이때 연기가 혹시 방 안에 퍼지면 정신에 해로울까 걱정이 됩니다."

유광익, 심연 등의 의원도 이런 말을 했다.

"연훈방은 우선 중지하고 상태를 보아가며 천천히 시험하는 것이 무방합니다."

일단 연훈방은 유보하고 그날을 넘겼다. 다음 날 정조는 창경궁 영춘헌으로 가서 좌부승지 김조순을 비롯한 몇몇 신하를 접견했다. 영춘헌은 후궁들의 처소로 정조는 휴식을 취하거나 독서할 때 이곳을 찾았다. 그런데 그날 정조는 신하들 앞에서 의식을 잃고 쓰러지고 말았다. 여러 의원이 들어왔지만 이미 상태는 돌이킬 수 없는 지경이었다. 정조가 가까스로 입을 열어 신하들이 가까이 가 들어보니 "수정전"이라고 하였다. 수정전은 왕대비 김씨(정순왕후)가 머무는 처소로 대비 김씨를 불러오라는 뜻이었다. 마지막이 다가왔음을 감지하고 후사를 부탁하고자 했을 것이다. 그렇지만 그 말 한마디를 남기고 정조는 완전히 의식을 잃었다. 급히 성향정기산을 먹였으나 소용이 없었다.

그 소식을 들은 왕대비 김씨가 급히 달려왔다. 그녀는 자신이 직접 청심환을 받들고 들어가며 말했다.

"내가 직접 받들어 올려드리고 싶으니 경들은 잠시 물러가시오."

그 말에 심환지 등의 대신들이 물러나오자 잠시 뒤 대비가 곡하는 소리가 울려 퍼졌다. 정조는 그렇게 영원히 잠들고 말았다.

정조가 사망한 일련의 과정을 보면 독살 흔적을 찾기는 쉽지 않다. 혹자는 심환지가 친척인 심인을 시켜 연훈방으로 독살했다고 주장한다. 연훈방은 수은이 섞인 약재를 태워 그 연기로 치료하는 처방이지만 수많은 대신과 의원 틈바구니에서 심인이 연훈방으로 독살했다는 것은 개연성이 부족하다. 또 연훈방을 쓸 당시 정조는 정사를 미뤄두고 매일 치료에만 매달릴 정도로 증상이 심각했다. 말하자면 굳이 독살하지 않아도 죽어가고 있던 상황이었다.

마지막 순간에 정순왕후 김씨가 정조를 독살했다고 주장하는 사람도 있다. 그러나 정순왕후가 청심환을 들고 들어갔을 때 정조는 이미 돌이킬 수 없는 상황이었다. 다 죽어가는 사람을 굳이 죽일 이유가 어디 있겠는가.

정조는 자신의 병증이 가슴에 쌓인 화 때문이라고 했지만 의원들은 정확한 원인을 파악하지 못했다. 의원들은 종기 치료에 중점을 뒀고 실제로 더 심각한 병증인 두통과 어지럼증에는 별다른 처방을 하지 못했다. 사실 현대의학으로도 정조의 병명을 단정하기 쉽지 않은 상황이다. 따라서 당시 의원들이 파악하지 못한 어떤 병으로 죽었다고 보는 것이 보다 타당하다.

독살설과 관련해 정조에게 오랫동안 독소를 먹여 서서히 독에 중독되도록 하는 수법을 썼다고 한다면 오히려 그것은 설득력이 있을 법하다. 하지만 언제부터 어떤 방식으로 어떻게 행해졌는지 밝힐 수 없다면 역시 독살이라고 고집하긴 힘들다.

어쩌면 정조 독살설은 죽음에 의혹이 있어서라기보다 죽음이 안타까워 만들어진 가설일지도 모른다. 정조가 사망한 뒤 조선이 급격히 무너지고 외척들의 독재가 횡행해 급기야 망국으로 치달았기에 정조의 죽음을 안타까워하는 사람이 대다수이기 때문이다. 어떤 이는 정조가 10년만 더 살았다면 조선이 결코 망국의 길을 걷지는 않았을 것이라고 말한다. 그만큼 정조는 걸출한 군주였고 그의 죽음은 조선사의 그 어떤 사건보다 안타까운 일이었다.

누가 뭐래도 정조는 혁명군주로 불리며 조선 후기에 가장 화려한 시절을 구가한 왕으로 평가받고 있다. 정조 시대의 영화는 조선이 임진왜란과 병자호란이라는 양대 전란의 고통 속에서 명의 멸망과 청의 등장, 일본의 성장이라는 국제정세의 급격한 변화와 풍랑을 이겨낸 뒤 가까스로 피워낸 희망의 꽃이었다. 무엇보다 북학이 보여주듯 청의 문명을 과감하게 수용하고 새롭게 밀려드는 서양문화에 적절한 대응책을 마련하면서 민족성과 자주성을 밑거름 삼아 새로운 문명국가로 발돋움하는 모습을 보였다. 그런 까닭에 정조가 조금만 더 오래 살았다면 조선은 결코 망국이라는 참담한 상황을 겪지 않았을 것이라고 주장하는 사람이 많은지도 모른다. 그만큼 정조 시대는 실제로 정치와 경제, 문화, 사회 전반에 걸쳐 혁신적인 발전을 이뤘다.

그러나 안타깝게도 정조가 죽자마자 그가 24년 동안 일군 모든 치적과 발전의 토대가 한꺼번에 무너지고 말았다. 이는 정조 시대 발전이 지나치게 군주 한 사람에게만 의지한 결과였다. 비록 정조는 자신의 재위 중에 국력을 강화하고 혁신 기반을 넓혀 가시적인 발전을 이뤄냈지만 스스로의 한계는 극복하지 못했다. 국가 권력을 독점하고 절대화하는 데 주력했을 뿐 이를 국가 조직과 정치 집단에 분산해 제도화하는 데까지는 이르지 못한 것이다. 이는 거대한 반석 위에 지은 집이 바위가 으스러지면서 함께 무너져 내리는 양상에 비유할 수 있다.

정조는 반석이 될 제도를 마련하고 인재를 배치해 이것이 국가 조직을 유지하고 이끌도록 해야 했으나 스스로 반석이 되어 조정을 독점했다. 그 탓에 그가 죽자 국가를 떠받치던 반석이 순식간에 사라지면서 왕실과 국가가 붕괴되는 사태가 벌어졌다.

이렇듯 정조 시대는 꽃망울은 터뜨렸으나 열매를 맺지 못해 미래를 위한 씨를 생산하지 못했다. 즉, 정조는 현실은 가꾸었으되 미래는 열지 못한 미완의 군주라고 할 수 있다. 그렇다고 정조가 일구고 가꾼 문화 혁신의 꽃이 아름답지 않았던 것은 아니다.

11장

유배지에서 꽃핀 실학의 최고봉 다산

신유박해와 남인의 몰락

정조가 생을 마감한 1800년 6월 28일 정약용은 고향 마재에 있었다. 정약용은 〈자찬묘지명〉에 낙향 경위를 이와 같이 남겼다.

> 경신년(1800년) 봄 나는 참소하고 시기하는 사람이 많음을 알고 낙향하여 칼날을 피하려고 처자식을 거느리고 마현의 고향으로 돌아갔다. 며칠 지나지 않아 임금이 들으시고 내각에 명해 급히 부르신다 하기에 돌아와 보니 임금이 승지에게 유시하기를 "규영부는 이제 춘방이 되니 처소를 정하기를 기다려 들어와 교서의 일을 하게 하라. 내가 어찌 그를 놓아두겠느냐"라고 하셨다 한다.

그렇지만 정약용은 한성으로 돌아가지 않았다. 그로부터 얼마 뒤 정조는 다시 정약용에게 사람을 보냈다. 때는 이른 여름인 6월 12일로 정조가 죽기 16일 전이었다. 아직 병증이 심각하지 않아 심환지와 밀찰을 주고받던 시기이기도 했다. 정조는 정약용에게 규장각 아전을 보냈고 아전은《한서선漢書選》열 질을 전해주며 정조의 말을 전했다.

"오래도록 서로 보지 못했다. 너를 불러 책을 편찬하고 싶구나. 주자소 벽을 새로 발랐으니 그믐께 경연에 나올 수 있을 것이다."

아전은 임금께서 위로의 말씀이 대단하셨다는 말을 덧붙였다. 그리고 보내준 열 질의 책 중 다섯 질은 집안에 대대로 물려주고 나머지 다섯 질에는 제목을 써서 돌려보내라고 했다는 말을 전했다. 이때의 상황과 관련해 정약용은 "아전이 말하기를 유시를 내릴 때 얼굴빛이 못 견디게 그리워하는 듯하셨고 말씀도 온화하고 부드러워 다른 때와 달랐다고 하였다"라는 기록을 남겼다.

아전의 말을 듣고 마음이 동요한 정약용은 눈물을 흘리며 어찌할 줄 몰라 했다. 그는 임금의 그 마음을 받아들여 도성으로 돌아가기로 결심했으나 그믐 경연이 있기 하루 전 정조가 세상을 떠나고 말았다. 정조의 승하 소식을 들은 정약용은 울부짖으며 고통스러워했다. 그날의 심정을 정약용은 이렇게 표현했다.

"임금이 승하하신 날 급보를 듣고 홍화문 앞에 이르러 조득영을 만나 서로 가슴을 쥐어뜯고 목 놓아 울었다."

정조의 죽음은 곧 남인의 몰락을 예고하는 일이었다. 정조는 지난 24년 동안 노론이라는 거대한 해일로부터 남인을 지켜준 방파제였다. 그의 죽음은 남인에게 몰려올 해일을 막아줄 보호 장치가 완전히 해제되었음을 의미했다. 정약용은 그 사실을 잘 알고 있었다.

그 거대한 해일은 정조의 장례 절차가 끝나자마자 밀려왔다.

1800년 11월 6일 정조는 아버지 장헌세자가 묻힌 현륭원 곁에 잠들었고, 왕권은 어린 순조의 섭정 정순왕후 김씨가 장악했다. 노론 벽파의 중심인 그녀는 1801년 1월 10일 천주교 엄금 명령을 내리고 천주교도를 철저히 색출해 역률로 다스리라는 교지를 내렸다. 죽음의 광풍으로 불리는 신유박해의 서막이 오른 것이다.

노론 벽파가 천주교를 대대적으로 박해하기 시작한 이유는 정적 시파의 숨통을 끊어놓기 위해서였다. 그 첫 번째 목표물은 남인이었다. 이들은 채제공에 이어 남인의 영수로 지목된 이가환을 비롯해 남인의 차세대 리더로 인식되던 정약용과 이승훈을 먼저 탄핵했다. 나아가 정약용의 형인 약전과 약종은 물론 이기양, 권철신, 오석충, 홍낙민, 김건순, 김백순을 투옥했다.

노론 벽파는 이가환을 천주교도 교주로 지목했다. 이승훈은 천주교 서적을 가져와 조선에 뿌린 장본인으로 정약용은 이들 두 사람과 한 무리로서 사악한 학문인 천주교의 뿌리라고 했다. 의금부에 붙잡혀온 이들을 추국한 위관은 이병모, 서정수, 이서구, 윤동만, 한용탁 등 모두 노론 벽파였다.

그들의 가혹한 고문을 받으며 이가환은 자신이 천주교도가 아니라고 강력하게 항변했다. 하지만 그럴수록 매질은 심해졌고 결국 그는 옥중에서 매를 이기지 못하고 죽고 말았다. 천주교의 중심이던 권철신도 매질을 견디지 못해 옥중 사망했다. 그 외에도 숱한 사람이 옥중에서 죽어갔다.

스스로 순교의 길을 걸은 사람도 많았다. 특히 정약용의 형 정약종은 끝까지 자신의 믿음을 저버릴 수 없다고 당당히 말했고 결국 처형되었다. 천주교의 씨앗을 뿌린 최초의 영세자 이승훈도 정약종과 함께 사형당했다. 권철신의 외숙 홍교만과 정약종의 아들 정철상 역시 순교했으며 끝까지 신앙을 버릴 수 없다고 말한 홍낙민도 사형당했다.

이처럼 천주교도의 순교가 이어지는 가운데 노론 벽파는 숨어 있던 청나라 신부 주문모를 체포하는 데 주력했다. 의금부 금원은 신자들을 고문한 끝에 주문모가 강완숙의 집에 은거했다는 사실을 알아냈고 강완숙을 잡아와 고문을 가했다. 그리고 강완숙의 여종 정임을 고문해 주문모의 외형을 알아냈다.

그 무렵 주문모는 청나라로 돌아가기 위해 의주까지 갔다가 되돌아와 자수했다. 신자들을 버리고 홀로 달아나는 것은 천주의 뜻이 아니라고 판단해 순교를 결심한 것이다. 심한 고문을 받은 그는 1801년 4월 19일 한강 새남터에서 참형에 처해졌다. 이로써 그는 조선에서 죽은 최초의 외국인 순교자로 남았다. 이후로도 천주교 신자 박해는 이어졌고 3백 명이 넘는 신자가 목숨을 잃었다.

신유박해로 가장 크게 정치적 타격을 받은 세력은 남인이었다. 남인의 영수 격인 이가환과 이기양은 고문을 이기지 못해 옥사했고, 정약용과 정약전 형제는 유배 길에 올랐으며, 여타 남인도 정계에서 쫓겨나거나 유배지로 떠났다. 그야말로 남인은 정조의 죽음과 함께 완전히 몰락하고 말았다.

유배지에서 쓴 첫 책《촌병혹치》

정약용의 첫 유배지는 경상도 경주부의 장기현 마산리였다. 마산리에서 그가 머문 곳은 군교 성선봉의 집으로 정약용에게 주어진 숙소는 아주 작은 골방이었다. 정약용은 그 골방을 주제로 이런 시를 지었다.

작고 작은 내 일곱 자 몸
사방 한 길의 방에도 누울 수 있네.
아침에 일어나다 머리를 찧지만
밤에 쓰러지면 무릎을 펼 수 있네.

그 좁은 방에 머물며 정약용은 건강 회복에 주력했다. 추국 중에 당한 형신으로 몸이 심하게 상한 데다 정신적 피폐함까지 겹쳐 건강이 좋지 않았다. 다행히 아직 늙지 않은 마흔의 나이라 건강이 완전히 무너진 상태는 아니었다. 아들이 보내준 약과 의서를 바탕으로 치료에 전념한 끝에 그는 몇 개월 만에 가까스로 건강을 되찾았다.

정약용은 스스로 의서를 읽고 약초를 달여 먹은 덕분에 회복했고 이것이 온 마을에 소문이 났다. 그러자 마을의 어떤 사람이 시골 사람을 위해 의서를 하나 지어달라고 부탁했다.

"이곳 장기의 풍속은 병이 들면 무당을 시켜 푸닥거리를 하고 그 효험이 없으면 뱀을 먹는데, 뱀을 먹고도 효험이 없으면 그냥 죽어가는 수밖에 없습니다. 어찌하여 선생이 보신 의서로 이 궁벽한 고장에 은혜를 베풀지 않습니까?"

그 말을 들은 정약용은 의서를 한 권 썼는데 그것이 바로 《촌병혹치村病或治》다. 이 말은 '촌병을 혹 다스릴 수도'라는 뜻으로 이런 제목을 붙인 이유는 자료가 부족해 확실한 처방인지 알 수 없었기 때문이다. 책의 서문에서 그는 다음과 같이 말했다.

"간략하게 하려면 반드시 널리 고찰해야 하는데 한스럽게도 참고한 책이 수십 권에 그쳤다. 뒷날 내가 다행히 귀양에서 풀려 돌아가면 이 범례에 따라 고찰할 것이니 그때는 '혹'이라는 제목을 고칠 수 있을 것이다."

자료가 부족해 한계가 있는 책이라 제목에 '혹' 자를 붙였는데 나중에 자료가 충분해지면 '혹' 자를 뗀 완성작을 만들 수 있을 것이라는 의미다. 사실 이것은 정약용이 처음 집필한 의서가 아니었다. 곡산부사로 있던 1798년 정약용은 홍역 관련 의서인 《마과회통》을 저술한 바 있다. 이것은 마진痲疹, 즉 홍역 치료법을 저술한 의학서적으로 우리나라 마진학의 최고봉이라는 평을 듣는다. 6권 3책으로 구성된 이 책에 영향을 끼친 의학서로는 이헌길이 쓴 《마진기방》, 임서봉의 《임신진역방》, 허준의 《벽역신방》, 조정준의 《급유방》, 이경화의 《광제비급》 등이 있다. 어릴 때 천연두를 앓아 천연두에도 관심이 많았던 다산은 《마과회통》 외에 천연두 치료 의서인 《종두심법요지》도 저술했다.

1799년 저술한 〈전론田論〉은 토지 제도에 관한 자신의 견해를 밝힌 것으로 여기에서 다산은 '여전제'라는 새로운 토지 제도 개혁안을 제시했다. 여전제는 토지의 개인 소유를 금지하고 모든 토지를 국유화해 30가구를 하나의 '여閭'로 재편하되 '여'에 속한 마을 사람이 국가가 준 토지를 공동 경작하고 공동 분배하는 제도다. 이는 현대 개념으로 보면 일종의 사회주의 정책으로 토지의 개인 소유를 반대하고 공동농장 제도로 생산과 분배를 해야 한다는 급진적인 논리였다. 그러나 공동농장 제도를 만들려면 개인 소유의 땅을 모두 국유화해야 하는데, 다산은 그 구체적인 방법론을 제시하지 못했다.

두 책 외에도 정약용은 방직 기술과 의학 발전을 강조한 〈기예론〉을 저술했고 화성을 축조할 때는 거중기, 고륜(바퀴가 달린 달구지), 활차(도르래) 같은 건설 기계를 설계했다.

그는《마과회통》, 〈전론〉, 〈기예론〉을 저술한 경험을 살려《촌병혹치》를 저술한 것이다. 유배 중에 그것도 형신 때문에 몸이 엉망으로 망가진 상황에서 스스로 병을 고친 뒤 그 경험을 바탕으로 의서를 저술했다는 것은 가히 믿기 어려운 사실이다. 자기 한 몸 돌보기도 어려운 마당에 주변 사람들을 위해 책을 저술하는 것은 대단한 애민정신 없이는 불가능한 일이다. 그런 까닭에《촌병혹치》는 단순한 의서가 아니라 인간 정약용의 내면을 헤아리게 해주는 이정표라고 할 수 있다.

다시 살아남아 다산으로

정약용이 장기에 머문 지 반년 남짓 흐른 1801년 10월 20일 유배지로 의금부 도사가 들이닥쳤다. 그를 한양으로 압송하기 위해서였다. 그때 '황사영 백서 사건'이 터졌는데 이와 관련해 다시 심문을 받아야 했던 것이다. 정약용은 이제 잡혀가면 목숨을 부지하기 힘들 것이라고 생각했다.

'황사영 백서'란 천주교 신자 황사영이 베이징에 있던 선교사에게 1801년(순조 1년)에 벌어진 신유박해의 실상을 알리고 서양 함대 파견을 요청하기 위해 작성한 편지를 말한다. 황사영은 정약용의 배다른 형인 정약현의 사위였다. 어린 시절 신동으로 소문났던 그는 열여섯 살에 사마시에 급제해 진사가 되었다. 이때 정조를 만났는데 정조는 그의 뛰어남을 알아보고 스무 살이 되면 자신을 만나러 오라고 할 정도로 탐을 냈다고 한다.

그런데 정약현의 딸과 결혼한 황사영은 정씨 집안 주변에서 흔히 접할 수 있던 천주교 서적을 읽고 천주교도가 되었다. 신유박해가 시작되자 그는 충청도 제천 배론이라는 토기 굽는 마을로 달아나 그곳에서 토굴을 파고 숨어 지냈다. 그러다 주문모 신부가 순교했다는 소식을 듣자 북경의 구베아 주교에게 그 내막을 알리려 했다. 그는 비단에 조선 조정의 천주교 박해 과정을 적고 한편으론 서양 군대를 보내 조선의 신자들을 구출해달라는 내용을 담았다. 이 백서는 황사영이 그해 9월 29일 체포되는 바람에 구베아 주교에게 전달되지 않았다.

백서 내용을 본 조선 조정은 하마터면 서양 군대를 끌어들일 뻔했다며 아연실색했고 황사영을 비롯한 백서 관련자를 모두 잡아들였다. 정약용은 황사영 백서의 배후로 지목되었다. 황사영이 체포되자 정약용을 노리고 있던 남인 벽파 이기경과 홍낙안은 마침내 정약용을 죽일 기회가 왔다며 쾌재를 불렀다. 정약용 외에 정약전, 이치훈, 이학규, 신여권 등도 황사영 백서의 배후로 지목받았다. 유배지에 있던 이들은 모두 다시 압송되어 심한 고문을 받으며 취조를 당했다. 노론 벽파의 위관들은 황사영 백서를 보여주며 역모를 운운했으나 마땅한 증거를 얻지 못했다.

특히 홍낙안과 이기경이 사헌부 벼슬을 얻어 정약용 죽이기에 광분했다. 그 무렵 홍희운으로 이름을 바꾼 홍낙안은 대사간이던 박장설을 찾아와 이렇게 말했다.

"천 사람을 죽여도 약용을 죽이지 않으면 아무도 죽이지 않은 것과 같소. 공은 왜 힘껏 다투지 않습니까?"

이에 박장설이 말했다.

"그 자가 스스로 죽지 않는데 내가 어찌 죽일 수 있나?"

이는 훗날 정약용이 친구 윤영희에게 전해들은 것이었다. 윤영희는 정약용이 걱정되어 재판 상황을 알아보러 다녔고 그러던 중 대사간 박장설을 만나러 갔다가 홍희운의 말을 엿들은 것이었다. 홍희운이 가고 나서 박장설은 윤영희에게 이런 말을 하였다.

"답답한 사람 같으니라고. 죽일 수 없는 사람을 음모해 죽이려고 재차 큰 옥사를 일으켜놓고는 또 나보고 다투지 않는다고 책망하는구려."

벽파들의 끈질긴 요구에도 불구하고 정약용을 죽일 마땅한 명분은 없었다. 국문이 끝난 뒤 황사영과 그 주변의 천주교도는 모두 참형에 처해졌지만 정약용은 전라도 강진으로, 형 정약전은 더 환경이 나쁜 나주목 흑산도로 유배되면서 살아남았다.

약전과 약용 형제는 한양에서 출발해 과천을 거쳐 전라도 나주까지 함께 내려갔다. 그리고 음력 11월의 혹한 속에서 눈을 맞으며 이별했다. 그렇게 기약도 없이 유배지로 떠난 형제는 다시는 만나지 못했다(정약전은 흑산도에서 1810년 사망했다).

강진에 도착한 정약용은 오갈 데 없는 처지에 놓였다. 누구 하나 그를 받아주려 하지 않았기 때문이다. 다행히 주막을 하던 노파가 그를 불쌍히 여겨 방 하나를 내주었다.

그는 골방에 앉아 세상과 절연한 채 지냈다. 아무도 찾아오지 않았고 아무도 찾지 않았다. 친구가 되어준 것은 오직 책뿐이었다. 그는 학문에만 집중하며 누구와도 교류하지 않았다. 그러던 중 뼈아프게도 네 살짜리 막내아들 농장이 죽었다는 소식이 전해졌다. 그간 그는 네 명의 자식을 먼저 보냈는데 다섯 번째로 또 비극을 겪은 것이었다. 정약용은 남편이 유배를 떠나고 없는 상황에서 자식까지 잃은 아내 홍씨를 생각하며 눈물을 흘렸다. 그래서 두 아들에게 편지를 보내 어머니를 위로하라고 신신당부했다.

그로부터 얼마 뒤 큰아들 학연이 유배지로 아버지를 찾아왔다. 정약용은 학연에게 학문에 열중할 것을 누누이 당부했다. 하지만 학연은 절망스런 얼굴로 학문을 해서 무엇 하느냐고 항변했다. 자기 집안이 이미 폐족이나 다름없다고 생각했던 것이다. 큰아들 학연뿐 아니라 차남 학유도 같은 생각이었다. 정약용은 그런 아들들에게 이렇게 말했다.

"폐족이라고 생각해서 그러는 것이냐? 폐족은 과거에 나가는 것만 기피될 뿐 성인이 되는 길은 기피되지 않는다."

관리의 길은 가지 못할지언정 학문의 길은 갈 수 있다는 말이었다. 이후에도 정약용은 지속적으로 아들들에게 편지를 보내 학문하는 자세와 방법을 가르쳤다. 이는 비단 자식들만을 위한 말이 아니었다. 정약용 스스로도 자신이 제시한 길과 방법에 따라 학문에 매진했다.

그렇게 7년의 세월이 흘러갔다. 그동안 노론 벽파 출신의 강진현감 이안목이 무고해 곤욕을 치를 뻔하기도 했고, 정순왕후 김씨의 특명으로 석방될 조짐도 있었다. 그러나 노론 벽파 서용보가 가로막아 성사되지 않았다. 정약용은 가족이 모두 강진으로 이사 오게 하려 했지만 둘째형 약전이 강하게 만류하는 바람에 실행에 옮기지 못했다. 그 와중에 그는 또 한 번의 크나큰 슬픔을 겪었다. 그가 학문적 재능을 높이 평가했던 조카 학초를 잃은 것이다. 학초를 강진에 데려와 직접 가르칠 계획이었던 정약용은 조카가 죽었다는 연락을 받고 몹시 고통스러워했다.

그리고 마흔일곱 살이던 1808년 정약용은 다산초당으로 이사했다.

다산초당으로 옮기기 전 정약용은 몇 곳을 전전했다. 처음 머문 주막에서는 1801년 11월부터 1805년 겨울까지 4년 동안 지냈는데, 그 기간에 그는 만덕사(현 백련사) 혜장선사와 인연을 맺었

다산 초당 전면 | 다산 초당 현판은 추사 김정희의 글씨로 유명하다. 출처 문화재청.

다. 1803년 봄 소풍 길에 만덕사에 들러 혜장을 만난 후 서로 유학과 불교를 나누며 교류한 것이다. 1805년 겨울에는 혜장의 주선으로 거처를 고성사로 옮겼고 다시 9개월 후에는 이학래의 집으로 들어갔다가 1년 반이 흘러 비로소 다산초당으로 이사해 정착했다. 그 후 그는 자신의 호를 '다산茶山'이라 하였다.

다산의 기념비적 저작들

다산초당은 전라도 강진군 도암면 만덕리에 있는 산정山亭으로 1808년 당시 정약용의 외가붙이인 해남 윤씨 집안의 소유였다. 정약용은 다산초당 옆에 대를 쌓고 연못을 판 뒤 주위에 꽃과 나무를 심어 정원을 꾸몄다. 또 물을 끌어다 작은 폭포도 만들었다. 이어 동쪽과 서쪽에 동암과 서암이라는 초막을 짓고 책을 꽂아 서재로 삼았다. 덕분에 다산초당은 정약용의 훌륭한 거처이자 연구실로 거듭났다. 이곳에서 정약용은 11년을 머물며 불후의 명저를 쏟아냈다.

다산의 대표작으로 목민관, 즉 지방 관리가 지켜야 할 지침서라 할 수 있는《목민심서牧民心書》도 다산초당에서 저술했다. 열두 개 제목 아래 12편으로 서술한《목민심서》는 각 편마다 6장으로 구성해 모두 72장으로 이뤄져 있다. 48권 16책으로 만든 이 책은 요즘 번역판으로 5백 쪽짜리 책 세 권 분량에 해당한다.

12편은 크게 1~4편, 5~10편, 11~12편 세 부류로 나뉜다.

1편부터 4편까지의 제목은 부임, 율기, 봉공, 애민이다. 부임에서는 지방관이 부임하는 과정 중에 지켜야 할 도리를 제시하고 율기에서는 스스로를 다스리는 방도를 서술하고 있다. 그리고 봉공에서는 공직자로서 공사를 구별해 처신하는 법, 애민에서는 백성을 사랑하는 방도를 사례를 들어가며 서술했다.

5편부터 10편까지는 이·호·예·병·형·공방의 업무와 사무처리 방법을 비롯해 업무의 옳고 그른 사례를 서술하고 있다. 이를 이전·호전·예전·병전·형전·공전으로 분류해 기술하고 있는데 이전은 아전을 단속하고 인재를 얻는 법을, 호전은 토지 제도와 세법·호적·부역을 다뤘다. 예전은 관리가 담당해야 할 각종 제사와 행사, 교육과 신분 구별에 관한 것이다. 병전은 병권을 함께 쥔 관리가 숙지해야 할 지침을 담고 있는데 군적과 군포 관리, 군사 훈련과 무기 관리, 변란과 전쟁에 대처하는 방도 등을 기술했다. 형전은 소송, 심리, 형벌 시행 등의 내용이고 공전은 산림·하천 관리, 관아나 성곽 수리·축조, 공장 운영과 관련된 내용을 담고 있다.

11편과 12편은 제목이 진황賑荒과 해관解官으로 진황에서는 흉년에 대비해 물자를 비축하는 방책, 흉년이 닥쳤을 때 민생 안정과 구제를 도모하는 방법을 기술했다. 해관에서는 지방 관직에서 물러날 때 지켜야 할 의무와 취해야 할 방도를 쓰고 있다.

다산초당에서 저술한 또 다른 책으로 역사지리서 《아방강역고》가 있는데 이것은 고조선, 한사군, 삼한 그리고 발해의 영역과 역사를 다루고 있다. 여기에서 정약용은 국내성, 환도성 등의 고구려 도읍지와 백제의 도읍지 위례, 고조선의 평양 앞을 흘렀다는 패수의 위치를 비정하고 우리 지리서에 잘못 기술한 부분을 수정·보완했다.

두 책 외에도 정약용은 다산초당에서 수많은 저작을 기획하거나 저술했다. 《목민심서》와 함께 다산의 3대 저작으로 불리는 《흠흠신서》, 《경세유포》도 다산초당에서 기초를 마련한 책이다.

30권 10책으로 이뤄진 《흠흠신서》는 지방관이 살인 사건을 접했을 때 어떤 방법으로 어떤 과정을 거쳐 어떤 판단을 내려야 하는지 알려주는 지침서다. 이를테면 조선 시대의 형법, 법의학, 법해석학 관련 책에 해당한다. 다산은 살인 사건의 유형과 원인, 동기, 검안 과정, 국왕의 판단 내용, 중국과 조선의 사례까지 들어가며 구체적으로 조언하고 있다.

본래 제목이 '방례초본'인 《경세유표》는 조선 사회의 문제점과 모순을 지적하며 정치, 경제, 사회 제도를 개혁해 부국강병을 이뤄야 한다는 목표를 담고 있다. 그런데 다산은 이 책을 완성하지 못했다. 개중 저술을 완료한 분량은 44권 15책으로 당시의 사회 실상을 구체적으로 기록하는 한편 조선의 구조적 모순을 정확히 짚어냈다. 이는 19세기 조선 사회를 이해하는 데 중요한 자료다.

그의 저서 중에는 《이담속찬》이라는 속담집도 있다. 이 책은 다산이 유배에서 풀려난 직후인 1820년 저술한 것으로 1권 1책으로 이뤄져 있다. 명나라 왕동궤가 엮은 《이담耳談》에 조선의 속담을 추가하였는데, 《이담》은 중국 속담 170여 개를 소개한 책으로 다산은 여기에 조선 속담 241개를 보태 《이담속찬》을 편찬했다.

정치, 경제, 사회, 문화, 역사, 지리, 의학, 과학, 유학을 총망라한 저작을 내놓은 다산은 그야말로 모든 학문을 섭렵한 조선 학문의 최고봉이라 부를 만하다. 그러나 안타깝게도 그의 학문은 시대를 잘못 만난 탓에 현실에 적용되지 못했다. 그가 유배에서 풀려났을 때 조선은 외척 독재의 어두운 그림자에 갇혀 있었고, 백성은 탐관오리의 토색질에 시달리며 민란을 꿈꾸고 있었다. 이로 인해 세상의 빛을 보지 못한 채 사라진 책도 많고, 비록 빛을 봤더라도 너무 늦게 세상에 나와 현실을 바꾸는 동력으로 작용하지 못했다. 설령 그렇지라도 그가 표출한 개혁사상과 학문을 향한 열정, 애민정신은 시대를 초월해 감동을 안겨주기에 부족함이 없다.

고향에서 보낸 여생

다산초당에 파묻혀 10년을 지낸 1818년 9월 마침내 다산은 유배에서 풀려나 귀향길에 올랐다. 유배지로 떠난 지 18년째 되는 해였다. 사실 정약용의 석방은 4년 전인 1814년 이미 결정되어 있었다. 그런데 노론 시파가 장악한 조정은 정약용을 쉽게 풀어주려 하지 않았고 1818년 8월 사간원 응교 이태석이 문제를 제기했다. 석방이 결정된 사람을 계속 유배지에 묶어두는 것은 불법이라는 주장이었다. 이 주장에 힘입어 곧 정약용은 석방 공문을 받았다.

다산은 제2의 고향이라 할 수 있는 강진을 떠나 고향 마재로 돌아와서 그 소감을 이렇게 적었다.

> 처음 신유년(1801년) 봄 옥중에 있을 때 하루는 근심하고 걱정하다 잠이 들었는데, 꿈결에 어떤 노인이 나와 이렇게 꾸짖었다.
> "소무蘇武는 19년도 참고 견뎠는데, 지금 그대는 19일의 괴로움도 참지 못한다는 말인가?"
> 옥에서 나오던 때 이르러 헤아려보니 옥에 있던 것이 꼭 19일이었다. 유배지에서 고향으로 돌아와 헤아려보니 경신년(1800년) 벼슬길에서 물러나던 때로부터 또 19년이 되었다. 인생의 화와 복이 정말로 운명에 정해져 있지 않다고 누가 말할 수 있겠는가?

이것은 다산이 〈자찬묘지명〉에 쓴 내용이다. 꿈에 빗대 19일도 견디지 못하느냐고 말하지만 실상은 스스로 자신을 그렇게 꾸짖은 것이리라. 소무는 중국 한나라 때 인물로 흉노에게 포로로 잡혀갔다가 19년 만에 귀향했다. 정약용은 자신도 소무와 비슷한 세월 동안 고향 땅을 밟지 못했음을 회고한 것이다.

고향으로 돌아온 정약용은 다산초당에서 기획해 저술하던 책을 완성해갔다. 이제 폐족이 되어 더는 관리로 진출할 기회가 없겠지만 여전히 학문으로 성인이 될 길은 있었기 때문이다. 그는 유배지에서 쓴 유학 관련 저서를 정리하거나 새롭게 저술했다. 그렇게 해서 완성한 경전 관련 저서가 232권에 이른다. 5백 권이 넘는 그의 저서 중 거의 절반이 유학 경전에 관한 책이다.

이들 책의 제목을 나열하자면 숨이 가쁠 정도다. 예를 들면 《모시강의》 12권, 《모시강의보》 3권, 《매씨상서평》 9권, 《상서고훈》 6권, 《상서지원록》 7권, 《상례사전》 50권, 《상례외편》 12권, 《사례가식》 9권, 《악서고존》 12권, 《주역심전》 24권, 《역학서언》 12권, 《춘추고징》 12권, 《논어고금주》 40권, 《맹자요의》 9권, 《중용자잠》 3권, 《중용강의보》 6권, 《대학공의》 3권, 《희정당대학강록》 1권, 《소학보전》 1권, 《심경밀험》 1권 등이다.

이들 목록은 그의 〈자찬묘지명〉에 기록되어 있다. 그는 자신의 묘지명을 직접 지술해 두 종류를 남겼다. 하나는 집중본으로 문집에 싣기 위해 자기 삶을 자세히 기록한 것이고, 다른 하나는 광중본으로 무덤 속에 넣기 위한 축약본이다. 정약용이 〈자찬묘지명〉을 작성한 때는 회갑년인 1822년이다. 자신의 회갑을 맞아 삶을 되돌아보는 글을 지어 〈자찬묘지명〉이라 명명한 것이다. 그는 〈자찬묘지명〉을 남기는 이유를 이렇게 말했다.

갑자기 한 바퀴 돈 60년의 돌이다. 뭐로 보더라도 죄를 회개할 햇수다. 수습하여 결론을 맺고 한평생을 다시 돌이키고자 한다. 금년부터 정밀하게 몸을 닦고 실천하여 하늘이 준 밝은 목숨을 살펴서 여생을 끝내려 한다.

환갑이 되자 그는 살만큼 살았다고 생각한 모양이다. 이제 정약용은 죽음을 준비하며 여생을 도나 닦으면서 지내려 했다. 그러나 다산의 생은 그로부터 14년이나 더 이어졌다. 그는 1836년 2월 22일 향년 일흔다섯 살로 생을 마감했는데 신기하게도 그날은 그의 결혼기념일이었다. 그것도 60년 회혼 날이었다. 잔치를 시작하기도 전인 오전 일곱 시경 그는 숨을 거뒀고 회혼 잔치는 이뤄지지 못했다.

돌이켜보면 그의 삶은 한양살이를 시작한 열다섯 살 이후로 하루도 열정적이지 않은 날이 없었다. 그렇게 60년 동안 학문을 벗하며 새 시대를 열기 위해 온몸으로 부딪쳤다. 덕분에 호학군주 정조의 크나큰 사랑을 받았고 남인의 영수 채제공의 희망 어린 기대를 받았으며, 당대 최고의 천재들과 지식을 나누고 뜻을 펼칠 수 있었다. 그 과정에서 그는 배다리를 만들고 화성을 설계했으며 거중기를 고안했다. 또한《마과회통》과《종두심법요지》를 저술해 홍역과 천연두로 고통받는 백성을 구제했고, 〈전론〉으로 새로운 토지 제도와 새로운 사회를 구상했다. 그뿐 아니라 신진 학문 서학과 친주교를 접하고 이것이 조선 백성에게 어떤 미래를 안겨줄지 진지하게 토의하고 연구했다.

그렇지만 태생이 남인이고, 남인이 내쫓기는 세상에 태어난 탓에 다산의 열정은 쉽게 꽃을 피우지 못했다. 산처럼 버티고 서서 늘 바람막이가 되어주던 정조가 죽자 부모 잃은 고아 꼴이 된 그는 결국 유배지를 전전하며 목숨을 부지하는 신세로 전락했다. 그럼에도 불구하고 그는 희망을 잃지 않고 학문에 모든 열정을 쏟으며 성인이 되는 길을 걸었다.

마침내 다산은《목민심서》를 비롯한 5백여 권의 기념비적 저작물을 남겼고, 그 저작들은 그를 조선 실학의 최고봉에 올려놓았다. 그런 의미에서 다산은 진흙 속에서 피어난 아름다운 연꽃에 비유할 수 있다.